社會不平等

The

SPIRIT LEVEL

Why Greater Equality Makes Societies Stronger

Author

RICHARD WILKINSON

KATE PICKETT

理查·威金森、凱特·皮凱特——著

黃佳瑜——譯

獻給我們的父母

唐與瑪麗安・查普曼（Don and Marion Chapman）

喬治與瑪莉・吉爾瑪（George and Mary Guillemard）

Content 目次

前言

人們經常過度膨脹自己所做的研究有多麼重要，我們也擔心自己言過其實。不過，這本書並非只是嘗試為世界撥亂反正的另一套計策與成見。我們在此陳述的成果，出自一項長期研究（我們兩人合起來，總共投入逾十五年時間）；研究的初衷，是試圖釐清現代社會各階層的平均壽命如此懸殊的原因——也就是所謂的「健康不平等」（health inequalities）。最初的焦點，在於理解為什麼社會階級每往下一層，民眾的健康狀況就越差；也就是說，窮人比不上中產階級健壯，而後者的健康狀況又遜於社會地位更高的人。

許多人研究過決定健康的社會因素，和他們一樣，我們在流行病學上的訓練，意味著我們採用了人口疾病成因的追蹤方法——設法找出某一群人罹患某種疾病而另一群人得以倖免的原因，或者說明為什麼某種疾病越來越常見。然而，這套方法也可以用來理解其他問題的成因——不僅限於健康問題。

正如「實證醫學」（evidence-based medicine）這個術語被用來描述當前醫學界所做的種種努力，以確保醫療行為建立在何者有效而何者無效的最佳科學證據之上；我們也動過把這本書命名為「實證政治學」的念頭。這本書敘述的內容，是以各大學與研究機構許多團隊的成果為基礎。我們用可複製的方法來研究可觀察的客觀結果，並已在科學學術期刊上，發表經同儕審查的研究報告。

這並不表示書中內容毫無揣測之處。研究結果總需要經過分析，但我們之所以取某種解讀方法而棄另一種詮釋，往往有很好的理由。一開始的理論與期望，經常被後來的研究發現推翻，迫使我們重新思考。我們希望帶領讀者踏上我們走過的、一路上由重要證據指引方向的旅程，只剔除害我們浪費許多時間的死路與歧途，好讓讀者深入理解我們的信念，得知如何為現代社會的每一個人提高生活品質。我們將從證據以及我們的分析思路說起，好讓你自行評斷。

人人都知道貧富不均會侵蝕社會，這是直觀的想法；可是認為已開發社會的經濟發展特別失衡，足以產生任何值得注意的影響，卻似乎沒什麼道理。當初激發我們一探究竟的原因，如今看來，似乎和後來浮現的驚人發現大致上風馬牛不相及。尋找發現的過程中，運氣成分占比跟我們的判斷力不相上下。

我們提出的概念之所以時至今日才被拼湊出來，很可能是因為大部分資料直到最近幾年才能夠取得。既有了可供跨國比較的資訊（除了所得及所得分配，也包括各種健康與社會問題的數據），其他人得到和我們類似的發現，不過是時間早晚的問題。新浮現的資料讓我們及其他研究人員得以分析社會的差異、探索因素之間的關聯性，並且更嚴謹地檢驗各項理論。

不難想見，自然科學界的新知，遠比社會科學領域的新發現更容易讓世人接受——不知道什麼緣故，物理學說彷彿硬是比社會科學理論少一點爭議。然而在自然科學史上，痛苦的人身爭議比比皆是；這些爭議始於理論上的分歧，但往往糾纏當事人終身。自然科學的論戰通常局限於專家圈子：對於科學家彼此較勁的粒子物理學理論，大多數民眾不抱任何強烈立場；但對於社會運作，民眾確實有自己的看法。某種程度上，社會理論即關於我們自身的理論，幾乎可以視為我們對社會的自我覺察與自我意識的一部分。自然科學家不需要說服個別細胞或原子接受他們的學說；但社會理論家就需要迎戰五花八門的個人觀點，和強大的既得利益。

一八四七年，伊格納茲・塞麥爾維斯（Ignaz Semmelweiss）發現，假如醫生先洗了手再替產婦接生，就能大幅減少產褥熱致死的病例。然而，在他的研究結果惠澤眾多產婦之前，他必須先說服人們（主要是他的醫生同僚）改變行為。他真正的硬仗不在於一開始的研究發現，而在於事情的後續發展。他的觀點被斥為無稽之談，導致他最終精神崩潰並自殺身亡。醫學界並未把他的研究當真，直到路易・巴斯德（Louis Pasteur）和約瑟夫・李斯特（Joseph Lister）提出疾病菌源說（germ theory）、解釋了衛生的重要性之後，情況才有了轉變。

我們活在一個悲觀的時代。除了煩惱全球暖化可能帶來的後果，也常常覺得許多社會儘管物質富裕，卻越來越無法正常運作。如今雪上加霜的是，我們面臨了經濟衰退與隨之而來的高失業率。幸而我們已體認到不能繼續這樣下去、必須做出改變；這或許是樂觀的基礎：說不定到頭來，我們確實有機會創造一個更美好的世界。本書精裝版*獲得了非比尋常的正面迴響，

* 編註：二〇〇九年由英國 Allen Lane 出版社初版發行。

證實人們普遍有心改變，並且渴望為社會的問題找到積極的解決方法。

這個版本只做了細微修正。我們認為大多數讀者寧可略過的統計資料來源、研究方法與結果等瑣碎細節，如今放入附錄，供喜愛研究數據的讀者參考。至於探討因果關係的第十三章，則約略地重新組織與加強。我們也擴大探討為什麼過去的社會遠比現在更平等，並推斷這是政治態度轉變所致，有鑑於此，我們認為把政策討論視為尋找合適的技術性措施，是一種錯誤的態度。真要做的話，人們有上百種方法可以增進社會平等，而我們尚未決定我們的政策色彩。人們需要的不是一套巧妙的解決方案，而是一個深諳平等有哪些好處的社會。假如我們是對的，本書陳述的理論與證據將說明如何大幅提升絕大多數人的生活品質。然而，除非能改變人們對其所屬社會的看法，否則這套理論毫無用處。唯有本書闡述的觀點深入民心，輿論才會支持必要的政治改革。因此，我們成立了一個名為「平等信託基金會」（The Equality Trust；詳見第三四九頁）的非營利組織，設法讓後續篇幅羅列的證據更廣為人知，並且讓大家知道，確實有辦法可以幫助所有人走出困境。

圖表說明

讓數字說話：如何閱讀本書圖表

本書的絕大多數圖表，用意在於建立所得差距與各種健康和社會問題之間的連結，呈現兩者在(1)國際間（比較富裕國家）或(2)美國本土（比較各州）的關聯性。

在這些圖表中，我們把所得差距放在底下的橫軸（x軸），不平等程度較低的社會落在左邊，不平等程度較高的社會則偏向圖表右邊。

各種健康與社會現象則呈現在圖表左側的縱軸（y軸）。

這些圖表多半有兩大特點。第一是散布於圖上的點，分別代表各個富裕國家或美國各州，方便讀者辨明各個社會的相對位置。第二則是一條稱為「迴歸線」（regression line）的直線，顯示所得差距與該圖所研究的現象間的「最佳配適」（best fit）關係。這條線不是我們選定的，而是經由統計軟體計算，得出最吻合數據趨向的一條直線。我們也可以計算出圖上所見的模式純屬巧合的機率有多低。唯有其關係極不可能出於偶然，我們才會在圖上呈現最佳配適線。如果圖上沒有畫出最佳配適線，就表示沒有證據顯示兩者間存在任何連帶關係。

假如直線從左到右急遽向上傾斜，表示該健康或社會現象在越不平等的社會越常見。這樣的模式往往出現在我們認定的惡劣問題上，例如暴力：

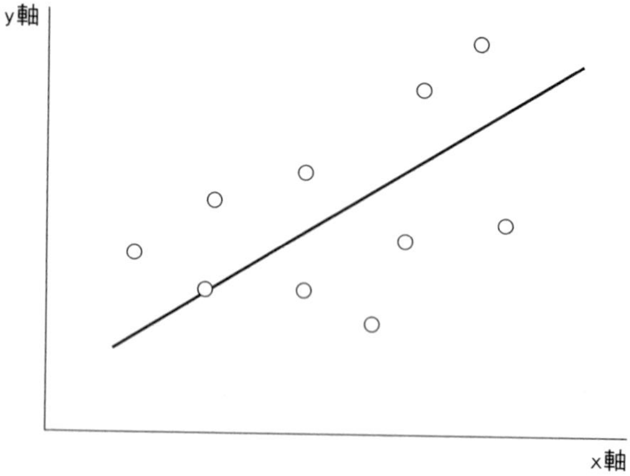

假如直線從左到右急遽向下傾斜，就表示該健康或社會現象，在比較不平等的社會比較不

常見。往往會在我們認定的正面議題上看到這種模式，例如社會互信：

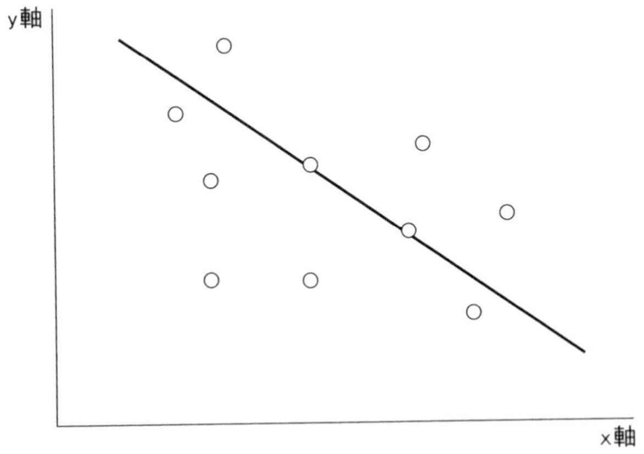

若圖上的數據點比較分散，意味著有其他重要因素影響結果。那不一定代表「貧富不均」影響不大，無非是表示其他因素也很重要：

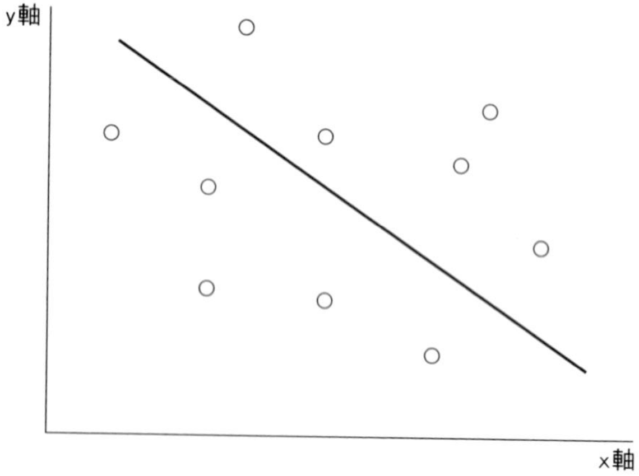

數據點分布範圍較窄，意味著貧富不均和現象之間存在非常密切的關係；貧富不均是現象的絕佳預測因子：

關於我們採用的方法，更多細節請參考：www.equalitytrust.org.uk。

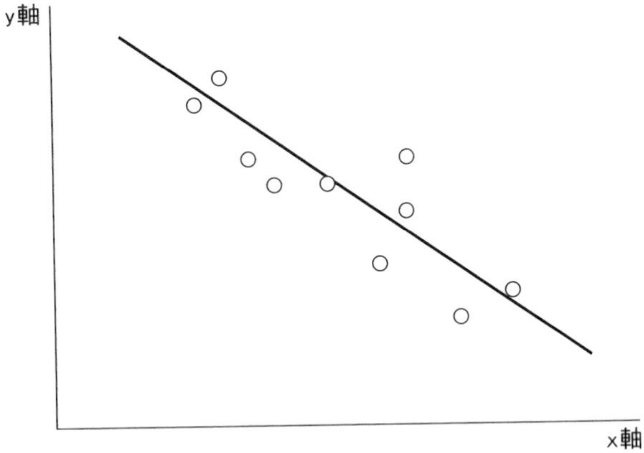

第一部

物質富裕，社會失靈

我剛剛省了二十萬的稅……我愛這個國家！……可是，它怎麼破爛成這個樣子？！
SINGER

第一章
一個時代的結束

> 我喜歡財富，喜歡饋贈朋友，喜歡引領病人安心而富足地恢復健康。除此之外，財富對日常的快樂助益不大；人們一旦免於飢餓，貧與富已沒什麼兩樣。
>
> ——尤里庇狄斯（Euripides），《厄勒克特拉》（*Electra*）

說來何其矛盾，在人類物質與科技成就登峰造極的年代，我們卻發覺自己備受焦慮煎熬、容易陷入憂鬱、擔心他人凝視的眼光、對友情心存懷疑、不由自主地花錢消費，而且幾乎沒有任何群體生活。由於欠缺我們每個人都需要的、讓人放鬆的社會連結與情感滿足，我們轉而從暴飲暴食和強迫性購物來尋求慰藉，或者淪為酒精、精神藥物與毒品的階下囚。

我們是如何在人類史無前例的富裕與舒適水準下，製造出那麼多精神與情感痛苦？我們覺得欠缺的，通常只是和朋友相聚的快樂時光而已，可是就連這一點，我們似乎也無計可施。我們說得好似生活是一場攸關心理存亡的長期抗戰、不斷在壓力與情緒耗竭中掙扎求生；然而真相是，我們的豪奢與揮霍，已嚴重到對這個星球構成了威脅。

美國的哈伍德公共創新研究所（Harwood Institute for Public Innovation）受默克家族基金會（Merck Family Foundation）委託研究，發現民眾覺得「物質主義」或多或少阻礙了他們滿足自己的社會需求。一篇以全美大調查為基礎、標題為〈渴望平衡〉（*Yearning for Balance*）的報告總結，民眾「對財富與物質利益抱持很深的矛盾心態」[1]。絕大多數人希望社會「革除貪婪與鋪張，走向更重視價值觀、社區與家庭的生活方式」，但他們也覺得大部分美國同胞對這個問題的輕重存有不同看法；他們認為美國人已變得「越來越不團結、自私、沒有責任感」。正因如此，他們經常感到孤立無援。然而，報告中說，當邀集民眾參加焦點座談會探討這些議題時，人們「又驚又喜地發現其他人跟他們所見略同」。相對於透過共同目標讓我們跟其他人合為一體，我們更常因社會價值觀淪喪、難以自拔地追求物質而引發的不安，使得內心產生撕裂，切斷我們跟其他人的連結。

主流政治不再關注這些議題，也不再嘗試打造共同願景、鼓舞我們創造更美好的社會。身為選民，我們喪失了一切集體信念，忘了這個社會可以有所不同。相較於建立一個更美好的社會，每個人汲汲營營，無非試圖在既有的社會框架下提升自己的個人地位。

許多發達國家雖然物質富裕卻社會失靈，這樣的反差是個重要指標，顯示如果要進一步改善真正的生活品質，我們需要將重心從物質標準與經濟成長，轉移到提升社會整體的心理與社會福祉。然而，只要一提起跟「心理」沾上邊的議題，討論焦點幾乎完全圍繞個人的醫療與處置打轉。政治思維似乎陷入了瓶頸。

如今，我們或許可以整理出一個具說服力且前後連貫的新概念，幫助社會擺脫眾多的失能行為。若能對實際發生的情況產生正確理解，就可以扭轉政治、改造全體人類的生活品質；我們將因而改變對周遭世界的觀感、改變我們投票支持的對象，並改變我們對政治人物的要求。

在本書中，我們將證明社會關係的品質乃建立在物質基礎上。所得差距的幅度，強烈影響人們對彼此的理解與認同。與其歸咎父母、宗教、價值觀、教育或刑罰制度，我們將證明貧富不均的程度，為所有人的心理福祉提供了一個強而有力的政策槓桿。正如以往透過新生兒體重增幅的研究，證明兒童的發展極其仰賴充滿愛心的照顧者與兒童互動；我們也透過死亡率與所得分配的研究來呈現成人的社會需求，並說明社會可以如何滿足這些需要。

遠在二〇〇八年後半的金融危機越演越烈以前，英國政治家在批評社區衰退或各式各樣的反社會行為與日俱增時，就不時談起所謂的「破碎社會」。金融垮台將人們的注意力從破碎社會轉移到破碎的經濟。破碎的社會有時會被歸咎於窮人的行為，但人們普遍認為富人才是破碎經濟的罪魁禍首。在最受民眾信賴的某些金融機構中，掌權的高階主管受到更高薪水與紅利的誘惑，不顧風險，魯莽行事，打造出只能在單薄的投機泡沫中勉強支撐的紙牌屋。然而真相是，無論破碎社會或破碎經濟，全都肇因於逐漸擴大的貧富差距。

證據指向何處？

我們首先將概略陳述證據，這些證據顯示此刻已到了經濟成長能為我們帶來好處的尾聲。數千年來，若要改善人類生活品質，最好的辦法莫過於提高物質生活水準。當生存時時刻刻面臨威脅，豐收的季節確實是最好的季節。但對富裕國家的絕大多數人民來說，生活的難處，已不再是關於填飽肚子、有乾淨的水喝、別讓自己受凍。如今，我們多數人寧可少吃一點，而不是多吃。而且有史以來第一次，窮人平均而言比富人更肥胖。在漫漫歷史中，始終作為進步重大推手的經濟成長，如今在富裕國家已大體上完成了任務。福祉和幸福的尺度不再隨著經濟成長而提升，不僅如此，隨著社會越來越富足，焦慮、憂鬱和眾多社會問題出現了長期的增長趨勢。富裕國家的人民已走到了漫長歷史旅程的盡頭。

我們走過的旅程，可以從圖1.1略見一斑。這張圖呈現平均壽命與人均國民所得毛額在不同經濟發展階段的對應趨向。在貧窮國家，平均壽命隨著早期經濟發展而大幅延長，然而在中等所得以上的國家，進步的速度便逐漸趨緩。當生活水準提高、國家越來越富裕，經濟成長與平均壽命之間的關係變得越來越薄弱，終至毫無關聯。圖1.1的成長曲線最後呈水平發展——顯示就算富裕國家變得更富裕，也無法繼續延長他們的平均壽命。最富裕的三十多國（最接近圖1.1右上角的國家）已經出現這樣的態勢。

圖1.1的曲線之所以變得平緩，並非因為人類的平均壽命已到達極限。隨著時間推移，最富

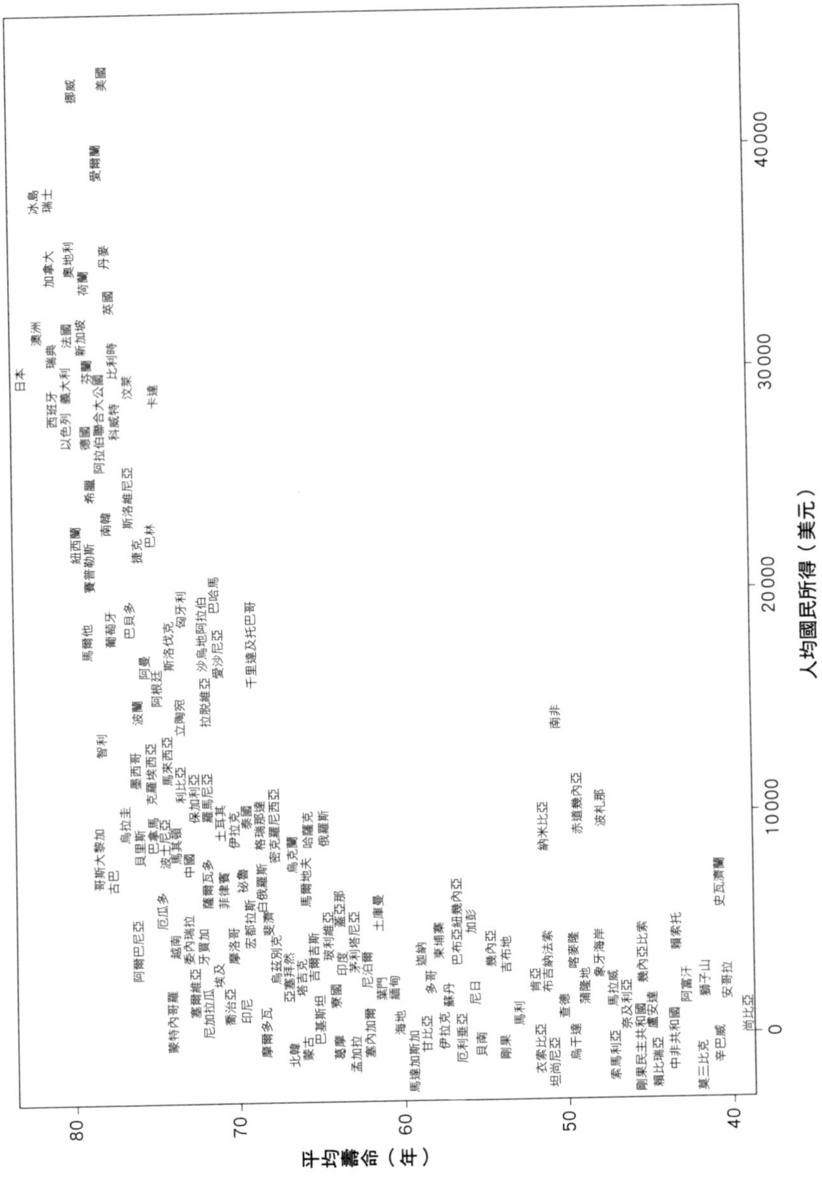

圖1.1：經濟發展唯早期階段有助於提高平均壽命[2]

裕的國家仍能持續享受醫療的長足進步。不同的地方是，壽命延長與否已不再跟平均生活水準相關。每經過十年，無論經濟發展如何，富裕國家的平均壽命都會延長二到三年。也就是說，像美國這樣的富裕國家，不再比希臘或紐西蘭更長壽，儘管後者的所得只有前者的一半多一點。隨著時間推移，真實的情況並非沿著圖1.1的曲線繼續發展，而是整條曲線向上平移：同樣的所得水準對應更高的平均壽命。從資料上來看，你不得不斷定隨著國家越來越富裕，平均生活水準的提升對健康的影響會變得越來越小。

健康與長壽固然重要，但生活品質還牽涉其他因素。不過，正如健康與經濟成長的關係走勢逐漸趨緩，經濟成長與幸福的關係亦是如此。和健康一樣，人們的幸福程度隨著早期的經濟發展而逐漸上升，終至維持水平。這是經濟學家理查・萊亞德（Richard Layard）在他探討幸福的著作中大力表達的觀點[3]。不同國家的幸福數據，很可能受到文化強烈影響。在某個社會，不表示自己很快樂無異於承認失敗；而在另一個社會，公開聲稱快樂則有自鳴得意、自我陶醉之嫌。不過，儘管不容易看清，圖1.2顯示最富裕國家的「幸福曲線」逐漸拉平，跟平均壽命的模式幾乎一模一樣。在這兩項議題上，重大進步雙雙出現在經濟成長的早期階段，但隨著國家日益富裕，額外的財富能為人民增添的幸福就越來越少。在這些圖表上，幸福與平均壽命的曲線大約在人均收入達兩萬五千美元時趨向平緩，但有證據顯示，隨著時間推移，發生這種現象的所得水準會越來越高[4]。

在富裕國家，經濟的進一步提升無法讓人民感到更幸福；這種現象的證據，並非只來自

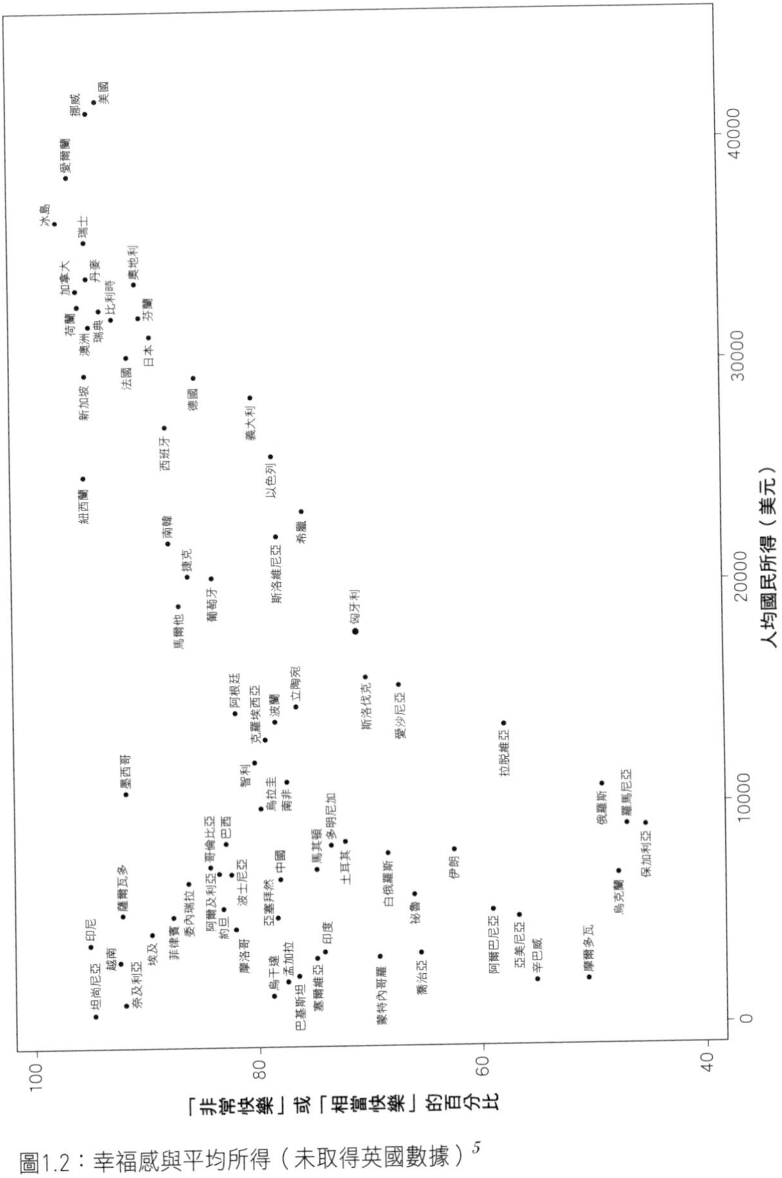

圖1.2：幸福感與平均所得（未取得英國數據）[5]

特定時間點的跨國比較（如圖1.2）。在某些國家，例如日本、美國和英國，我們可以觀察幸福指數的長期變化，看看人民的幸福感是否隨著國家日益富裕而上升。證據顯示，即便經歷漫長到足以令實質收入翻倍成長的時間，幸福感也毫無增長。研究人員使用其他幸福指數——例如扣除交通堵塞和污染等成本，藉此計算出淨利成長的「經濟福利尺度」（measure of economic welfare）或「真實發展指標」（genuine progress indicator）——也發現了同樣模式。

所以說，無論我們分析的是健康、幸福或民生福祉的其他衡量標準，得到的結果如出一轍。在貧窮國家，經濟發展仍是人民福祉的重要推手。只要增進物質生活水準，就可以大幅提高福祉的客觀衡量標準（如平均壽命）和主觀衡量標準（如幸福感）。但是當國家躋身富裕的已開發世界之列，繼續提高所得就變得越來越不重要。

這是個可以預期的規律。某件東西你得到越多，每一次的多得（無論麵包或汽車）對福祉的貢獻便越來越低。餓肚子的時候，一條麵包便是一切；不過一旦吃飽了，更多條麵包並沒有什麼幫助，當它們放久變味，或許還會惹人嫌棄。

在經濟成長的漫長歷史中，各國的財富遲早會達到「報酬遞減」的水準；額外的收入越來越買不到額外的健康、快樂或幸福。時至今日，眾多發達國家的平均所得幾乎已持續增長一百五十多年，額外財富產生的益處早已大不如前。

各種死亡因素的發展趨勢證實了這樣的詮釋。國家一開始致富時，最先減少的要屬跟貧窮相關的疾病。大規模傳染病（例如至今在貧窮國家還很常見的結核病、霍亂與痲疹）慢慢退出了重大死因排行榜。隨著它們的消失，我們只剩下所謂的富貴病——退化性心血管疾病和癌症。流行性的貧窮疾病好發於幼童，而且經常奪走青壯年性命，相形之下，富貴病基本上是中老年人的疾病。

另一項證據證實，圖1.1與1.2的曲線之所以逐漸趨緩，是因為國家已達到物質生活水準的門檻，跨過門檻之後，經濟成長的利益便越來越不明顯。以往被稱為「富貴病」的疾病，成了富裕社會中的窮人疾病。心臟病、中風和肥胖等疾病，原本比較常見於富人；心臟病更是被視為生意人專有的毛病。以往富人肥胖，窮人瘦削，但大約一九五〇年代開始，已開發國家一個接著一個翻轉了這些模式。從前流行於社會富裕階級的疾病翻轉了社會分配，如今反倒在窮人階級比較普遍。

經濟成長的環境限度

在經濟成長對富裕國家的實質利益已走到盡頭的同時，我們也必須正視全球暖化問題和成長的環境限度。我們必須大幅降低碳排放量，避免氣候變化失控、海平面上升；這或許意味著就連目前的消費水準都難以為繼——尤其在比較窮的開發中世界還有必要繼續提高生活水準的時候。在第十五章，我們將探討如何把本書陳述的觀點與旨在降低全球暖化的政策結合。

社會內部及社會之間的所得差距

如何提升人類生活的真正品質？我們是必須為這個問題找到新答案的第一個世代。如果撇開經濟成長，我們應該從什麼地方著手？有一項事實不失為尋找解答的強力線索，那就是我們對於自身社會內部的所得差距，以及富裕社會之間的平均所得差距，觀感大有不同。

第四章到第十二章將聚焦於一系列健康與社會問題，例如暴力、精神疾病、未成年懷孕以及教育失敗；無論身處哪一個國家，這些問題在窮人階級都比在富人階級更普遍。正因如此，表面上看來，提高所得和生活水準應該能幫助人們擺脫這些問題；然而，當我們在各個社會之間進行比較，卻發現這些社會問題跟社會的平均所得水準幾乎毫無關聯。

以健康為例。相對於研究富裕國家與貧窮國家的平均壽命（如圖1.1），我們只針對最富裕國家進行分析。圖1.3僅顯示富裕國家的數據；它證明某些國家的富裕程度幾乎是另一些國家的兩倍，卻不比其他國家長壽。然而在各國國內，死亡率卻跟所得水準呈密切且規律的關係。圖1.4顯示美國國內的死亡率與所得水準的關係。這裡計算的是各郵政地區的居民死亡率，以各郵政地區的普通家庭所得分類。右邊是比較富裕且死亡率較低的地區，左邊則是死亡率較高的較貧窮地區。雖然我們是以美國的數據來說明這一點，但幾乎每一個社會都呈現類似的健康梯度，只不過傾斜度不一。在社會的各個層級，較高所得都與較低死亡率相關。請注意，這並不純粹是窮人不如其他人健康的問題而已。圖1.4的驚人之處是，健康梯度竟適用於社會各個層

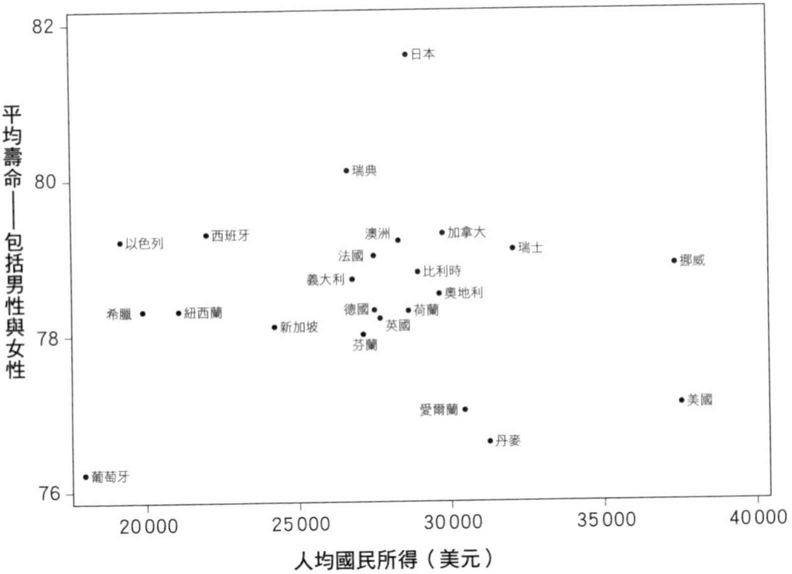

圖1.3：平均壽命與富裕國家之間的平均所得差距無關[6]

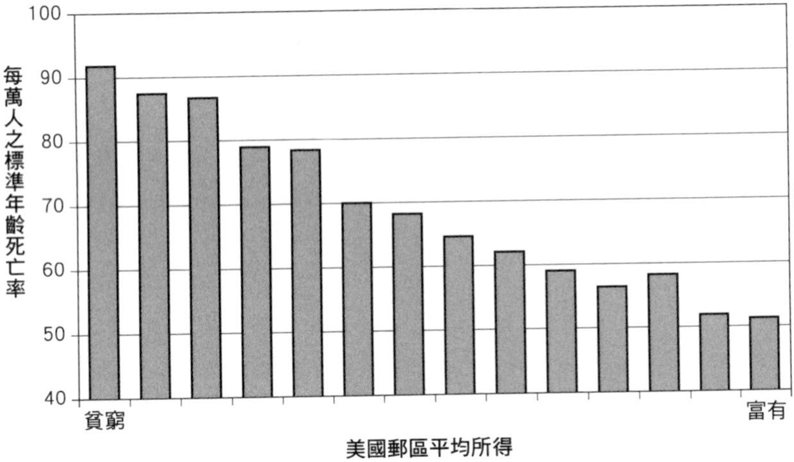

圖1.4：死亡率與社會內部的所得差距密切相關[7]

級——這是個影響全體人民的梯度。

在各國國內，人民的健康與幸福跟他們的收入息息相關。平均而論，富人往往比同一社會的窮人更健康、更快樂。但若在富裕國家之間進行比較，無論某國的人民是否比另一國的人民富裕兩倍，並沒有任何實質影響。

國與國之間的平均所得或生活水準差異無關緊要，同一群人口彼此之間的所得差異卻影響深遠——我們可以從這個矛盾現象看出什麼道理？有兩種合理解釋。第一，在富裕國家，重要的或許不是你的實際所得與生活水準，而是你與社會上其他人的相對比較。也許，平均水準毫無意義，重要的無非是你比別人過得更好或更差——在社會的尊卑順序中，你落在哪一個位置。

另一個可能性是，圖1.4呈現的健康梯度並非源於相對所得或社會地位對健康的影響，而是基於社會流動性（social mobility）的作用，健康的人與不健康的人被區分開來。健康的人或許比較容易攀爬上更高的社會階級，不健康的人則往往留在階級底層。

這個議題將在下一章解決；我們將探討壓縮或拉大社會內部的所得差距是否有任何意義。在健康與社會問題上，比較均等與比較不均等的社會是否承擔了同樣的整體負荷？

第二章

貧窮或不均？

貧窮不是缺衣少食，也不僅僅是方法與結果的落差；最大的癥結在於人與人之間的關係。貧窮是一種社會地位……它成了……階級之間的惡性分野……

——馬歇爾．薩林斯（Marshall Sahlins），《石器時代經濟學》（*Stone Age Economics*）

貧富之間有多大的差距？

上一章，我們看到在富裕國家，經濟成長與平均所得的增長已不再有助於提高人民的幸福感。但我們也見到社會內部的健康與社會問題，仍然和所得息息相關。在這一章，我們將探討社會的貧富不均程度，是否對社會產生任何影響。

圖2.1顯示各個已開發國家的所得差距幅度各有不同。圖表最上方是最均等的國家，最底

「史密斯小姐，買下《聖經》版權，改掉有關富豪跟針孔的那段話。」

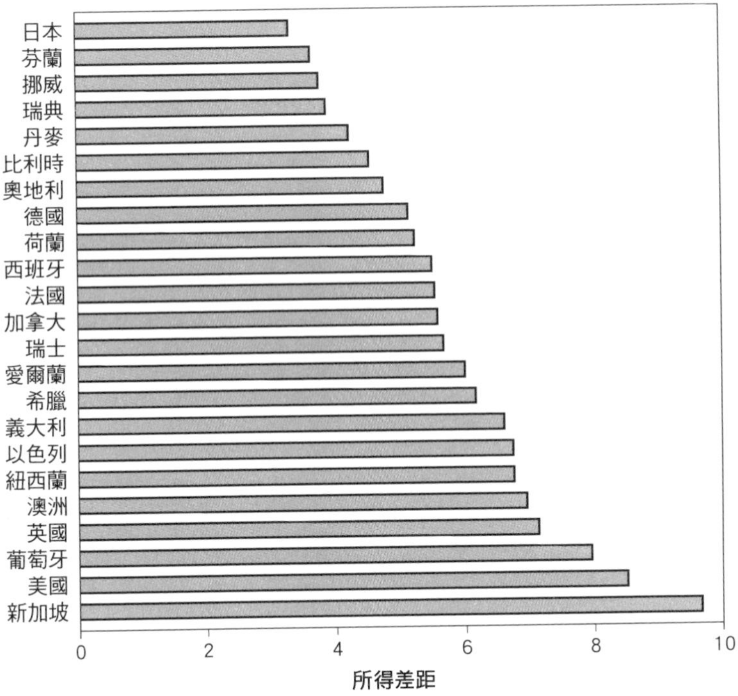

圖2.1：各國最富裕的二十%人口比最貧窮的二十%人口富裕幾倍[2]

下則是最不均等的國家。橫條的長度，代表各國最富有的二十%人口比最貧窮的二十%人口富裕多少倍。在圖表最上方的日本及幾個北歐國家，最有錢的二十%比最貧窮的二十%富裕不到四倍。圖表下方國家的所得差距幅度，則至少比上述國家高出一倍，包括最富裕的二十%人口比最貧窮的二十%人口富裕九倍左右的兩個國家。貧富差距最大的國家，要屬新加坡、美國、葡萄牙和英國（這裡的數據是依家戶人口數調整、扣除稅收和福利之後的家庭所得）。

有許多方法衡量貧富不

均的程度；這些方法彼此密切相關，使用哪一種方法通常並不影響結果。與其比較頂層與底層的二十％人口，我們也可以比較頂層與底層的十％或三十％。或者，我們也可以看看有多少比例的財富流向比較貧窮的半數人口。通常，較貧窮的半數人口掌握全國總收入的二十％或二十五％左右，較富裕的半數則囊括剩餘的七十五％或八十％財富。還有其他更複雜的衡量方法，包括所謂的「吉尼係數」（Gini coefficient）。它衡量整個社會的貧富不均程度，而不是單純比較上下兩端。如果所有收入集中於一個人（最大的不平等），而其他人一無所獲，吉尼係數等於一。如果所得平均分配，每個人都有一模一樣的收入（完美均富），吉尼係數等於零。數值越低，社會越均等。最常見的數值落在零點三和零點五之間。衡量貧富不均的另一個方法叫做「羅賓漢指數」（Robin Hood Index），它會告訴你如果要達到徹底均富，必須從富人手上拿走社會總收入的多少比例，分配給窮人。

為了避免被人指控我們挑揀衡量方式，本書的做法是採用政府機構發表的數據，而非自行計算。每當比較不同國家之間的貧富不均程度，我們使用的是頂層與底層二十％人口的所得比：這不僅容易理解，同時也是美國官方提供的現成數據。當比較美國各州之間的不均等程度，我們使用的是吉尼係數：這種衡量方法最常見、最受經濟學家偏愛，並且可以透過美國人口普查局取得。在許多學術研究論文中，我們和其他學者都使用兩套不同的衡量方法，以證明方法的選擇鮮少對結果產生重大影響。

貧富不均的程度是否有重大意義？

我們既已走到經濟發展無法繼續提高生活品質的時代，並且面臨了環境破壞問題，圖2.1所呈現的貧富不均現象究竟有什麼意義？

越不平等的社會越容易出現健康與暴力問題，這是幾年前便已得到的結論。然而，我們在研究過程中逐漸發現，比較常見於社會階級底層的一切問題，幾乎都在貧富不均比較嚴重的社會更為普遍。除了疾病與暴力，還有我們即將在接下來幾章描述的其他眾多社會問題，這同時也招來大眾對經濟富裕卻運作失靈的社會的擔心。

為了看看這些問題是否在不平等的社會比較常見，我們針對健康以及找得到可靠數據的其他社會問題，蒐集了可供跨國比較的資料。我們最後列出的問題包括：

- 信任度
- 精神疾病（含藥物與酒精成癮）
- 平均壽命與嬰兒死亡率
- 肥胖症
- 兒童學業表現
- 未成年生育
- 兇殺案件

● 監禁率
● 社會流動性（缺美國各州數據）

有時候，不同事物之間看似相關，但它們之間的關聯性是虛假的，或者純屬偶然。為了確保我們的發現正確無誤，我們也針對美國五十州蒐集相同（或盡可能相同）的健康與社會問題數據。這讓我們得以檢驗在兩種獨立設定下，健康或社會問題與貧富不均是否具備一貫的相關性。正如林登．詹森*所言：「美國不僅是個國家，更是個多民族國家。」

為了呈現整體概念，我們整合每一個國家的健康與社會問題數據，並將美國各州的數據區分開來，建立各國及美國各州的健康與社會問題指數。指數中的各個細項具有相同權數——也就是說，心理健康的分數對社會整體分數的影響，跟兇殺率或未成年生育率具有同樣的比重。其結果顯示這些健康與社會問題在各國與美國各州有多麼盛行。而平均壽命這類議題採取反向計分，如此一來，對於所有衡量標準，較高的分數一律反映出較壞的結果。閱讀這些圖表時，健康與社會問題指數的得分越高，即代表情況越糟。（關於我們如何遴選圖表上研究的國家，請參考附錄）。

我們首先透過圖2.2呈現一個非常明確的趨勢：在比較平等的國家，疾病與社會問題的發生頻率比較低。隨著貧富差距越來越大（往橫軸右邊發展），健康與社會問題的指數得分也越高。在所得差距較大的國家，健康與社會問題確實更為常見。兩者間的關聯格外密切——光憑巧合，各國的分數幾乎不可能呈現如上圖的直線分布。

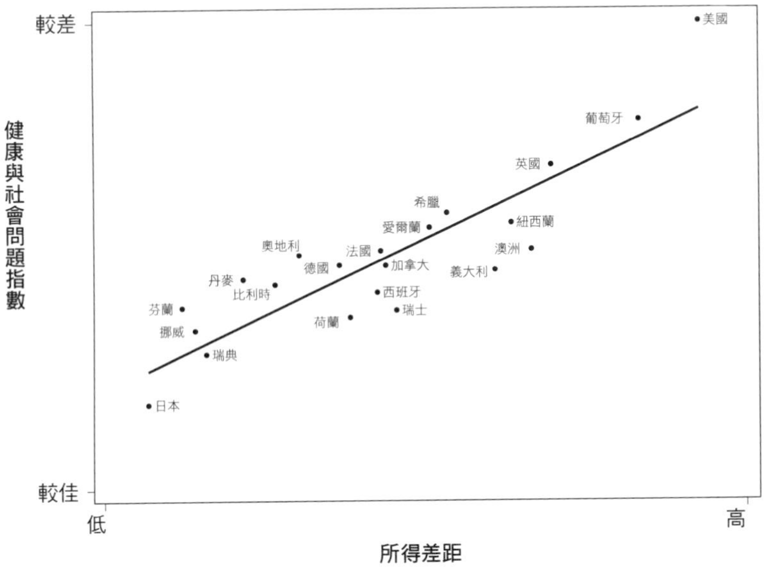

圖2.2：富裕國家的健康與社會問題跟貧富不均密切相關

為了強調疾病與社會問題在各國的普及程度確實跟貧富不均、而非跟平均生活水準相關，我們透過圖2.3呈現相同的健康與社會問題指數，只不過這次分析的是上述指數與平均所得（人均國民所得）之間的關係。圖中顯示在比較富裕的國家與比較好的結果之間，並未出現類似的明確趨勢。這證實了我們在第一章的圖1.1與1.2看到的現象。除了得知健康與社會問題在社會的較低階層更為常見（如圖1.4所示），我們如今也發現，這些問題對貧富差距較大的國家造成了沉重許多的整體負擔。

為了檢驗這些結果是否只是偶發狀況，讓我們看看類似模式是否也發生在

＊譯註：Lyndon Johnson：第三十六任美國總統。

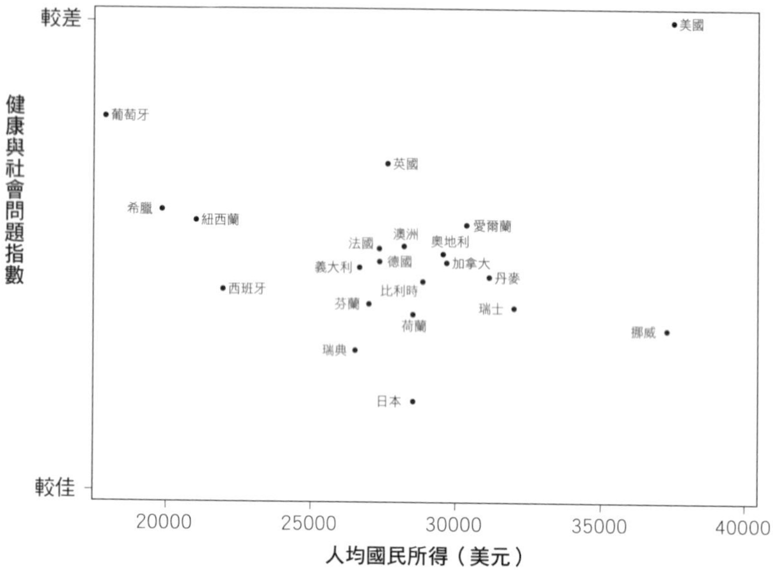

圖2.3：在富裕國家，健康與社會問題跟平均國民所得之間只有微弱關聯

美國的五十州。針對美國各州，我們找到與進行國際指數研究時，幾乎一模一樣的健康與社會問題數據。圖2.4顯示，健康與社會問題指數跟各州的不平等程度強烈相關；圖2.5則顯示指數與平均所得水準之間沒有明確關係。從美國得到的證據，確認了跨國圖表呈現的事實。美國在跨國圖表（圖2.2）上的位置，顯示對比於其他國家，美國整體的高平均所得水準並未幫助它降低健康與社會問題。

我們應該特別指出，結合了十種健康與社會問題數據的指數之所以跟貧富差距如此密切相關，是因為當我們把不同問題整合起來之後，往往能強調問題之間的共同點，淡化其中的差異性。我們將在第四到第十二章單獨研究各項問

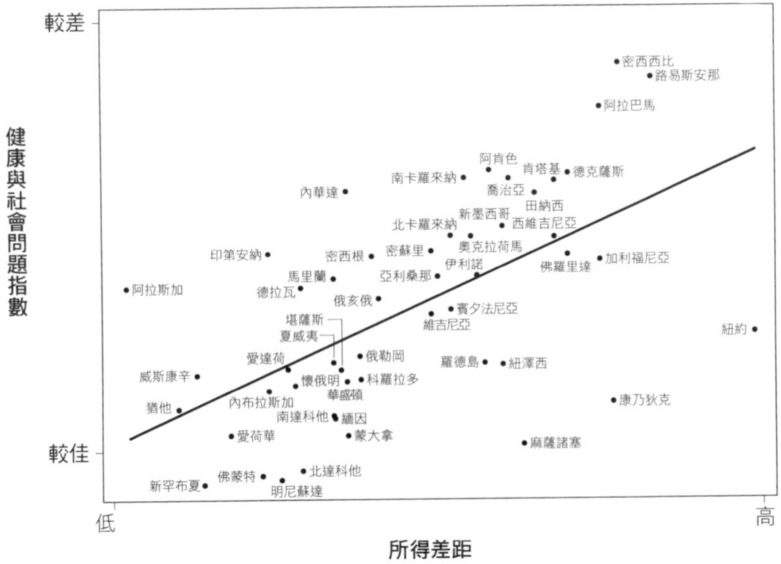

圖2.4：美國各州的健康與社會問題跟貧富不均有關

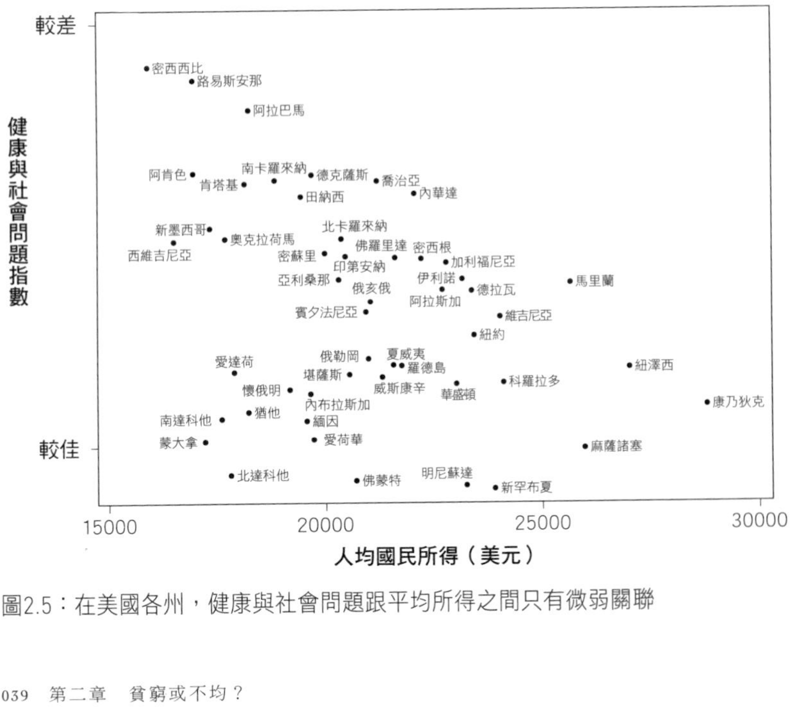

圖2.5：在美國各州，健康與社會問題跟平均所得之間只有微弱關聯

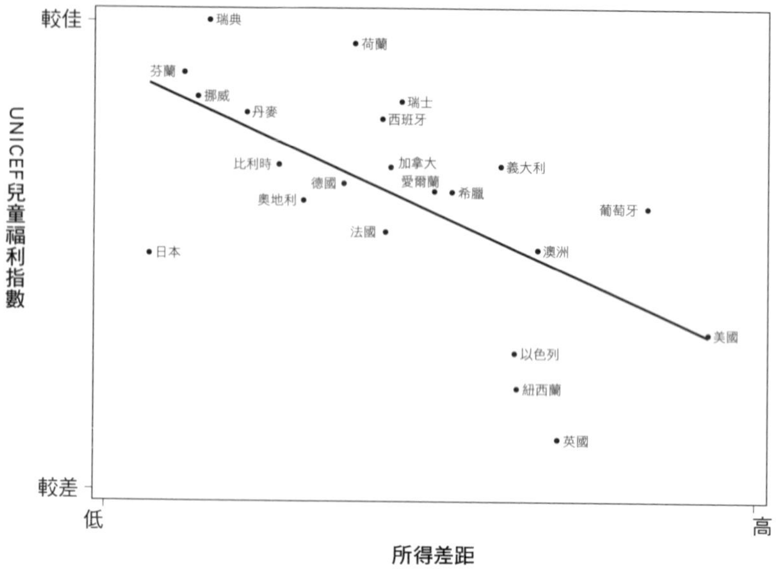

圖2.6：UNICEF的富裕國家兒童福利指數與貧富不均有連帶關係

題是否跟貧富不均相關，並探討這些問題可能源於貧富不均的各種原因。

這項證據不能被斥為以某種騙人伎倆計算出的統計假象。圖2.2呈現的緊密配適，證明了這些健康與社會問題普及與否的共通元素，的確就是各國的貧富不均程度。所有數據都來自最有信譽的機構——包括世界銀行、世界衛生組織、聯合國與經濟合作暨發展組織（OECD）等等。

這些連結關係是否可能源於我們揀選了某些不具代表性的問題？為了釋疑，我們也採用聯合國兒童基金會（UNICEF）匯集的「富裕國家兒童福利指數」。這項指數結合四十種不同指標，涵蓋了兒童福祉的眾多不同層面。（我們剔除其中的兒童相對貧窮度指

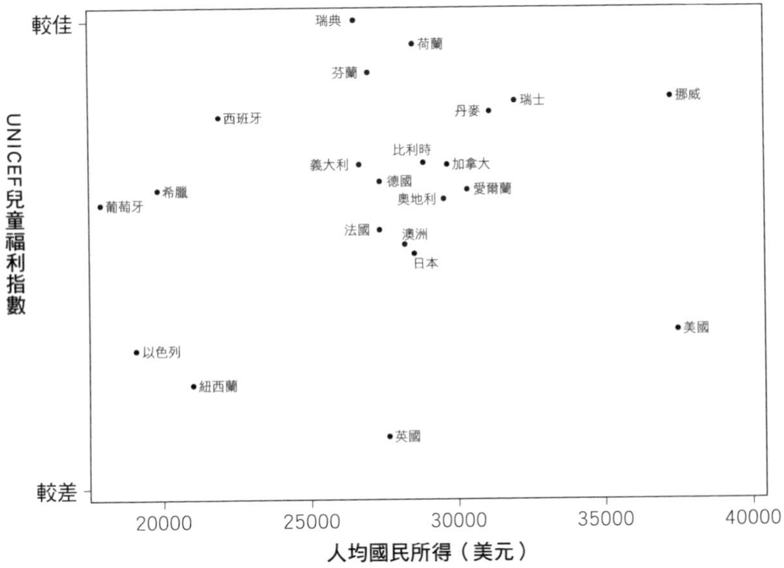

圖2.7：UNICEF的富裕國家兒童福利指數與人均國民所得毛額無關

標，因為按照定義，這項指標跟貧富不均密切相關。）圖2.6顯示兒童福祉和貧富不均之間有強烈關聯性；圖2.7則顯示它跟各國的平均所得毫不相關。

社會梯度

正如我們在上一章結尾提到的，我們也許會聽見兩個普遍流行的假說，試圖解釋為什麼接近社會底層的人會遭遇較多問題：第一是人們的生活條件導致他們遭遇問題；第二則是人們陷入讓他們往下沉淪的問題，最後落到接近社會底層。而我們在這一章見到的證據，讓我們對這些議題產生了新的觀點。

讓我們先思索「把社會視為一個巨大淘選系統」的觀點；在這個系統中，

人們依據自己的特質與弱點在社會階級中上升或下降。儘管疾病、學業成績不佳或未成年懷孕生子等種種情況，在在削弱了人們往社會階級頂層攀爬的機會，但淘選過程本身，無法說明為什麼比起平等社會，上述種種問題在比較不平等的社會更為常見。社會流動性或許部分說明了問題是否聚集於社會底層，但並未說明為什麼不平等的社會整體而言有較多問題。

某些人認為，較差的物質條件（例如惡劣的居住環境、營養不良、欠缺受教育機會等等）直接導致了社會問題；這個觀點暗示富裕的已開發社會，應該比其他社會表現得更好。但這跟事實真相差了十萬八千里：某些最富裕的國家表現最糟糕。

值得注意的是，兩種設定下的健康與社會問題，以及富裕國家兒童福利等種種衡量，在在得出大致相同的結論。富裕國家的問題，並非源於社會不夠富裕（或甚至源於太富裕），而是因為社會各階層民眾的物質差距太過懸殊。真正重要的是我們在社會上和其他人的相對地位。

當然，即便在最富裕國家，仍會有一小群赤貧人口偶爾三餐不繼，難以溫飽。然而，針對生活在聯邦貧窮線（一個絕對的所得水準，而不是諸如平均所得的一半等相對標準）以下的美國人口調查顯示，在這個占全美總人口十二點六％的族群中，八十％的人擁有冷氣，將近七十五％的人至少擁有一輛汽車或卡車，大約三十三％的人擁有電腦、洗碗機或第二輛車。這表示，當人們說自己沒有錢買食物等必需品，反映出來的通常是他們希望達到一般生活水準的欲望強度。舉例來說，你或許寧可省吃儉用，也要花錢買衣服來維持外觀。我們聽說一名失業的年輕男性花了一個月收入買一支全新手機，因為他說女生看不上沒有標準行頭的男生。正如亞當・斯密（Adam Smith）所強調，能夠體面地立身社會、不必因為明顯的貧窮而蒙受恥辱與烙印，是一件很重要的事。

然而，正如健康梯度從上到下跨越整個社會，貧富不均以及希望自己不落人後的壓力，也並不僅限於一小撮貧窮族群。相反地，我們即將見證，其影響遍布全體人口。

不同的問題，共同的根源

對於我們找到與貧富不均有關的健康及社會問題，政策制定者往往把它們視為彼此獨立的議題，各自需要獨立的機構與補救方法。我們付錢給醫生和護理人員來治療疾病，付錢給警察和監獄來對付犯罪，付錢給輔導老師和教育心理學家來處理教育問題，付錢給社工、毒品勒戒所、精神科醫院和衛教專家來支應其他眾多問題。這些服務成本高昂，而且充其量只帶來部分成效。舉例來說，醫療品質的差異對平均壽命的影響，還不及最初讓人們面臨致命疾病風險的社會差異來得深遠。而且，就算這些五花八門的服務成功阻止人們再度犯罪、治癒癌症、戒除毒癮或矯正教育缺失，我們知道每一個新世代總會不斷重蹈覆轍。與此同時，這些問題最常發生在社會中最貧困的地區，而在不平等社會發生的機率更高出數倍。

所得差距透露出什麼訊息？

在利用接下來幾章探討貧富差距的幅度與其他問題的關聯性之前，我們首先應該簡單說明貧富不均揭露出什麼樣的社會真相。綜觀歷史，人類曾生活在各式各樣的社會：從最平等的史前狩獵與採集時代，到最極權的財閥獨裁專政。雖然現代的市場民主國家不歸屬於這些極端光譜，但我們可以合理假設國與國的階級化程度各有不同。我們相信這就是所得差距所做出的衡量：所得差距越懸殊，社會距離就越大，社會的分層也越顯重要。

最好能有許多不同指標來衡量各個國家的階級化尺度——不只比較所得差距，還能比較財富、教育和權力的落差。如果能看出這些指標與社會距離、身分象徵（例如服飾、音樂與電影的選擇）以及階級與地位的重要性之間的關聯，會是一件有趣的事。儘管未來有可能出現這些可供跨國比較的其他指標，我們此刻只能仰賴所得差距。不過，也許令人意外的是，這項指標本身就能透露龐大訊息。

以這種方法解讀所得差距有兩大原因。第一條線索是，唯有呈現強烈社會階級梯度的健康與社會問題（越底下的階層越普遍），才會在比較不平等的社會更常見。這似乎是一個普遍現象：一個問題在社會內部的社會梯度越陡峭，該問題跟貧富不均的關係就越緊密[8]。這不僅適用於每一個問題（好比說未成年生育率或兒童學業成績不良），似乎也適用於同一個問題的性別差異。我們即將證明，比起男性，女性肥胖率與貧富不均的關係更密切，背後原因似乎就在於女性肥胖的社會梯度比男性的更陡峭。至於乳癌等並未在較低階層更普及的疾病，就跟貧富不均毫無關聯[9]。

在我們查閱將近一百七十篇探討貧富不均與健康關聯性的學術論文後，所得差距反映社會階級化程度的另一條線索變得益發明朗[10]。研究人員衡量貧富差距時，涵蓋地區的幅員大小各有不同。某些人計算當地社區的所得差距，看看數據是否與這些社區的平均死亡率相關。另一些人則以整個城鎮或都市為單位，評估所得差距與健康的連帶關係。還有些人研究地區、州或以全國為單位，進行跨國性比較。我們檢視這些研究之際，一個清楚模式浮現眼前。在大範圍研究中（地區、州或全國），有極大證據顯示貧富不均與健康息息相關，然而在小範圍的地區性研究中，卻出現了比較混雜的結果。

只要思索為什麼貧困地區的健康狀況通常比較差，上述情況就完全合乎邏輯。健康狀況不佳的社區（其平均壽命甚至可能比最健康的社區少十年）最突出的特色，當然不是社區內部的貧富不均，而是它們的生活條件比社會的其他地區惡劣——或者比其他人貧窮。真正重要的是整個社會的貧富不均程度。

我們斷定，一個社會的所得差距尺度，透露的並非原本未知的某種健康因子（或社會問題），而是導致眾多社會現象出現梯度傾斜的社會階級化。由於健康與社會問題的梯度反映出文化與行為的社會地位差異，由此看來，物質水準的落差很可能是這種種差異的核心。

我們或許應該把社會的物質差距幅度，視為構建階級與文化差異的架構。長期下來，簡單粗暴的財富差距，漸漸被服飾、品味、教育、自我意識，以及其他種種身分標誌的差距所取代。舉例而言，想想俄羅斯近年來出現的巨大所得差距，會如何影響其階級結構。當俄羅斯新富巨子的兒女在豪宅中長大、上私立學校、周遊全世界，他們將培養出上流社會的一切文化派頭。曾經有人描述英國的一位保守黨政治家，說他是「一個需要自己買家具」的人。雖然社會向來對暴發戶抱持偏見，但財富不會永遠都是新的：家具一旦傳承下去，就成了舊的財富。即便遠在十八世紀，當人們認為出生與教養定義了上流社會，一個人就算失去財富，仍然可以稍微維持地位，當個「有排場的窮人」；但經過一個世代左右，你跟其他窮人就不再有任何不同。況且，正如珍．奧斯汀（Jane Austen）在《曼斯菲爾莊園》（*Mansfield Park*）和《理性與感性》（*Sense and Sensibility*）中所描述，以愛情而非金錢為基礎的婚姻，後果可能十分嚴重。無論創造或失去財富，一旦少了物質財富就無法長期維持「體面身分」。這無疑是因為物質差距為社會提供了區分的架構，而人們往往將貧富不均視為社會的分化力量。

全民生活品質與國家的表現水準

較高的物質生活水準既已不能繼續帶來好處，我們就是必須尋找其他方法來提升真正生活品質的第一個世代。證據顯示，縮小貧富差距是為全民改善社會環境、進而提升真正生活品質的最佳之道。我們即將在第十三章說明，富人也同樣蒙受其利。

很顯然，較高的品質以及提高全體居民的福祉，也是國家成就水準以及各國在各種不同領域的表現互有高下的關鍵所在。當健康差距在一九八〇年代初期首度躍升公共衛生領域的重大議題，人們偶爾質疑這樣的差距有什麼值得大驚小怪。他們認為投身公共衛生事業的人，首要任務是盡快提高社會的整體健康水準。由此推演，他們暗指健康差距只不過是無關緊要的枝節問題。我們如今可以看到，情況或許幾乎恰恰相反。一個社會的貧富不均程度，大幅決定了有關健康以及我們即將在後續章節探討的其他重要現象的國家標準。如果你想知道為什麼某個國家表現比另一個國家更好或更差，首先要看的就是該國的貧富差距幅度。沒有一套政策是只能用來縮小健康差距或兒童學業成績差距，而不能同時提高國家的表現水準。消弭貧富差距是兩者兼顧的最佳辦法。而且，國家若希望——好比說——提高學童教育成就的平均水準，就必須解決導致教育成就出現陡峭社會梯度的貧富不均。

開發中國家

結束這個話題以前，我們應該強調，儘管開發中國家也必須正視貧富不均問題，但背後牽涉了不同理由。如今在富裕國家，人們在乎的是財富與財產的象徵意義。消費行為透露出的身分與地位，往往比商品本身更重要。說難聽一點，二流商品照理反映出二流人物。

無論在什麼地方，財產都是身分的象徵，但在必需品占了消費一大部分的貧窮國家，平等社會表現比較好的原因，或許無關乎地位問題，而跟比較少人被剝奪了食物、乾淨飲水和遮風避雨之處有關。只有在非常富裕的國家，健康與福祉才不再跟人均國民所得毛額產生關聯。比較貧窮的國家仍然有必要提高生活水準，而這對經濟底層的人民尤為重要。在那些社會中，比較平均的資源分配，意味著比較少人會住在沒有乾淨飲水且食物短缺的貧民窟，或者在不毛的土地上勉強維生。

下一章，我們將更深入探討為什麼已開發世界的人民對貧富不均如此敏感，以致貧富不均對現代人口的心理與社會福祉產生了如此重大的影響。

第三章

貧富不均如何讓人抓狂

很肯定的是，每個人的眼神無不透露出他在這個巨大社會尺度上的確切位階，而我們始終在學習如何從中判讀。

——拉爾夫・沃爾多・愛默生（Ralph Waldo Emerson），《生活的準則》（*The Conduct of Life*）

我們怎會如此強烈受到貧富不均與自身社會地位的影響，一如上一章的數據所揭示？在利用接下來九章深入探索貧富不均與五花八門的社會問題（包括健康與社會問題指數涵蓋的項目）有什麼關聯性之前，我們想要提出人類之所以對貧富不均如此敏感的可能原因。

由於貧富不均是社會大結構中的一個層面，要說明貧富不均的作用，就必須顯示個體如何受社會結構所影響。遭遇疾病、暴力或未成年懷孕問題的是個人，不是社會本身。雖然個人談不上所得分配，但生活在更廣大的社會中，他們確實面臨了相對的所得、社會地位或階級位置

JOSEPH
FARRIS

等問題。所以在這一章，我們將闡述個人如何對廣大社會做出反應，以說明生活在不平等社會的人會受到如此深遠影響的原因。

要了解貧富不均如何觸及我們的痛處，就必須探討幾個尋常的心理特質。談論或書寫這些議題時，人們經常曲解我們的用意。我們並不是說這個問題屬於個人心理學範疇，也無意主張應該改變的其實是人心的敏感度、而不是貧富差距的幅度。面對貧富不均造成的問題，解決辦法並非旨在讓每個人變得不那麼脆弱的大眾心理治療（mass psychotherapy）。對於高度不均造成的傷害，最好的回應之道就是縮小貧富差距本身。與其要求供水系統添加抗焦慮藥物或進行大眾心理治療，我們提出的概念最振奮人心的地方，在於它顯現縮小貧富差距能提升我們所有人的福祉與生活品質。社會福祉與社會關係品質的惡化絕非必然且不可阻擋；這種趨勢的確可以逆轉。了解貧富不均的影響，意味著我們突然間掌握了攸關社會整體福祉的政策途徑。

我們無法光靠社會結構或個體心理學來理解讓人們對貧富不均如此敏感的強大機制。個體心理與社會不均的關係，猶如鑰匙和鎖一般密不可分。貧富不均的影響遲遲未獲正確理解的原因之一，就在於人們不理解這兩者之間的關係。

焦慮攀升

有鑑於現代社會前所未有的物質舒適與生活便利性，人們談起壓力時彷彿快活不下去的模樣，似乎顯得可疑。然而聖地牙哥州立大學（San Diego State University）心理學家珍・圖溫吉（Jean Twenge）蒐羅了強大證據，顯示我們確實比以前焦慮許多。她大量考證不同時期所做的民眾焦慮程度研究，歸納出非常顯著的趨勢。關於一九五二到一九九三年間不同時期美國民眾的焦慮程度，她找到兩百六十九篇可供概括比較的研究報告[11]，樣本數總共涵蓋超過五萬兩千人。結果顯示民眾的焦慮程度在這四十年間呈持續攀升的趨勢。圖3.1呈現了她針對男性與女性分別歸納出的結果。圖上的每一個點代表研究當時記錄的平均焦慮程度。如此眾多研究呈現的上升趨勢不容置疑。無論研究對象是大學生或兒童，圖溫吉看見了同樣的模式：在這段時期末尾，一般美國大學生的焦慮程度已超過時期初記錄的八十五%民眾。更令人吃驚的是，到了一九八〇年代末，一般美國兒童比一九五〇年代的兒童精神科病患更焦慮。

這項證據來自針對人口樣本進行的標準化焦慮評量，不能用「人們越來越認識焦慮」這樣的說詞隨意解釋過去。惡化的趨勢，也符合我們在諸如憂鬱等相關症狀上見到的現象。憂鬱與焦慮緊緊相連：罹患其中一種病症的人往往也受另一種病症所苦，精神科醫生偶爾以類似方法治療這兩種疾病。如今有大量研究顯示，已開發國家的憂鬱症盛行率呈現大幅上揚。某部分研究探索了過去半個多世紀的變化，或者比較不同世代的經驗，同時小心翼翼避免落入陷阱（例如民眾對憂鬱症的較多認識導致更多人表示憂鬱[12]）。其他人則追蹤不同年間出生的代表性人口樣本的疾病盛行率。舉例而言，在英國，針對一萬多名一九七〇年出生的二十多歲年輕人進行的研究，對比更早以前針對一九五八年出生的二十多歲年輕人進行的類似研究，發現前者的

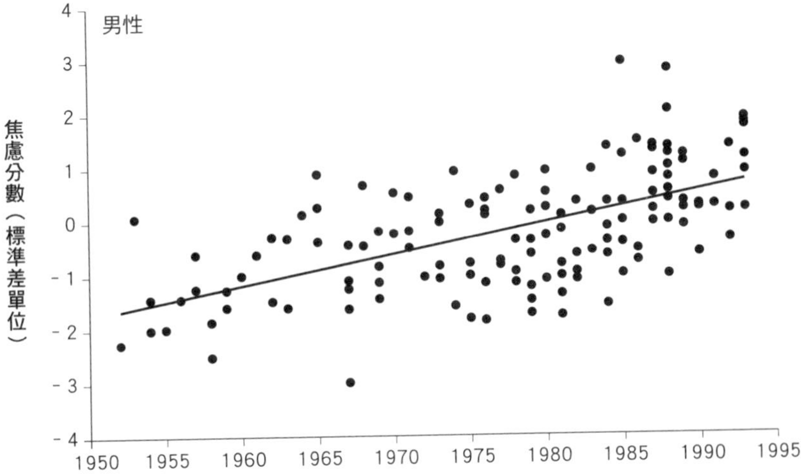

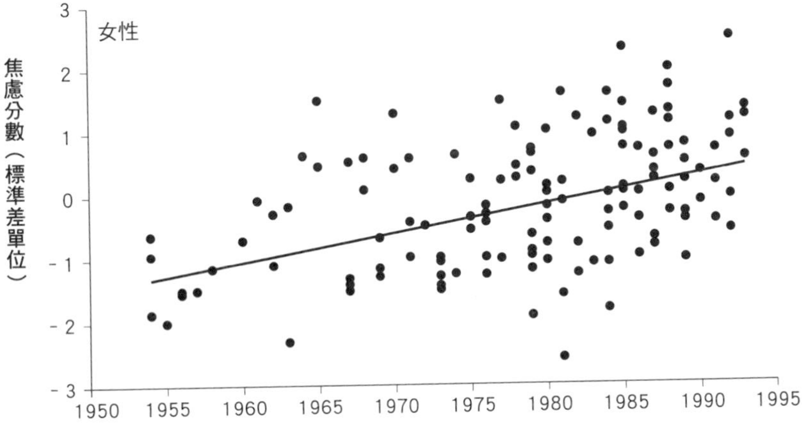

圖3.1：一九五二至九三年間，美國大學生的焦慮程度逐漸攀升。數據取自涵蓋五萬兩千名民眾的兩百六十九個樣本[15]。（承蒙珍．圖溫吉應允轉載。）

憂鬱症盛行率是後者的兩倍[13]。

查證各項研究之後可以斷定，許多已開發國家的焦慮症與憂鬱症盛行率雙雙大幅上揚。在青少年族群中，這種現象與犯罪、喝酒、吸毒等行為問題的增加脣齒相依[12, 14]，「不分社會階級與家庭型態，男性與女性同受影響」[13]。

了解焦慮症越來越盛行的含義之後，才能彰顯這個問題與貧富差距的關聯性。我們並不是說擴大的貧富差距引發了這個現象。這種可能性可以撇除，因為焦慮與憂鬱症的攀升，似乎遠在許多國家於二十世紀最後二十五年逐漸擴大貧富差距之前就開始了。（然而，一九七〇年代和一九九〇年代之間的趨勢，確實可能因為貧富差距擴大而加劇。）

自尊心與缺乏社會安全感

要了解這個心理健康趨勢的背後成因，可從同時發生的另一個令人驚訝的上升趨勢獲取線索；大家一開始以為這個趨勢與「自尊」有關。當進行長期比較後，自尊心的標準化評量也顯示非常明確的長期上升趨勢，與圖3.1的焦慮症趨勢大同小異。看來，儘管焦慮程度越來越高，長期下來，人們對自我的觀感越來越正面。舉例來說，他們更常表示對自己感到驕傲、更常贊同「我是有價值的人」這類陳述，而且似乎摒除了自我懷疑以及認為自己「沒用」或「一無是處」等負面感受。圖溫吉指出，在一九五〇年代，只有十二％的青少年贊同「我很重要」這項陳述，但到了一九八〇年代末，贊同的比例上升到八成。

這究竟是怎麼一回事？人們變得越來越自信，這似乎跟他們也越來越焦慮沮喪的事實互相矛盾。答案原來是，當我們對他人的目光越來越焦慮，便會基於不安全感而激發某種防衛機制，促使我們提高自信。這樣的防衛機制包含一種自我標榜的、不牢靠的自負，很容易被誤認為自尊心。這似乎是一連串難解的議題，尤其我們談論的是全民的總體趨勢。無論如何，讓我們簡單探究一九八〇年代自尊心開始變化以來累積的證據，看看到底發生了什麼事。

多年來，許多研究團體鑽研某個時間點的個體自尊感差異（而不是探討全民的長期趨勢），最終發現有兩類人得到高分。其中一個類別的高自尊是正向的結果，與快樂、自信、接納批評的雅量、結交朋友的能力等等因素相關；但除了正面結果之外，研究不斷發現另一群人的自尊指數也同樣居高不下：他們是有暴力與種族主義傾向的人，對別人漠不關心，而且不善於處理人際關係。

接下來的工作，就是設計出能把擁有健康自尊心與不健康自尊心的人區分開來的心理測驗。健康的自尊似乎以有充分理由的自信為核心，並能合理認清自己在不同情況下的長處與短處。另一種自尊似乎以防衛為主，否認自己的短處，並試圖在內心替自己打氣，設法在面臨自尊心威脅時，維持對自己的正面觀感。因此，這種自尊心就像在夜裡吹口哨為自己壯膽那般脆弱，而且容易對批評產生激烈反應。擁有缺乏安全感的高自尊心者，往往對別人漠不關心、一心只想著自己，而且格外在意成功，以及他們在別人眼中的形象與外表。這種不健康的高自尊感，往往被稱做「自我危機」（threatened egotism）、「沒有安全感的自尊心」或「自戀」。研究者可以在一段相對較短的時期，找到數據來比較自戀心態的發展趨勢，而不會與真正的自尊混淆。透過這些數據，圖溫吉看見了一個上升趨勢。她發現到二〇〇六年，三分之二的美國大學生得分高於一九八二年的平均自戀分數。如今，人們似乎普遍承認，我們見到的是不可靠的自戀心態的滋長（尤其在年輕人之間），而非真正自尊感的提升。

社會自我受到威脅

所以說，自尊感和焦慮程度的並行上升，其實是個假象。現在已很清楚，伴隨焦慮程度上升而來的，是自戀心態的膨脹，而這兩者之間有個共同根源。它們都源於所謂「社會評價威脅」（social evaluative threat）的加劇。關於現代社會的主要壓力來源，人們如今已掌握幾條明確的線索。由於我們已知高度壓力的生活會危害健康，於是研究人員投入大量時間，企圖理解人體對壓力的反應，以及社會普遍的重大壓力來源。絕大多數研究聚焦於一種名為皮質醇（cortisol）的壓力賀爾蒙；這種賀爾蒙可以藉由唾液或血液輕易地進行檢測。它的分泌由大腦誘發，目的是幫助身體做好準備，應付即將來臨的威脅與危機。眾多實驗邀請了志願者前往實驗室，測量他們在某種高壓情境或任務下的唾液皮質醇濃度。不同的實驗採用不同的壓力因子：某些實驗要求志願者解答一連串的數學運算問題——有時甚至公開比較各個志願者的答案；某些實驗則將他們暴露在噪音之下、請他們書寫一段不愉快的經驗，或者在他們進行任務時全程錄影。由於這些實驗採用了包羅萬象的壓力因子，加州大學洛杉磯分校的心理學家莎莉・狄克森（Sally Dickerson）和瑪格麗特・侃馬尼（Margaret Kemeny），發現可以運用這些實驗結果，看看哪些種類的壓力是經過反覆驗證、最常導致皮質醇濃度上升的因子[16]。

她們從兩百零八篇公開發表的實驗報告蒐集資料；這些實驗的目的，全都在檢測受試者面臨實驗性的壓力源時，體內的皮質醇濃度。他們將各個實驗使用的壓力源分門別類，發現「包含某種社會評價威脅（例如威脅自尊心或社會地位）——其他人有可能給予受試者負面評價、特別是受試者無法控制結果的任務——和其他未包含這類壓力源的任務比起來，更頻繁地導致皮質醇出現更大的變化」。的確，他們指出「人類急於維護社會自我，對有可能危害其社會自尊或地位的威脅保持高度警惕」。所謂社會評價威脅，是指有可能讓你顏面掃地的事件。通常涉及實驗中存在對你品頭論足的觀眾、潛在的負面社會比較（例如得分比別人低），或者把你的表現錄影或錄音下來，以便日後進行這類評估。當社會評價威脅結合受試者絕對會失敗的任務（例如任務根本不可行、時間太少，或者受試者無論怎麼做都會被告知失敗），皮質醇的反應達到最高點。

證據顯示，焦慮感上升連帶造成人們以自戀來防衛缺乏安全感的自尊心；這樣的證據跟「社會評價威脅是人們最大壓力源」的發現不謀而合。正如狄克森與侃馬尼所言，我們企圖防衛的「社會自我」（social self），「反映出一個人的自尊與地位，而且大致取決於其他人對此人的評價」。

另一連串與此較無關聯的健康研究證實了這項發現，並填補其中空白之處。關於富裕國家健康狀況的重大影響因素，近期最重要的一項新知發展，就是確認了心理壓力的重要性。我們將在第六章陳述壓力會對身體造成多頻繁、多持久的作用，影響了包括免疫及心血管在內的許多生理系統。不過這一章要談的是，對健康影響最巨的重大壓力源，落在三個強烈的社會化範疇：社會地位低落、沒有朋友，以及早期生活壓力。許多控制嚴謹的研究，在在證明上述壓力嚴重危害了健康與壽命。

至於這些因素為什麼持續成為現代社會的壓力標竿，最合理的解釋，莫過於它們全都影響（或反映）我們與別人相處時所感受到或感受不到的輕鬆與自信。痛苦的童年生活引發的不安全感，跟社會地位低落造成的不安全感有幾分相似，而且兩者相互影響，加重彼此的效果。友誼有保護作用，因為在朋友身旁，我們會更輕鬆、更有安全感。朋友會讓你覺得受人欣賞；他們喜歡有你作伴，喜歡跟你聊天——他們喜歡你。相較之下，假如我們沒有朋友，並覺得別人躲著我們，那麼沒有幾個人的臉皮可以厚到不陷入自我懷疑、擔心別人覺得我們既沒有吸引力又枯燥乏味，或擔心別人認為我們蠢笨且拙於社交。

驕傲、羞愧與地位

精神分析師阿爾弗雷德．阿德勒（Alfred Adler）說過，「生而為人，意味著感受自卑」。或許我們應該把這句話改成，「生而為人，意味著對別人的鄙夷眼光高度敏感」。從我們對這類感受的敏感度，不難理解社會地位的高下會對自信產生對比鮮明的影響。別人怎麼看你很重要。雖說上層階級完全有可能覺得自己什麼都做不好，或者身處底層階級卻仍然充滿自信；不過一般而言，當你在社會階級上爬得越高，這世界似乎給予你越多幫助，讓你免於自我懷疑。假如社會階級看似（且往往是）人類的能力排名，那麼成功或失敗的外在標誌（更好的工作、更高的收入、教育、房子、汽車和服飾）會影響一個人的自信。

我們很難漠視社會地位，因為它差不多定義了我們的價值，以及別人對我們的評價。成功幾乎代表著在社會階級更上一層樓。較高的地位隱含著你比別人更好、更優秀、更成功且更有本事的意味。如果你不希望覺得自己渺小、無能、受人鄙視或低人一等，你不見得需要想辦法擺脫低落的社會地位；然而在社會階級上爬得越高，確實越容易感到自豪、覺得自己很體面、深富信心。社會比較（social comparison）讓你越來越有光彩——無論比的是財富、教育、工作現況、住在哪裡、度假方法，或是成功的其他標準配備。

廣告業者深知人們往往會購買能讓他們更體面的商品，因此想盡辦法觸動我們對社會比較的敏感神經。不僅如此，正如我們將在第十章闡述的，最常引發暴力行為（也最能說明為什麼暴力行為在不平等社會更常見）的原因，就是當人們覺得受到輕視與侮蔑，丟臉和屈辱感往往引發暴力。藉由玩弄我們害怕被別人看輕的心理，廣告業者甚至可能無形中助長了社會的暴戾之氣。

加州大學聖塔芭芭拉分校的社會學榮譽教授湯瑪斯・謝夫（Thomas Scheff）說過，恥辱是一種社會性情緒[17]。他的意思跟狄克森與侃馬尼的說法異曲同工；後者指出，最有可能提高壓力賀爾蒙濃度的壓力源，全都落入「社會評價威脅」的範疇。而他所說的「恥辱」，指的是覺得自己丟臉、愚蠢、可笑、不夠格、有缺陷、無能、笨拙、被戳破牛皮、脆弱和沒安全感等各種情緒。恥辱及其另一個極端——驕傲，根植於我們想像別人如何看待我們的內化過程。謝夫把恥辱稱為社會性情緒，因為驕傲與恥辱是我們透過別人的眼光打量自己所得到的社會評價回饋。驕傲令人愉悅，恥辱則讓人痛苦；透過這樣的社會化過程，我們從童稚時期就學會循規蹈矩，以便被社會接受。這種情況當然不會只停在孩提時代：成年之後，對恥辱的敏感神經持續鞭策我們屈從於社會規範。人們經常發現，只要有別人在場，一點點脫序行為都會讓人羞愧不已，恨不得自己消失不見，或者地上能有個洞鑽進去。

雖然狄克森與侃馬尼的研究發現，社會評價威脅十之八九會提高人們體內的壓力賀爾蒙濃度，但她們並未說明這類焦慮狀況的發生次數有多頻繁。這是生活中的家常便飯，或者只是偶發事件？某項健康研究給了答案；這項研究顯示，在現代社會中，社會地位低落、沒有朋友和艱苦的早期生活，是最重要的社會心理壓力標誌。如果我們對這些因子的詮釋無誤，那麼該研究顯示這類社會焦慮與缺乏安全感，是現代社會最常見的壓力來源。精神分析師海倫·路易斯（Helen Lewis）帶領人們關注羞恥這種情緒感受。她說，當她的病人以略顯緊張的態度說話，同時偶爾尷尬一笑或支吾其詞，她經常從人們的言行舉止看出羞恥或尷尬的跡象——這些跡象，或許不外乎我們所說的一時手足無措或渾身不自在[18]。

從社區到大眾社會

社會焦慮感為什麼在過去半世紀如此劇烈飆升——一如圖溫吉的研究所指出，焦慮感和脆弱又自戀的自負程度雙雙上揚？社會評價威脅為什麼如此巨大？昔日穩定社會的瓦解，不啻為一個合理的解釋。人們以往在彼此熟識的人群中長大，度過一生。雖然之前的幾代人已逐漸在地區之間流動，但過去半世紀的流動速度越來越快。一開始，人們終其一生沒踏出城市或鄉村邊界的情況還很常見，無論鄉村或城市人口都是如此。已婚的兄弟姊妹、父母以及祖父母通常都在附近生活，街頭巷尾住的往往是認識了一輩子的老鄰居。不過如今，許多人搬離了他們的成長環境，鄰居只是點頭之交，甚至完全陌生。以往，人們的身分認同感，與他們所屬的社區及他們對彼此的了解融為一體；不過如今，他們在大型社會中籍籍無名，找不到身分認同。熟悉的面容被源源不絕而來的陌生臉孔所取代。因此，我們是誰、我們的認同感本身，面臨了永無止境的質疑。

甚至從我們難以區分「尊嚴」（受人尊重與否）與「自尊」這兩項概念的事實，都可以看出問題。根據我們對「社會評價威脅」的敏感，以及圖溫吉證明的焦慮與自戀的長期上升趨勢，種種證據顯示，按照舊社會的標準，我們或許已變得自我意識過剩，滿腦子擔心我們在別人面前的表現，憂慮別人可能認為我們不起眼、乏味、愚蠢或有其他什麼毛病，而且不斷努力維持我們試圖呈現的形象。而當與陌生人互動，我們一心煩惱他們有可能做出的社會評價：他們會給我們打幾分？我們的表現夠不夠出色？這樣的脆弱是現代人心理狀態的一部分，並且直接為消費主義提供了養料。

眾所周知，這類問題對青少年特別嚴峻。他們在自我認知最游移不定的年紀，必須想辦法在有上千名或更多同儕的學校裡自處。可想而知，同儕壓力成了他們生活中的一股強大力量，許多人不滿意自己的外表，或者陷入憂鬱和自我傷害而無法自拔。

貧富不均加深評價焦慮

雖然以社會評價為核心的焦慮感，在社會拉大貧富差距之前便已出現上升趨勢，但不難看出日益擴大的貧富與社會地位落差，會對焦慮產生怎樣的影響。這兩者並非分屬不同領域，互不相干；人們取得多高的地位與財富（從非技術性的低薪工作到成功、金錢與卓越），不僅影響他們對自己的觀感，也影響人們（甚至親戚朋友）對他們抱持多高的看法及評價。我們需要覺得自己是個有價值、有能力的人。這表示我們渴望正面回饋，而且經常被批評（甚至含沙射影的責難）激怒。社會地位承載了有關高低優劣的強烈訊息，而社會階級流動性，被廣泛視為人們憑本事分類排序的過程。的確，在不得帶有年齡、性別、種族或宗教歧視的求職與晉升過程中，面試人員的責任，就是完全透過能力鑑別一個人——如果他們不依性別或膚色等因素驟下判斷的話。

越來越失衡的經濟發展似乎讓社會地位益顯重要，進而加深了人們的社會評價焦慮。在比較平等的環境，人們會在人性共通點的基礎上，視彼此為平等的個體。然而當地位差距越來越大，彼此的相互比較變得越來越重要。我們逐漸把社會地位看成一個人的重要特質。在陌生人眼中，那或許是最主要的特質。正如十九世紀美國哲學家愛默生所言，「很肯定的是，每個人的眼神無不透露出他在這個巨大社會尺度上的確切位階，而我們始終在學習如何從中判讀」[19]。的確，心理實驗顯示，人與人交往，會在彼此見面的最初幾秒鐘就對對方的社會地位做出判斷[20]。難怪第一印象很重要，也難怪我們會因社會評價而焦慮！

當貧富嚴重不均（某些人幾乎占盡一切，其他人則無異於一無所有），每個人的位階會變得更加重要。激烈的地位競爭和嚴重的身分焦慮，很可能伴隨較大的貧富差距而來。這並非單單因為利益越高，人們越擔心自己的表現；也因為人們彼此比較時，會更關注對方的社會地位。調查發現，選擇未來伴侶時，比起平等國家，不平等國家的人民較少強調浪漫因素，反而更著重經濟、地位與野心等條件[21]。

自吹自擂取代自我貶抑與謙遜

比較日本與美國——也就是富裕市場民主國家當中接近最平等與最不平等的兩國（見圖2.1）；研究發現，在他人面前，兩國民眾有截然不同的行為作風。在日本，人們選擇以自我貶低和批評的方式表達自己，美國人則傾向自我膨脹的風格，兩者之間對比鮮明。美國人比較可能把成功歸功於個人能力，把失敗怪罪於外部因素，日本人則往往恰恰相反[22]。根據超過二十項的日本研究，日本人毫無採用在美國司空見慣的自以為是歸功模式的跡象。日本人往往將他們的成就一語帶過，彷彿成功得之僥倖而不是靠判斷而來，同時暗示他們的失敗很可能是因為自己能力不足。台灣和中國也能見到這種日本模式。

與其陷在心理學詞彙中打轉，我們不如把這些模式，視為人們對謙遜這項特質的重視程度；他們寧可不靠成功來維繫社會關係，也不願意顯得自己比別人更有本事。由於擴大的貧富差距會加深身分競爭與社會評價威脅，自尊心就得靠自吹自擂和自我膨脹來支撐。謙遜輕易成為貧富不均的犧牲品：在更高的社會評價威脅面前，我們得裝出更強悍、更冷酷的外表；但內心裡（正如關於自戀心態的文獻顯示）我們或許更脆弱、更無法接受批評、更不善於處理人際關係，且更看不清自己的過錯。

自由、平等與博愛

法國大革命所爭取的「自由、平等與博愛」，顯示人們很久以前就察覺我們此刻所探討的議題。這句口號將焦點放在社會關係層面上；如果我們要建立更好的社會、改變真正的生活品質，這些層面至關緊要。「自由」意味著不必屈從或依賴封建貴族和地主，讓底層人民掙脫封建枷鎖。同樣地，「博愛」反映出人們渴望更對等、互惠的社會關係。當我們談論社群、社會凝聚力或團結時，就會提出這些議題。關於友情與社會參與對健康有益的研究，再三證明這些議題對人類的重要性。而「平等」是追求自由與博愛的先決條件。嚴重的貧富差距不僅製造出與社會落差有關的種種問題，以及隨之而來的階級分化偏見，正如後面幾章顯示的，它更削弱了群體生活、損害信任感，並且促使暴力問題增加。

第二部

貧富不均的代價

天堂：門禁社區，非請勿入

第四章

群體生活與社會關係

我在美國考察期間注意到的新鮮事當中，最令我震撼的莫過於身分的平等。我可以輕易察覺這項基本現實對社會運作產生了巨大影響。

——阿勒克西．德．托克維爾（Alexis de Tocqueville），《民主在美國》（*Democracy in America*）

二〇〇五年八月，卡崔娜颶風襲擊美國南部的墨西哥灣地區，重創密西西比州與路易斯安那州各大城市，防洪系統不堪重負，導致紐奧良市八成市區被水淹沒。市府在颶風來襲前一天發出了強制疏散令，但那時絕大多數公共運輸已經停駛，民眾有錢也換不到汽油或出租車。市政府為無法離開紐奧良的民眾設立「最後收容所」，其中包括部分屋頂被颶風吹落、最後仍收容了將近兩萬六千人的大巨蛋體育館。此次颶風至少導致一千八百三十六人罹難，另外七百人失蹤或下落不明。

颶風過後，除了實際災情——傾倒的房屋、淹水的街道、坍塌的公路和損壞的油井設施；同樣引發全球媒體關注的，還包括城市裡的文明似乎徹底崩壞。颶風過後一周，警方逮人與槍擊事件的消息頻傳。電視新聞紛紛報導陷入絕境的居民乞求幫助、嬰兒食品和藥品，然後切換到軍隊搭小船在淹水的街道上巡邏的畫面——不是來疏散民眾，不是來發放補給品，而是全副武裝搜捕打劫的搶匪。

政府對紐奧良混亂局面的因應方法，在全美引發廣泛的批評與撻伐。許多人指控，執法單位和軍方與紐奧良最窮的黑人市民之間的信任危機，反映出更深刻的種族與階級議題。在各大電視網聯播的卡崔娜颶風受災戶募款音樂會上，歌手肯伊．威斯特（Kayne West）激動地說：「我痛恨媒體對我們的描繪。看到白人家庭，大家會說：『他們在找東西吃』；看到黑人家庭，大家則會說：『他們在趁火打劫』。」路易斯安那州州長凱薩琳．布蘭可（Kathleen Blanco）動員軍隊進駐城市時表示：「他們配備了M16步槍，而且裝了子彈、上了膛。這些部隊知道怎樣開槍殺人，我也期望他們不負所託。」

紐奧良救災期間展現的信任不足，也引來國際間嚴詞譴責。全球各國提供了金援與協助，其新聞報導則充斥著抨擊聲浪。在紐奧良，軍隊的主要功能似乎是控制群眾；反觀中國，二〇〇八年大地震之後，卸下武裝的軍隊迅速前往災區實施救援，激起國際社會的同聲讚賞。

身分平等

一名觀察員先驅，描繪了一個非常不同的美國面貌。阿勒克西・德・托克維爾在一八三一年遊歷全美[23]。他拜見了當時的在任與卸任總統、地方首長、參議員和法官，也會晤了一般市井小民，無論走到哪裡，莫不因為人民的「身分平等」（equality of conditions），以及「社會階級的融合與特權的廢除」——社會是一個「共同體」（至少對白人而言如此）——而印象深刻。他描述「所有美國人不分年齡、身分和性格，時時刻刻團結一致」，「陌生人欣然聚在一起，隨意表達想法，既不覺得危險，也不覺得自己高人一等」，他們的態度「自然、坦率，毫無保留」。托克維爾也指出美國人在遇到困難時如何相互扶持：

> 如果公路上發生意外事故，人們會從四面八方衝過來幫助傷者；如果某個家庭遭遇意外之災，上千名陌生人會自動自發慷慨解囊……

托克維爾認為，他觀察到的身分平等，協助了美國人建立並維持社會互信。

信任在其中扮演什麼角色？

但不平等是否會腐蝕信任並造成分化——讓政府與民眾、富人與窮人、弱勢與主流之間產生嫌隙？這一章將呈現不平等社會的社會關係品質出現了什麼樣的惡化現象。

貧富不均是一股強大的社會分化力量，這並不令人意外，也許是因為我們往往以生活水準的落差，作為地位差異的標誌。我們通常與條件相近的人交朋友，跟比我們有錢得多或窮得多的人毫無交集。而當我們跟其他圈子的人不相往來，就比較難對他們產生信任。我們在社會階級的位置，影響了我們把誰歸為圈內人和圈外人——我們和他們——連帶影響我們認同與理解他人的能力。在本書後續章節，我們將證明貧富差距不僅影響我們看輕條件比較差的人，也導致諸如種族與性別主義等其他種類的歧視，以「他們的生活就是跟我們不一樣」這種說詞來為我們的態度辯解。

托克維爾明白這一點。他終身反對奴隸制度，曾撰文抨擊美國黑人及原住民雙雙被排除在其他美國人享受的自由與平等之外的事實[23]。他認為奴隸制度之所以得以維持，就是因為美國人把非裔美國人視為「非我族類」，一如歐洲人把其他族裔的人視為動物。我們只會對地位相等的人產生同理心，「不同階級的人不可能對彼此感同身受」。托克維爾認為，偏見是一種「假想的不平等」，伴隨「財富與法律製造的真正差距」而來。

早期的社會學家相信，物質差距阻礙了全人類的和諧，破壞人類之間的手足情誼。本章提出的數據顯示這項直覺正確無誤：不平等確實會造成分化，即便細微差距都能產生重大影響。

貧富不均與信任

圖4.1與4.2顯示，在貧富差距較大的國與州，民眾對他人的信任度較低。這樣的關係連結性很強，足以讓我們肯定事情不可能出於偶然。圖4.1的國際信任度數據來自歐洲與世界價值觀調查（European and World Values Survey）；這項研究旨在比較各國的價值觀與生活準則[5]。研究者在各國隨機抽樣民眾並詢問他們是否贊成這句話：「大多數人都值得信任」。國與國之間的調查結果差異非常懸殊。斯堪地那維亞國家及荷蘭的民眾最能信任彼此；其中瑞典人民的信任度最高，六十六%的民眾覺得自己可以信任其他人。最低的信任度出現在葡萄牙，只有十%的民眾認為其他人值得信任。光是富裕的市場經濟民主國家之中，信任度就能出現六倍差異；而且正如圖表所示，高信任度與低貧富差距互相關聯。

美國國內的信任度數據（如圖4.2）則來自聯邦政府的社會概況調查（General Social Survey）；這項調查已有超過四分之一世紀的歷史，旨在追蹤美國的社會變遷[24]。如同國際調查，這項調查同樣詢問民眾是否同意絕大多數人值得信任。在美國，各州之間的信任度差異幅度高達四倍。北達科他州的信任度與瑞典相去無幾——六十七%的民眾覺得可以相信別人；相較之下，密西西比州只有十七%的人口認為其他人可以信任。正如國際數據，美國各州的低信任度與高貧富差距呈正相關。

信任度與貧富差距圖所傳達的重要訊息，就是顯示不同社會的民眾會有怎樣截然不同的

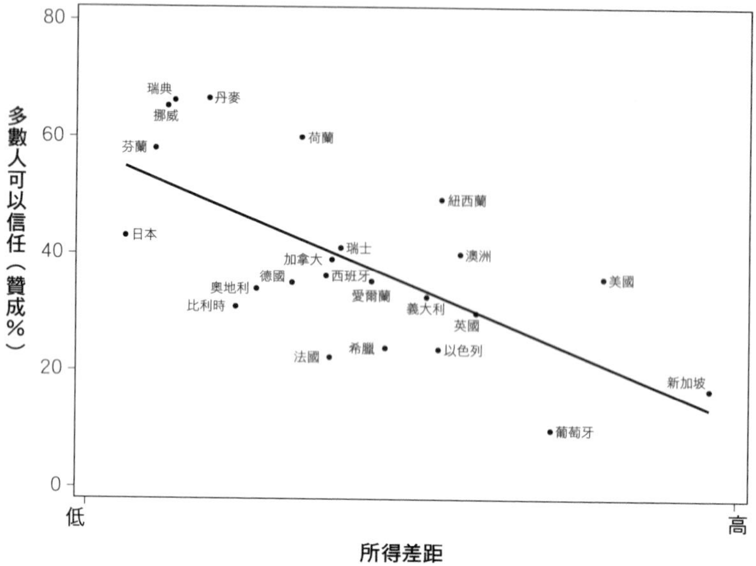

圖4.1：在比較平等的國家，贊成「多數人值得信任」的人數比率較高

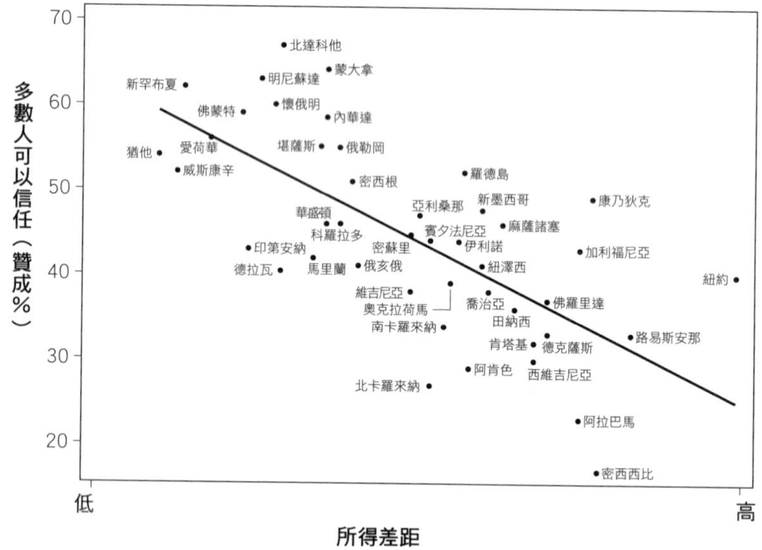

圖4.2：在貧富差距較小的州，較多人贊成「多數人值得信任」（只取得美國四十一州的數據）

生活感受。試想，生活在九成人口不信任彼此的地方會是什麼滋味，而這會如何影響日常生活品質——我們在公司、街上、商店和學校裡會有什麼樣的人際互動？在挪威，咖啡館經常把桌椅擺在人行道上，並且放置毛毯，供覺得冷的顧客任意取用；沒有人擔心顧客或路人會偷走毛毯。許多人時常懷念那個夜不閉戶、路不拾遺的時代。而在美國的所有大都市中，紐奧良是貧富差距最大的城市。我們先前描述卡崔娜颶風過後的混亂場面，其衝突與缺乏互信就是出於這樣的背景。

雞生蛋或蛋生雞？

在美國，信任度從一九六〇年的六十%高點，跌到二〇〇四年的不到四成[24]。不過，究竟是貧富不均導致社會缺乏互信，或是人與人的隔閡引發了貧富不均？何者為先？哈佛大學政治學者羅伯特．普特南（Robert Putnam）在他的著作《獨自打保齡》（*Bowling Alone*）中，闡述了貧富不均與「社會資本」（social capital）的關係；而所謂「社會資本」，他指的是公民投入群體生活的總合[25]。他說：

> 社區與平等相輔相成，互為助力……綜觀大半個二十世紀，社會資本與經濟平等同步發展，並駕齊驅。說到財富與所得的分配，一九五〇和一九六〇年代的美國比之前一

個多世紀更均等……同一時期，社會連結與公民參與也達到了頂點。美國同時出現前所未有的平等與社會資本……相反地，二十世紀後三分之一時間，貧富差距逐漸擴大，社會資本日益消蝕……這兩項趨勢的發生時機非常驚人：美國大約在一九六五到七〇年間出現翻轉，經濟開始失衡，社會上與政治上的聯繫也越來越薄弱。

普特南在另一篇文章中說：

> 這些現象很可能互為因果，在社會資本豐厚的州，公民有可能更致力於縮小貧富差距，而貧富差距本身，則很可能導致社會分裂[26]。

馬里蘭大學政治學家艾瑞克・厄斯蘭納（Eric Uslaner）在他的著作《信任的道德基礎》（*The Moral Foundations of Trust*）中，表達了明確立場。他認為是貧富不均影響了社會互信，而非反過來的因果關係[27]。如果我們居住在社會資本豐富的社會，我們會認識更多朋友與鄰居，並且更信任我們認識的人，覺得他們跟我們是同類。但厄斯蘭納指出，「歐洲與世界價值觀調查」之類的研究，衡量的是我們對陌生人（我們不認識，而且往往認為是非我族類的人）的信任。他運用從不同來源取得的豐富資料，顯示信任他人者往往態度樂觀，對自己的生活有很高的掌控性。父母對子女的教養，也會影響人們是否信任他人。

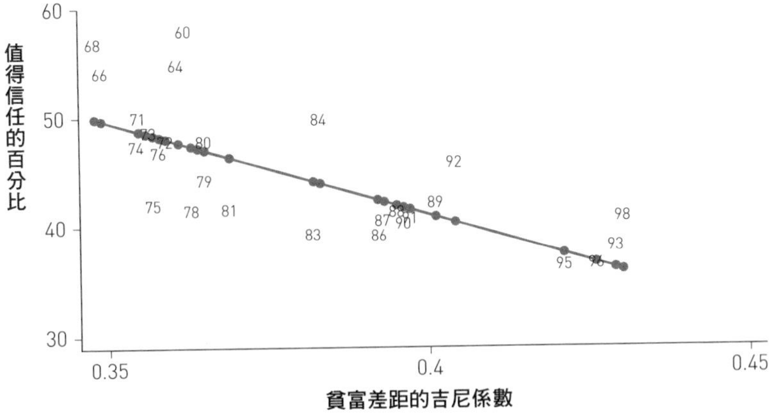

圖4.3：當貧富差距逐漸擴大，信任程度也隨之下滑[27]

在另一項研究中，厄斯蘭納與同事博・羅斯坦（Bo Rothstein）聯手運用因果關係的統計檢驗，呈現貧富不均確實影響社會互信，但是「信任對貧富不均沒有直接影響；相反地，兩者間的因果方向源於貧富不均」[28]。厄斯蘭納表示，「互信無法在不平等的世界中茁壯」，貧富差距是互信的「主要推動力量」，它對信任度的影響，比失業率、通貨膨脹或經濟成長更為強大[27]。創造社會互信的並非經濟的平均水準，而是經濟的平等。厄斯蘭納的圖表顯示在貧富差距快速擴大的期間，美國的互信度也逐漸下滑，如圖4.3。圖上的數字，代表的是一九六○到九八年間，每年的信任度與該年貧富差距程度之間的關聯性。

在這些年間，貧富差距與信任度的變化彼此亦步亦趨。貧富差距越大，人們越不關心彼此，越來越不相互依存；人們必須自求多福，盡可能為自己謀福利——於是無可避免地，越來越不信任彼此。

缺乏互信與貧富差距相互為用。正如托克維爾所指出，我們比較不會跟地位不對等的人產生共鳴；物質差距會造成社會分裂。

信任很重要

普特南和厄斯蘭納雙雙指出信任能創造合作。厄斯蘭納表示，在美國，信任他人者比較可能奉獻時間與金錢來幫助別人。「信任者」往往也深信共同文化的存在，相信共同的價值觀凝聚著美國，每個人都應該受到尊重與包容。他們也擁護法律秩序。

互信不僅影響個人的福祉，也影響整個公民社會的福祉。高度互信意味著人民有安全感、煩惱較少，並且視其他人為夥伴，而非對手。美國有幾項具說服力的研究，把互信與健康串聯起來——高度信任他者的人更長壽[29]。事實上，信任別人的人，可以從生活在高度互信的社區中獲益；比較不信任他者的人，就無法從這類社區得利[30]。

對於陷入卡崔娜颶風後續混亂局面的某些人來說，互信（或互信的闕如）起了決定生死的作用。一九九五年熱浪襲擊芝加哥期間，互信也成了生存的關鍵。社會學家艾瑞克．克林南柏格（Eric Klinenberg）在他談論熱浪的書中[31]，指出在低互信且高犯罪率的地區，貧窮的非裔居民不敢打開門窗，也不敢走出家門，前往市政機關在當地設置的避暑中心。鄰居之間不相往來，數百名老弱民眾活活熱死。而在同樣貧窮的西語社區，由於人們高度信任彼此，且積極投入群體生活，死亡的風險便大幅降低。

突襲兵與獨行俠

運動休旅車（SUV）在一九八〇和一九九〇年代間迅速竄紅，或許是社會關係消解和信任淪喪的另一個跡象。在英國，這種車款被戲稱為「赤爾夕拖拉機」（Chelsea tractors）——赤爾夕是倫敦的一個高級地段；在繁忙的都會區駕駛耐操耐撞的越野車，這個名號不免讓人感到荒唐。但是這些車輛的名稱，無不在消費者腦中勾起打獵和戶外活動的畫面——外地人（Outlander）、開路人（Pathfinder）、契羅基人（Cherokee）、牧馬人（Wrangler）等等。另一些車款則以騎警（Trooper）、捍衛者（Defender）、幕府將軍（Shogun）、突襲兵（Raider）和司令官（Commander）等名稱，塑造出軍人和勇士等強悍的形象。不過這些車輛是用於「都市叢林」的，不能當真。

運動休旅車的盛行，不僅顯示人們癡迷於強悍形象，也反映出彼此猜疑日深，有必要保護自己不受他人侵犯。賈許．勞爾（Josh Lauer）在他的論文〈開向極端〉（Driven to Extremes）中質問，為什麼軍用車的耐用性比速度和流線造型更引人青睞，而運動休旅車的興起，又呈現了美國社會的何種樣貌[32]？他總結道，這個趨勢反映出美國對犯罪與暴力的態度、對極端個人主義的推崇，以及與世隔絕的重要性——也就是社會缺乏互信。這些車輛有別於以助人為樂、願意讓人搭便車時代的大型車種——貧富差距在一九七〇年代逐漸擴大之後，搭便車的風潮也開始衰退。正如某位人類學家的觀察，「藉由搭乘看似裝了金盔鎧甲的運動休旅車，盡可能讓潛在攻擊者望之卻步」[33]，人們以此設法保護自己不受險惡且猜忌的社會傷害。民意調查專家麥克・亞當斯（Michael Adams）撰文比較美國與加拿大的價值觀差異，指出在加拿大，廂型車（minivan）的銷售數字是運動休旅車的兩倍，而美國的比率則正好相反（當然，加拿大比美國更平等）[34]。除了運動休旅車的盛行，還有其他跡象顯示美國人越來越憂慮不安、害怕彼此：各地出現越來越多門禁社區[35]，家庭保全系統也越來越熱銷[32]。近年來，由於油缸成本急遽升高，運動休旅車的業績開始下滑，但人們仍然渴望剽悍的形象——車型較小、外觀強硬的「跨界」（cross-over）休旅車，銷量仍持續走俏。

女性地位

不平等社會在許多層面上似乎比較陽剛。至少，這是人們心中既定的刻板印象。而當我們檢驗其中真相，發現正如信任度和社會關係受到貧富不均影響，女性地位也不例外。

美國的女性政策研究所（Institute for Women's Policy Research）提出了衡量女性地位的方法。哈佛大學研究人員運用這些衡量方法，證明女性地位與各州的所得差距幅度確實有關[36]。其中三項指標是：女性的政治參與度、女性的就業與收入，以及女性的社會與經濟自主權。

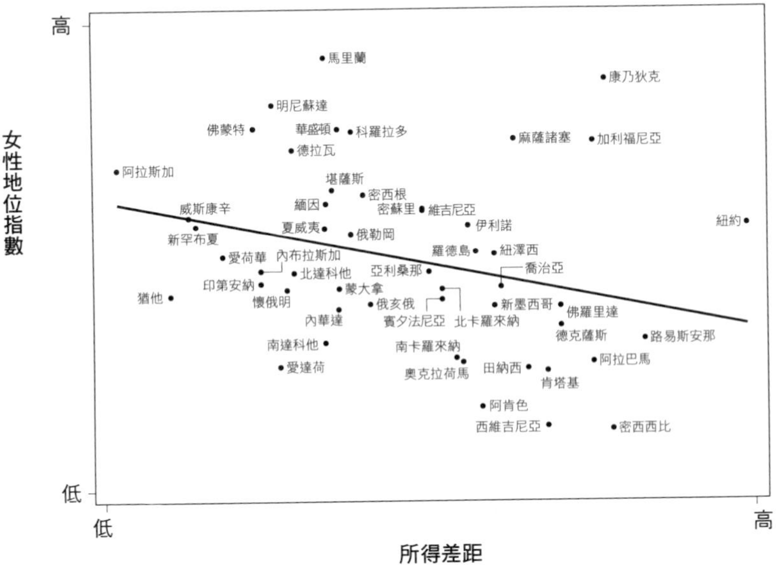

圖4.4：美國各州的女性地位與貧富差距

我們綜合這些指標，並針對各州的貧富差距與指標進行比較，發現在比較不平等的州，女性地位明顯低落，儘管兩者的關係連結性並非特別強（圖4.4）。代表各州的點廣泛分布在圖上的迴歸線周圍，表示在貧富差距之外，還有其他因素影響著女性地位。儘管如此，圖中的趨勢不能以機率分配概括說明，因為在比較不平等的州，女性的確比較少參與投票或擔任公職、賺得比較少，而且比較少人完成大學學業。

我們從跨國比較看到了同樣現象；圖4.5顯示了其中的關聯性。我們結合女性立法工作者的比例、男女所得差距，以及完成高等教育的女性百分比等數據，製作出女性地位指數，發現比較平等的國家得分高出許多。

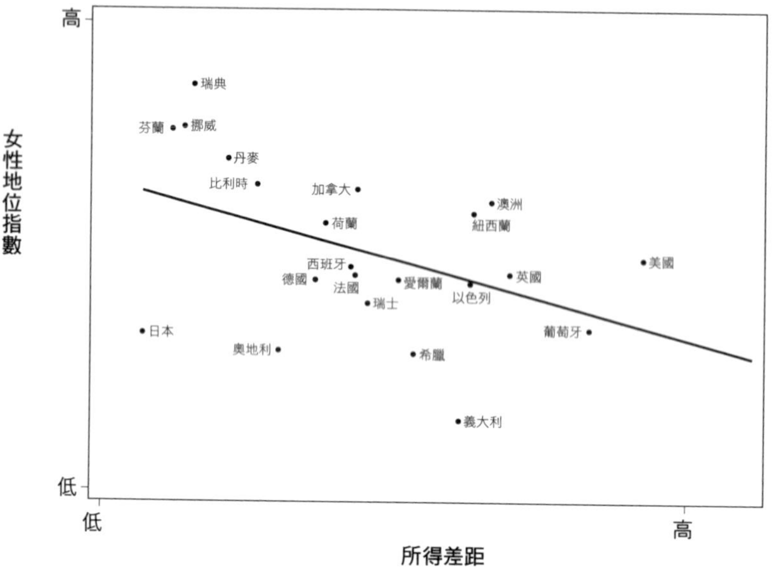

圖4.5：富裕國家的女性地位與貧富差距

在最均等的國家中，日本的情形特別引人注目，因為以其平等程度，日本女性的地位低於我們的期望；義大利的女性地位也不如預期，而瑞典則超乎期待。正如美國各州在上圖的廣泛分布，這顯示女性地位還受到其他因素影響。日本與義大利的女性地位向來低於男性，而瑞典則有女性平權的悠久傳統。不過話說回來，所得差距與女性地位之間的關聯性不能用機率一言以蔽之，在比較平等的國家，確實出現女性地位較高的跡象。

流行病學家發現，在女性地位較高的美國各州，無論男女都有較低的死亡率[36]，而女性地位對全體女性都很重要，不分貧富[37]。

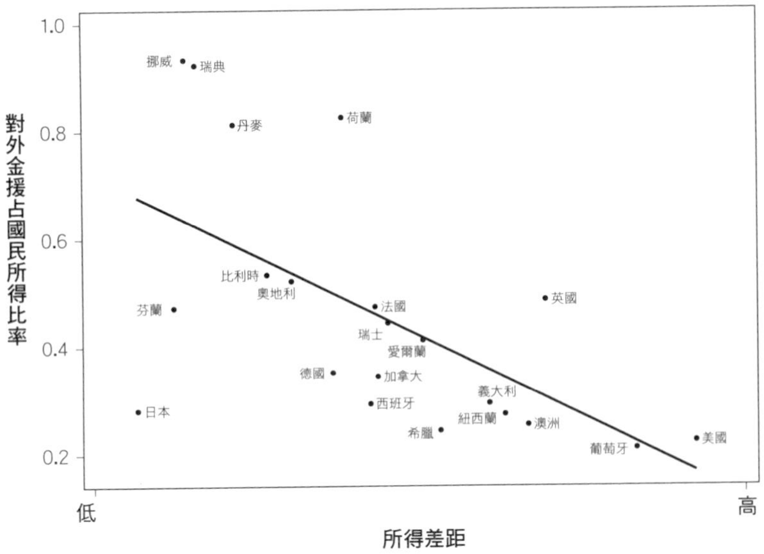

圖4.6：富裕國家的援外支出與貧富差距

跨越國界的互信

毫不意外，正如信任他人的個體比較容易捐錢行善，比較平等的社會也對貧窮國家更慷慨。聯合國為各國訂定的對外金援預算目標，是國民所得毛額的百分之零點七。只有挪威、瑞典、丹麥和荷蘭達到目標——事實上，它們比聯合國預期的更慷慨。正如OECD的資料[38]在圖4.6所顯示，比較不平等的國家投入對外援助的金額，占其國民所得的比率顯著較低。日本和英國或許應該被視為這張圖上的異常值。日本低於預期的對外援助金額，反映的或許是該國在二戰之後退出國際舞台；而英國的高於預期，則反映出該國與許多開發中國家的殖民歷史淵源。

我們學到了什麼

在這一章，我們看見社會的互信程度與貧富差距息息相關。不過當然，證明了兩者的關聯性，不代表說明了其中的因果關係。

我們有許多理由相信平等是互信的先決條件（儘管兩者間幾乎肯定存在一個反饋迴路）。其中一項因素是關聯性的強度，如圖4.1與4.2的陡峭迴歸線所顯示。瑞典人對彼此的信任，遠高過葡萄牙民眾的互信。其他解釋都需要同樣強烈的連結，而透過我們的統計模型，我們認為貧窮或平均生活水準都無法解釋這項發現。我們也在美國和其他已開發國家看到一致的關聯性。我們前面曾描述厄斯蘭納與羅斯坦如何運用統計模型來證明貧富不均與社會互信的因果順序：貧富不均影響了互信，而非反其道而行。貧富不均與女性地位，以及貧富不均與對外金援的關係，讓我們更堅信這項發現的一致性與合理性；我們相信，貧富不均拉大了不同族群之間的社會距離，讓我們更不願意消弭人我之分。

總而言之，我們可以把互信視為一個重要指標，顯示物質的均等能幫助我們建立一個團結合作的社會，所有人都能蒙受其利。

第五章
心理健康與吸毒

在一個極端病態的社會裡適應良好，不代表健康。

——克里希那穆提（Krishnamurti）

英美的心理健康狀態

兒童的心理健康問題如今已登上報紙頭版（例如英國的《每日郵報》），刊登在諸如「精神病世代」這類頭條大標題下。在英國，估計有一百萬名兒童罹患精神疾病——每十名五歲到十六歲的孩童當中就有一位[39]；這表示在任何一所擁有上千名學生的中學，就會有五十名重度憂鬱症患者、一百人精神痛苦、十到二十人罹患強迫症，以及大約五到十名有飲食障礙的女孩[40]。這些數據，是以兒童學會（Children's Society）委託獨立機構製作的二〇〇八年「美好童年調查」（Good Childhood Inquiry）報告[41]為依據。調查數千名兒童後，他們斷定兒童的心理健

「大家的腦波都在同一頻道上。每個人都在服用抗憂鬱劑！」

康問題呈現上升趨勢，超過四分之一的兒童經常感到沮喪，絕大多數源自家庭破裂或同儕壓力。

在美國，六%的兒童被診斷出注意力缺失過動症（Attention Deficit Hyperactivity Disorder）；這是一種行為異常症候群，主要症狀包括注意力嚴重不集中、行為衝動，以及活動量過多[42]。在一項全國大型調查中，有將近一成的三到十七歲兒童「在情緒、專注力、行為或與他人相處等領域」，出現中度或重度障礙[43]。

那麼，這兩個社會的成人表現如何？二〇〇〇年英國全國大型調查顯示，二十三%的成人有精神官能症、精神失常，或者酒精或藥物成癮的問題；四%的成人罹患了不只一種疾病[44]。二〇〇五年，僅僅英格蘭地區的醫生，就開出兩千九百萬張抗憂鬱藥物處方箋，讓國民醫療保健署（National Health Service）付出超過四億英鎊的花費[45]。在美國，每四名成年人就有一人過去一年內曾罹患精神疾病，其中將近四分之一的人病情嚴重，這些人的一生，將有超過半數時間受精神疾病所苦[46]。二〇〇三年，美國花在精神疾病治療的費用，高達一千億美元[47]。

心理健康

在我們著手比較各個社會的心理健康狀態之前，值得先花一點時間釐清：什麼是健康的心理？

英國國家心理健康協會MIND發行了一份名為《如何增進心理健康》（How to Improve Your Mental Well-being）的手冊，開宗明義寫著：

> 心理健康並非一種狀態，而是一種作為。想要擁有健康的心靈，你必須重視並接納自己[48]。

它總結道，心智健全的人有能力照顧自己、看重自己，並且以合理而非不切實際的標準來評斷自己。看輕自己的人會害怕遭受拒絕；他們跟別人保持距離，陷入了孤單的惡性循環。

值得注意的是，儘管精神病患腦中的某些化學物質會出現濃度變化，但沒有人能證明是濃度變化引發了憂鬱，而不是憂鬱導致濃度變化。同樣地，儘管某些精神疾病背後存在不良遺傳因子，但這並不能解釋近幾十年來精神疾病大幅竄升的原因——我們的基因不會如此急速改變。

拿蘋果與橘子相比？

我們真的能比較不同國家的心理健康狀態嗎？不同的文化，在精神障礙標籤、心智正常與否的標準，以及對差異的容忍程度上，不是都不一樣嗎？不同社會的人，難道不是或多或少拒絕承認自己有情緒問題、吸毒，或任何被污名化的狀況？

可想而知，關於各國受精神疾患之苦的人數，並不容易取得可供比較的數據。不過到了一九八〇年代，研究人員發展出診斷性會談（diagnostic interview）——設計出可由心理治療師與心理學家以外的人提問的一組問題，讓研究人員得以大規模評估符合不同精神疾病診斷標準的人數；在那之後，相關資料變得比較容易取得。

一九九八年，世界衛生組織成立了世界心理健康調查小組（World Mental Health Survey Consortium），試圖估算各國罹患精神疾病的人數、病情的嚴重性，以及治療模式。儘管他們的方法並未完全克服民眾在詮釋與回答這類問題時的文化差異，但至少他們在不同地方以同樣方式問同樣的問題。在我們遴選的富裕國家中，世界衛生組織已完成九個國家的調查：比利時、法國、德國、義大利、日本、荷蘭、紐西蘭、西班牙和美國[49-50]。另外三個國家——澳洲[51]、加拿大[52]和英國[44]——也做了非常相似的全國性調查（儘管多少有些出入），提供了成年人口罹患精神疾病的比率估算。

所得差距與精神疾病

運用這些調查結果，圖5.1顯示在富裕國家中，所得差距與受訪前十二個月內曾罹患精神疾病的成人比率之間存在關聯性。兩者關係緊密：在比較不平等的國家，精神病患占總人口的比

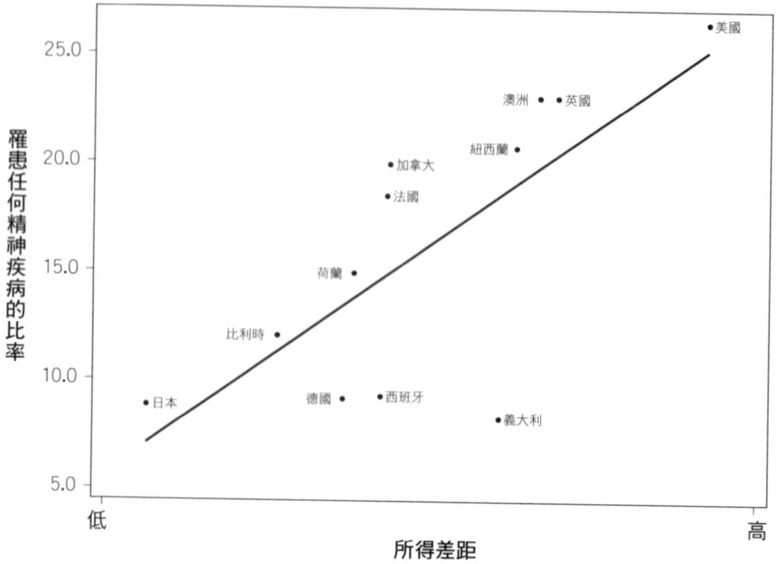

圖5.1：在越不平等的國家，罹患精神疾病的人越多

率高出許多。這樣的緊密關係不可能基於偶然，事實上，各國幾乎排成一條完美的直線，只有義大利顯得特別突出，因為在其所得差距水準下，該國的精神病盛行率遠低於預期。

正如我們前一章看到的社會互信程度，各國的精神病患比率也呈現很大的落差（從八%到二十六%）。過去一年內曾罹患精神疾病的人數，在德國、義大利、日本和西班牙，每十人僅不到一人；澳洲、加拿大、紐西蘭和英國的比率，則是每五人超過一人；至於美國，正如我們之前所述，每四人就有超過一人罹病。整體而言，各國精神疾病盛行率的落差，似乎是所得差距落差的三倍有餘。

針對我們從世界衛生組織調查取得

資料的九個國家，我們還可以對精神疾病進行細分，特別是焦慮症、情緒障礙、衝動控制障礙、成癮症，以及一系列嚴重的精神疾病。焦慮症、衝動控制障礙和重症疾病與所得差距強烈相關；情緒障礙則與所得差距的關聯性較弱。我們在第三章說過，近幾十年來，已開發國家的焦慮感越來越嚴重。在我們遴選的國家中，焦慮症是精神疾病中最龐大的子群。事實上，焦慮症占全體精神疾病的比率，在比較不平等的國家顯著較高。至於兒童與青少年的心理健康狀態，迄今尚未有可供跨國比較的資料來源。

現在，讓我們把焦點轉向本書的另一個試驗場——美國的五十州；我們得到相當令人詫異的結果。我們發現，在本書檢驗的多項健康與社會問題中，成年男性的心理健康狀態跟各州之間的所得差距毫無關聯。美國的危險行為因子監測研究（Behavioral Risk Factor Surveillance Study）以及吸毒與健康之全國調查（National Survey on Drug Use and Health）雙雙蒐集了各州的精神疾病預估，但兩項資料來源一致顯示所得差距與男性的精神疾病無關。

然而，所得差距確實與成年女性的精神健康狀態有關。兩者的關聯性並非特別強大，但已足以排除巧合。兒童精神疾病也有類似關聯。兒童健康全國調查（National Survey of Children's Health）提供了各州兒童「在情緒、專注力、行為或與他人相處等領域有中度或重度障礙」的人數比率估計值[43]。雖然成年女性的精神疾病與各州之間的貧富差距並沒有特別強大的關聯，但兒童的心理健康，確實跟各州的所得差距息息相關。

某幾項合理的解釋，可以說明成年男性的心理健康為什麼跟所得差距毫無關聯。一般而

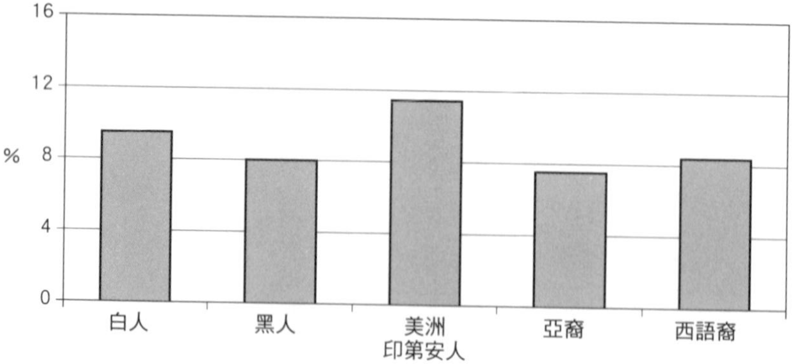

圖5.2：表示經常感到精神痛苦的美國成人，一九九三至二〇〇一[53]。

言，貧富不均所引發的問題會呈現陡峭的社會梯度（社會越底層越常見）[8]。某些指標顯示，美國的心理健康狀態並未出現一致的社會梯度。姑且不論這是基於蒐集資料的方法、承認罹患精神疾病的性別差異、少數族裔人口顯然更能承受心理疾病（如圖5.2），或是因為拉大貧富差距的效應尚未浮上台面，我們有必要記住，從國際角度來看，在高度的全國性貧富差距下，美國整體的精神病盛行率完全吻合我們的預期。

緊緊抓住階梯不放

那麼，為什麼在越不平等的地方，民眾越容易出現精神健康問題？心理學家兼記者奧利佛・詹姆斯（Oliver James）以傳染病為例，說明其中的連結。照詹姆斯的說法，「物欲症」病毒是「讓我們更容易受情緒困擾所苦的一套價值觀」，比較常見於富裕社會[54]。它高度重視賺錢、累積財產、講面子，並且渴望出名。這類價值觀讓我們承擔更高的憂鬱、焦慮、濫用藥物和人格異常的風險，並且跟我們在第三章討論的內容密切相關。哲學家艾倫·狄波頓（Alain de Botton）在他探討這項主題的新作中，形容「身分焦慮」是一種「極度有害健康的憂慮，足以毀掉我們的大半輩子」。如果我們無法維持自己的社會地位，我們將「淪落到以怨恨看待成功、並且自慚形穢的境地」[55]。

經濟學家羅伯·法蘭克（Robert Frank）觀察到同一現象，他稱之為「奢侈病」（luxury fever）[56]。隨著貧富差距日益擴大，最頂層的超級富豪越來越揮霍無度，人們對奢侈品的渴望順著所得階級層層而下，其餘大眾苦苦追趕，設法不落人後。廣告業者玩弄我們這種心態，慫恿我們不滿於現狀，鼓勵人們互相比較、彼此嫉妒。另一位經濟學家理查·萊亞德形容我們「賺錢成癮」——錢賺得越多，我們越覺得不足，並且投入越多時間追求物質財富，犧牲了家庭生活、人際關係與生活品質[3]。

由於社會關係對心理健康十分重要，難怪信任程度較低、群體生活較貧乏的社會，人們的心理健康狀態也會比較糟糕。

貧富不均與吸毒

低落的社會地位會讓絕大多數人感到痛苦，由此看來，古柯鹼、大麻和海洛因等非法毒品的使用在比較不平等的社會較為普及，也就不足為奇。

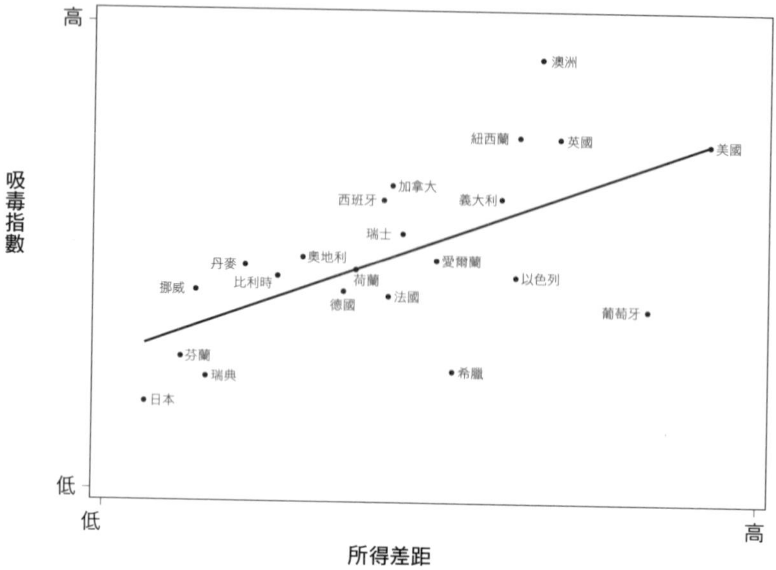

圖5.3：在越不平等的國家，濫用毒品的現象越常見

在國際上，聯合國毒品與犯罪問題辦公室（United Nations Office on Drugs and Crime）定期發布〈全球毒品報告〉（World Drug Report）[57]，涵蓋了鴉片類（例如海洛因）、古柯鹼、大麻、搖頭丸和安非他命等毒品各自的用量數據。我們將這些數據合併成單一指數，賦予每一種藥物類別相同比重，以免結果遭特定類別的毒品左右。我們在圖5.3運用這項指數，發現在比較不平等的國家，毒品的使用明顯較為氾濫。

場景轉換到美國，比較不平等的州，同樣出現非法藥物的使用與吸毒過量致死的比率較高的傾向[58]。

猴子實驗

社會地位對心理健康的重要性，反映在大腦的化學變化。在眾多化學物質中，血清素與多巴胺對情緒的控管最為重要：目前已知多巴胺與血清素的濃度低下，跟人類的憂鬱和其他精神障礙有關。雖然將動物研究推論到人體時，我們必須格外謹慎，但動物研究確實證實低社會地位會影響腦中各種化學物質的濃度，以及動物對大腦化學物質的反應。

在北卡羅萊納州維克森林醫學院（Wake Forest School of Medicine）的一項巧妙實驗中，研究人員將二十隻獼猴分別關起來，各自在籠子裡待一段時間[59]。他們接著將猴子每四隻一組關在一起，觀察每個猴群建立的社會階級，驗明哪些猴子地位強勢、哪些是弱勢。他們在猴子進入群體之前與之後分別進行腦部掃描。然後，他們教猴子按壓操作桿以吸食古柯鹼——牠們可以隨心所欲決定吸食份量。

實驗結果十分驚人。搶得優勢地位的猴子，腦部的多巴胺活動比牠們取得優勢之前高，而進入群體後居於劣勢的猴子，腦部的化學物質沒有變化。強勢猴子的古柯鹼用量比弱勢猴子少得多。在本質上，弱勢猴子靠藥物來麻痺低社會地位造成的傷害。這類的獼猴實驗證據，讓我們得以更合理地推論貧富不均與精神疾病之間存在因果關係。

在本章開頭，我們提到英國與美國開出大量有關情緒改善藥物的處方箋，若再加上以非法藥物麻痺自己的吸毒者，可見貧富不均，已引發非常大規模的社會痛苦。

「你說我得了潰瘍是什麼意思？我讓人得潰瘍，我自己才不會得！」

第六章

生理健康與平均壽命

哀傷的靈魂能快速致命，比細菌還厲害。

——約翰．史坦貝克（John Steinbeck），《查理與我：史坦貝克攜犬橫越美國》（*Travels with Charley*）

決定健康的物質與社會心理因素

隨著社會日趨富裕、生活環境出現改變，我們罹患的疾病和影響身體狀況的最重要因素，已和往日有所不同。

公共衛生的歷史，就是疾病成因認知的一頁遞嬗史[60-61]。十九世紀，改革家開始蒐集統計數據，顯示生活在城市貧民窟的窮人，深受疾病與早亡所苦。這引來了衛生運動（Sanitary Movement）的重大改革。排水及下水道系統、垃圾集中、公共澡堂與像樣的住宅、更安全的工作環境、飲食衛生的改善——種種措施大幅提升了全民健康，而且隨著物質生活水平上升，人民的平均壽命也越來越長。

正如我們在第一章所描述，當傳染病在重大死因排行榜地位下滑，工業化世界歷經了一次轉型——稱為「流行病轉型」（epidemiological transition）；諸如心臟病和癌症等慢性病取代了傳染病，成為死亡與身體不適的主要原因。二十世紀大部分期間，提升全民健康的主要辦法，就是透過「生活型態選擇」與控制「危險因子」設法避開這些慢性疾病。人們關注的焦點，不外乎吸菸、高油脂飲食、運動與酒精。

不過到了二十世紀後半，研究人員得到了有關健康決定因子的驚人發現。他們漸漸相信壓力是慢性病（特別是心臟病）的元兇。當時，心臟病被視為經理人疾病，擔任要職的生意人處於高度壓力下因而引發。長期追蹤男性公務員的白廳一號研究（Whitehall I Study）在一九六七年啟動，旨在調查心臟病與其他慢性疾病的成因。研究人員原本預料位高權重的人是罹患心臟病的最危險族群，沒想到，他們發現在公務員職位層級與死亡率之間，竟存在強烈的逆相關。比起最高階層（行政官員），底層人員（信差與簿記員等等）的死亡率高出了三倍[62-3]。

白廳一號的後續研究，以及後來把女性公務員涵蓋在內的白廳二號研究，在在顯示低職位不僅與心臟病的高風險息息相關：它跟某些癌症、慢性肺病、腸胃道疾病、憂鬱、自殺、因病曠職、背痛和自報健康狀況（self-reported health）之間，也存在密切關係[64-6]。那麼，是低職位本身導致健康惡化？或者，這其中的關聯性可用「不同階級公務員的生活型態不同」來解釋？

低階人員確實比較容易發胖、抽菸、血壓高、運動量較少，但在他們因心臟病而提高的死亡風險中，這些危險因子只說明了三分之一[67]。而且當然，「絕對貧窮」與失業等因素也無法解釋上述發現，因為參與研究的受試者全是有工作的受薪階級。在白廳研究人員長期追蹤的眾多因素中，工作壓力以及人們對工作的掌控感，似乎產生了最大影響。如今已有許多研究得到相同結論，在不同社會和絕大多數疾病中，低社會地位明顯影響了人們的身體狀況，而且並非只有社會底層的民眾如此。除了凸顯社會地位的重要性，這也是白廳研究傳達出的另一項重要訊息。健康存在著遍及整個社會的社會梯度，我們和別人的相對地位很重要；地位高於我們的人比較健康、低於我們的人比較不健康；從頂層到底層，健康狀況每況愈下[68]。一旦明白了這樣的健康梯度，就能理解為什麼高階官員比專業和行政人員更長壽，同樣也能明瞭為什麼窮人的身體狀況比較差。

影響身體健康的因素，除了對生活的掌控以外，還包括我們是否覺得幸福、是否樂觀或悲觀，以及是否對他人懷有敵意。心理福祉直接影響生理健康，如果我們的社會地位很低，就比較不容易有掌控感、感到快樂與樂觀等等。

除了社會地位和心理福祉會影響我們的健康，人際關係也很重要。這個概念，可以上溯到埃米爾・涂爾幹（Émile Durkheim）——現代社會學的奠基人之一——在十九世紀末對自殺行為所做的研究[69]。涂爾幹證明，不同國家與人口的自殺率，跟民眾融入社會的程度，以及社會是否快速變遷、動盪不安有關。但直到一九七〇年代，流行病學家才開始有系統地探究人們的社交網絡與健康之間的關係，指出朋友較少的人面臨較高的死亡風險。擁有朋友與婚姻、隸屬於某個宗教團體或其他組織，並且有人能給予支援，在在為生理健康提供了保護[70-71]。

社會支援與社交網絡，也攸關心血管疾病的發生率與心臟病的復原率。在一項驚人實驗中，研究人員也證實在接觸同等感冒病毒的情況下，朋友多的人比較不容易得病——事實上，朋友越多，受試者的抵抗力越強[72]。實驗也證實，與伴侶關係良好的人，傷口的癒合速度比較快[73]。

如今，人們公認社會地位與社會整合，是決定全民健康的重要因素，而且研究人員逐漸認清，早期生活的壓力（包括子宮時期及嬰幼兒時期），深深影響人們的終身健康[74-75]。早期的壓力影響了身體發育；影響了情緒、社會與認知的發展；更影響了日後的健康與健康行為。此外，家庭的社會經濟地位，也決定了兒童一輩子的健康與發展軌跡[76]。

整體而言，社會地位、社交網絡與幼年壓力，被研究人員列為三大「社會心理因素」，而在物質生活水平已高到不再直接影響人口健康的已開發國家（如第一章所述），這幾個因素變得日益重要。

生活艱苦導致生命短促

演化心理學家瑪歌．威爾森（Margo Wilson）和馬丁．戴利（Martin Daly）納悶，採取比較衝動且高風險的策略，是不是人類在生命短促的高壓環境下演化出來的反應。也就是說，在危機四伏的環境中，人們或許必須採取比較輕率的策略來贏得地位、提高吸引異性的機會、享受最起碼的短暫滿足。或許，唯有在生命受保障的安穩環境，人們才有本錢替自己的將來做長遠打算[77]。為了檢驗這項假設，他們蒐集芝加哥七十七個地區的兇殺案件，再蒐集同樣地區的死亡率數據，減去死於兇殺的人數。他們將兩項數據放在一起，顯現出驚人的密切關係。如圖6.1，在兇殺率較高的地區，民眾也因為其他原因而較早過世。在這些地區，似乎有什麼因素同時影響著健康與暴力行為。

在第四章，我們發現在各個已開發國家與美國各州，民眾感受到的社會互信程度各有不同。已開發國家的互信水準有六倍落差，美國各州則有四倍的差距。我們說過，互信程度跟全民健康息息相關，事實上，有關社會凝聚力與社會資本的研究，過去十多年來如雨後春筍般紛紛冒出頭來。關於健康與社會資本的關聯性，如今已有四十多篇論文出爐[78]。

在美國，流行病學家河內一郎（Ichiro Kawachi）和他在哈佛公共衛生學院的同事，借用一九八〇年代末期的社會概況調查資料[79]，研究美國三十九州的死亡率。這些調查讓他們得以計算每一州各有多少人口加入志工組織，例如教會團體與工會。事實證明，團體成員人數的數

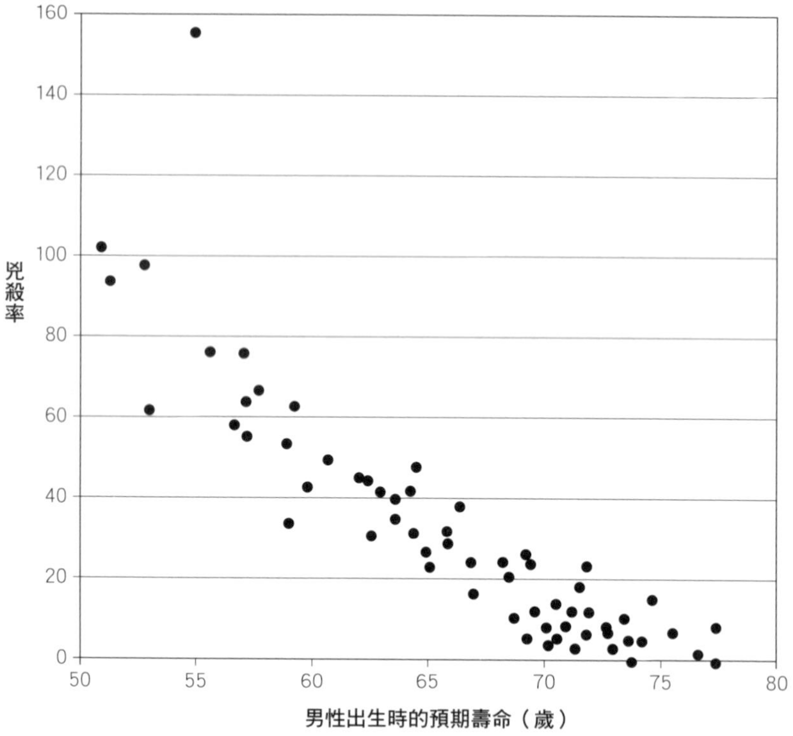

圖6.1：兇殺率與芝加哥七十七個地區的男性平均壽命有關（平均壽命的計算，涵蓋兇殺之外的各種死亡原因）[77]

值，是所有原因加總的整體死亡率的絕佳預測因子——包括死於冠狀動脈心臟病、癌症和嬰兒猝死的人數。

政治學者普特南研究了美國各州的社會資本與健康醫療指數之間的關係[25]。這項指數涵蓋的資訊包括新生兒體重過低的比率、母親接受產前照護的比率、許多不同的死亡率、醫療花費、愛滋病患與癌症病患人數、免疫接種比率、汽車安全帶使用率、醫院病床數等等，不一而足。健康指數跟社會資本關係密切；明尼蘇達和佛蒙特等州擁有豐富的社會資本，健康指數的得分也比較高，而路易斯安那和內華達這幾州，兩項指標的表現都很差。顯然，影響健康的不只是我們個人的社會地位，人與人之間的社會連結也很重要。

健康與財富

讓我們想想，出生在兩個不同國家的嬰兒，健康狀況會有什麼樣的不同。

A寶寶出生於美國——全世界最富裕的國家之一，擁有全球半數以上的億萬富豪。儘管這個國家的人口不到全球人口的百分之五，但他們用於醫療保健的支出，卻占了全球醫療花費的四成到五成，其中，花在藥物治療與高科技掃瞄儀器的費用尤其驚人。這個國家的醫生收入，幾乎是別處醫生的兩倍，而其醫療服務，往往被譽為全球最頂尖的翹楚。

B寶寶出生在相對不富裕的西方民主國家之一——希臘；這裡的平均收入只有美國的二分之一。在美國，每人每年的醫療花費大約六千美元，希臘則不到三千美元。（這裡的數據，是已將醫療成本差異納入考量的實質金額。）此外，平均每人擁有的高科技掃描儀數量，希臘比美國少了六倍。

B寶寶活得健康長壽的機會，想必比不上A寶寶？

事實上，出生於美國的A寶寶，預期壽命比出生於希臘的B寶寶短了一點二年。而且，

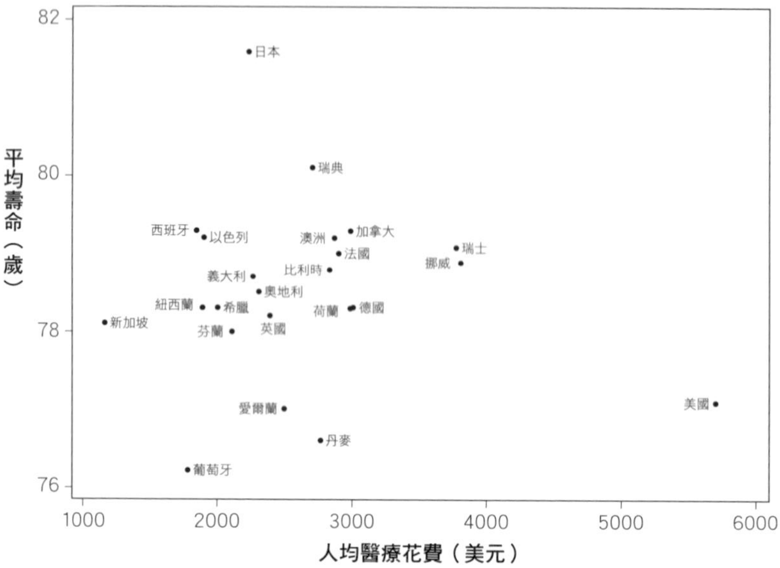

圖6.2：平均壽命與富裕國家的醫療花費無關（幣值經過轉換以反映購買力）

滿周歲以前的死亡風險，A寶寶比B寶寶高出了四成。已開發國家之間的落差，甚至比我們這裡所做的比較更為懸殊：美國寶寶周歲前死亡的機率，是日本寶寶的兩倍；美國與瑞典的平均壽命相差三年，葡萄牙和日本則差了五年以上。某些比較甚至更令人震驚：一九九〇年，哥倫比亞大學醫學院外科系的柯林．麥考德（Colin McCord）和哈洛德．費里曼（Harold Freeman）計算出，紐約哈林區的黑人男性，比孟加拉男性更不可能活到六十五歲[80]。

先不提別的，A寶寶與B寶寶的比較證明，醫療花費和高科技醫療的普及，與全民的健康狀況無關。圖6.2顯示在富裕國家，每人的醫療花費與平均壽命之間沒有連帶關係。

「大創見」

如果平均所得水準無關宏旨，花在高科技醫療的支出也不重要，那什麼才會影響大局？如今已出現大量關於所得差距與健康的研究，分別針對世界各國、美國各州或其他大範圍地區進行比較；其中絕大多數研究證實，國家越平等，健康狀況往往越良好[10]。許多文獻受到我們一九九二年發表於《英國醫學期刊》（*British Medical Journal*）的一篇關於貧富不均與死亡率的論文所啟發[81]。後續研究證實了所得差距與健康之間的連結；一九九六年，該期刊編輯評論這些後續研究，寫道：

> 其中的創見是，決定一個社會的死亡率與健康狀況的，倒不是社會的整體財富，而是財富分配是否平均。財富越是雨露均霑，社會的健康狀況越良好[82]。

貧富不均與較低的平均壽命、較高的嬰兒死亡率、較矮的身材、較差的自報健康狀態、低出生體重、愛滋病和憂鬱之間，無不存在著連帶關係。圖6.3–6.6呈現所得差距與男女平均壽命，以及所得差距與嬰兒死亡率之間的關係——首先是富裕國家之間的比較，接著是美國各州的比較。

當然，全民的平均值掩蓋了人口結構之內的健康差異，而這些差異，甚至可能比國與國之間的差異更懸殊。超過二十五年以來，健康差距一直是英國公共衛生議程上的重要課題，而現行的國民醫療保健計畫更明白指出，「最大的不公義，莫過於為我國留下一道傷疤的健康不平等[83]。」一九九〇年代末，在最低與最高社會階級的族群之間，男性平均壽命相差七點三年，女性的平均壽命則差了七年[84]。美國的研究往往呈現更巨大的差異，例如在最窮地區的黑人與最富地區的白人之間，十六歲青少年的平均餘命相差了二十八年[85-7]。由於你是勞工而非白領階級，壽命就比別人短了許多——這樣的數字代表的不公義，其嚴重性有目共睹，無可辯解。請注意，白廳的研究顯示，這樣的差距，不能以「社會階級較低的人健康行為較差」這種解釋簡單搪塞過去[88-90]。那麼，假如我們活在比較不平等的地方，社會不公的代價是平均壽命短了三到四年，又如何？

我們檢驗許多死亡成因，看看哪些健康因素呈現最大的階級差異。我們發現勞動人口的死亡因素當中，心臟病與兇殺案件出現最大的階級差異。相較之下，各階級的攝護腺癌死亡率沒有太大不同，而乳癌的死亡率則跟社會階級完全無關。接著，我們研究貧富不均如何影響各種不同因素的死亡率，發現呈現較大社會差異的死亡因素，對貧富差距的敏感度也高出許多[8]。我們也發現，生活在比較平等的地方，所有人都能蒙受其利，並非只有窮人獲益。在此有必要重申，「健康差距」並非只是窮人健康狀況差而其他人較為健康的對比；相反地，這種現象貫穿整個社會，以至於稍微有錢的人都會比巨富短命。同樣地，平等的益處也貫穿整個社會，能夠增進所有人（而非只有社會底層）的健康。換句話說，無論處於哪一個所得水準，生活在比

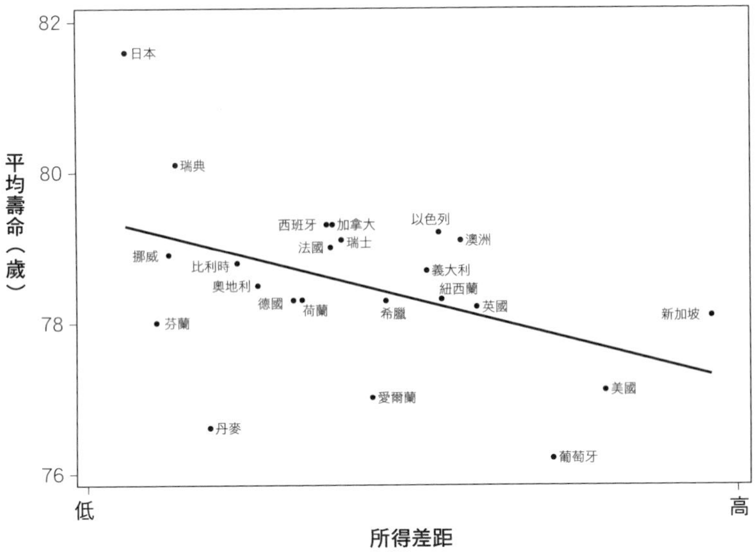

圖6.3：在富裕國家，平均壽命與貧富差距相關

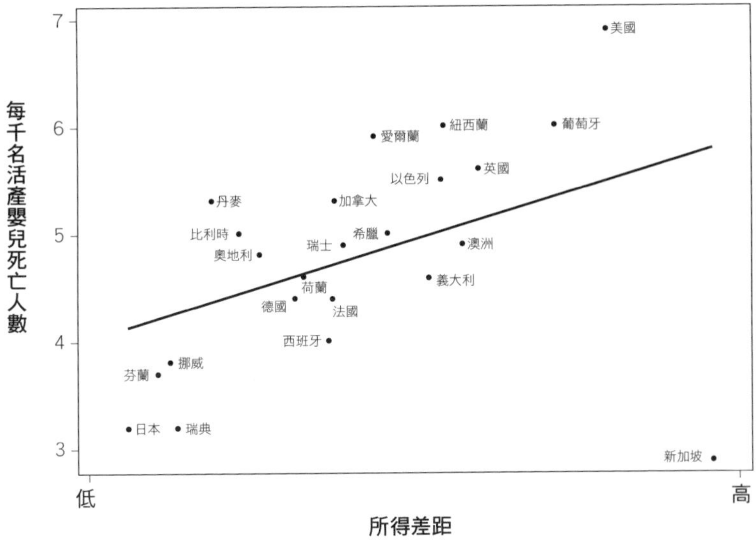

圖6.4：在富裕國家，嬰兒死亡率與貧富差距相關

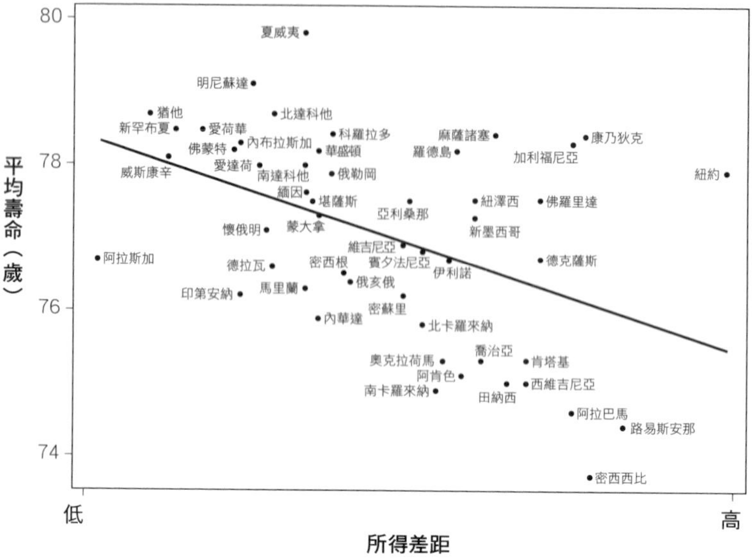

圖6.5：在美國各州，平均壽命與貧富差距相關

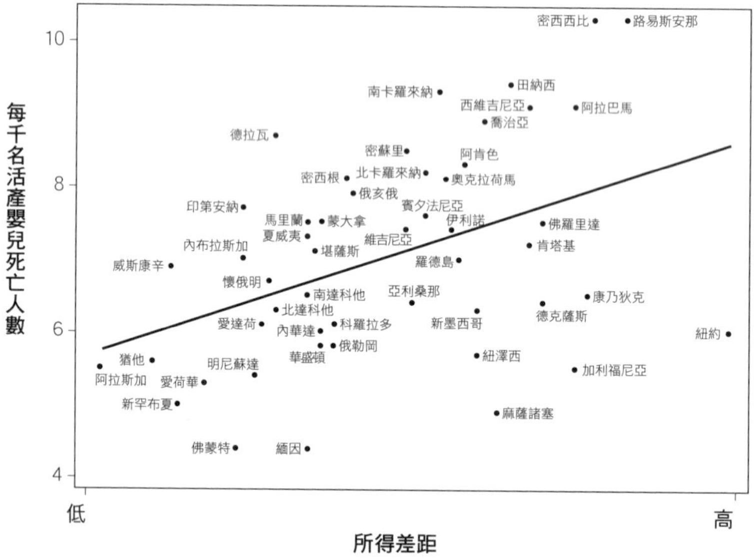

圖6.6：在美國各州，嬰兒死亡率與貧富差距相關

較平等的地方對每一個人都好。

英國在兩次世界大戰時的經驗，能作為縮小貧富差距如何快速增進健康的極端案例[91]。平民在戰爭時期延長的平均壽命，增幅是二十世紀其餘年代的兩倍。在涵蓋兩次大戰期間，男女的平均壽命分別延長了六年與七年；而在戰前、兩次大戰之間及戰後的幾十年，平均壽命只延長了一年到四年。儘管政府在第二次大戰期間實施配給，全國的營養狀態因而獲得提升，但這種說法不適用於第一次大戰，更何況，人民的物質生活水準在兩次大戰時期雙雙下滑。然而，兩次大戰戰爭時期，人民充分就業，所得差距銳減——這是政府為了促進戰時團結，刻意制定政策導致的結果。舉例而言，二次大戰期間，勞工階級的所得提高了九%，中產階級的所得則下滑七%；相對貧窮的人數比率少了一半。由此而生的同舟共濟精神與社會凝聚力不僅有益全民健康——犯罪率也同時下滑。

傷身又傷心

那麼，負面童年經驗、低社會地位以及欠缺社會支援導致的種種壓力，如何殘害我們的健康[92]？心靈會影響身體，這是遠古時期就存在的想法，現代研究則讓我們對於壓力如何增加疾病風險、幸福與喜悅如何有益於健康，有了更進一步的認識。心理狀態會影響神經系統，進而影響免疫系統——當承受壓力、心情鬱悶或感到敵意，我們遠比平常更容易出現各式各樣的身體疾病，包括心臟病、發炎及加速老化[93]。壓力破壞身體平衡，干擾生物學家所說的「體內恆定」——也就是如果一切順利運作、所有生理流程維持正常，我們所能達到的狀態。

當我們遭遇某種急性壓力或創傷經驗，身體會出現「戰鬥或逃跑」（fight-or-flight）反應[93]：儲存的能量得到釋放、血管收縮、凝血因子竄進血液以應付受傷、心肺運作比平常更激烈。我們的感官與記憶獲得增強，免疫系統也活躍起來；我們蓄勢待發，準備好迎戰或逃離導致壓力的事件。如果緊急狀態只維持幾分鐘，這種了不起的反應既健康又能保護我們；但如果連續超過幾星期或幾個月感到擔憂、長期承受壓力，身體無時無刻處在預期面臨挑戰或威脅的狀態，這些「戰鬥或逃跑」反應就會對我們造成傷害。

長期將能量轉變為血液中的葡萄糖，可能導致我們在錯誤的地方發福（中央肥胖），甚至引發糖尿病；長期收縮血管並提高凝血因子濃度，則可能引發高血壓與心臟病。儘管急性的短暫壓力能刺激免疫系統，長期而持續的壓力卻會抑制免疫，有可能導致兒童發育不良、女性卵巢早衰、男性出現勃起障礙，而每個人都有可能遭遇消化問題。大腦某些部位的神經元受損，導致認知功能衰退。我們會睡不著覺。長期壓力把我們磨垮，讓我們心力交瘁。

在這一章，我們證明了貧富不均與許多健康問題存在強烈關聯，無論美國本土或其他已開發國家都呈現一致的結果。我們相信兩者之間是一種因果關係；健康的社會心理因子研究所呈現的一致概念，以及已開發國家在健康上的社會梯度，無不增強我們的信念。社會地位很重要，因為健康和其他解釋（例如窮人有較高的吸菸率）無法說明為什麼會出現這些梯度。現在人體十分善於應付生理挑戰（例如追逐獵物，或在虎口下逃生）帶來的急性壓力。循環、神經與免疫系統被激化，而消化與生殖作用則受到抑制。然而，若經年累月活在壓力下，這些生理反應不斷重複，有可能對人體造成嚴重傷害。

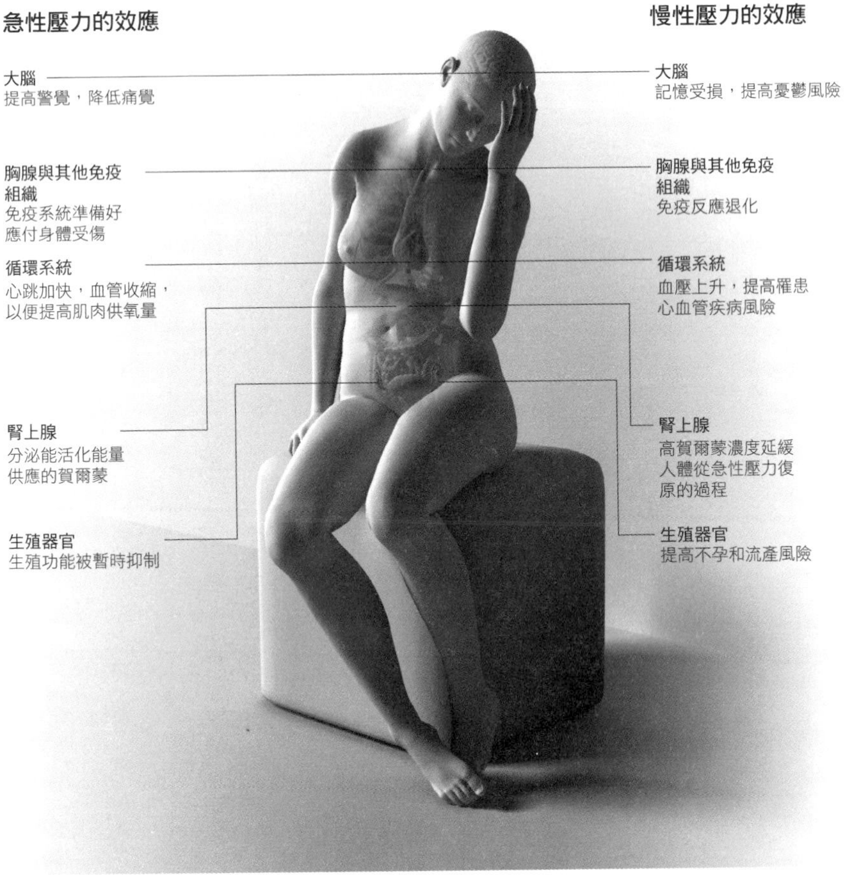

急性壓力的效應
大腦
提高警覺，降低痛覺
胸腺與其他免疫組織
免疫系統準備好應付身體受傷
循環系統
心跳加快，血管收縮，以便提高肌肉供氧量
腎上腺
分泌能活化能量供應的賀爾蒙
生殖器官
生殖功能被暫時抑制
慢性壓力的效應
大腦
記憶受損，提高憂鬱風險
胸腺與其他免疫組織
免疫反應退化
循環系統
血壓上升，提高罹患心血管疾病風險
腎上腺
高賀爾蒙濃度延緩人體從急性壓力復原的過程
生殖器官
提高不孕和流產風險

圖6.7：壓力生物學 [92]

已有許多研究顯示所得差距會影響健康，就連調整過民眾的個人所得後也不例外[94]。英國在兩次大戰期間所得差距銳減，快速提升了人民的平均壽命。同樣地，二次大戰之後，同盟國堅決要求日本廢除軍備、施行民主、重新分配財富與權力，因而造就出一個均等的經濟體，並且大幅提升全民健康，達到無可匹敵的成果[95]。相較之下，俄羅斯自一九九〇年代初期以來平均壽命驟降，是因為它從中央計畫經濟轉變為市場經濟，連帶造成所得差距急速擴大[96]。要理解不平等的社會為什麼幾乎總是百病叢生，長期壓力的生理學似乎是一條可行的思路。

第七章

肥胖：所得越懸殊，腰圍越粗大

食物是最原始的慰藉。

——席拉・葛蘭姆（Sheila Graham）

肥胖症在整個已開發世界迅速蔓延；某些國家的盛行率短短幾年間上漲了一倍。肥胖症的衡量辦法是身體質量指數（ＢＭＩ）＊；這項指數把身高列入計算，以免給無辜的高個子貼上體重過重的標籤。世界衛生組織以ＢＭＩ為標準，將民眾分類為體重過輕（ＢＭＩ小於十八點五）、體重正常（ＢＭＩ介於十八點五至二十四點九之間）、體重過重（ＢＭＩ介於二十五至二十九點九之間），以及肥胖（ＢＭＩ大於三十）。一九七〇年代末，美國有將近半數人口體重過重，十五％的人肥胖；如今有四分之三的人口超重，將近三分之一人口屬於肥胖。一九八

＊ＢＭＩ計算方式為：體重（公斤）除以身高（公尺）的平方。

黎明前搜捕法國的胖女人

〇年，英國有四成左右的人口過重，不到一成的人屬於肥胖；如今有三分之二的成人過重，超過五分之一的人屬於肥胖[97-100]。這是一項重大的健康危機，因為肥胖十分危害健康——增加罹患高血壓、第二型糖尿病、心血管疾病、膽囊疾病及某些癌症的風險。兒童肥胖的趨勢極其嚴重，一般認為這將縮減這一代兒童的平均壽命。那將是各國政府自十九世紀開始追蹤人口健康之後，許多已開發國家平均壽命首次出現的逆成長[101]。

肥胖症除了危害健康，還會傷害情緒及社會福祉：體重過重與肥胖的大人和小孩都活得很悲慘。一名來自伊利諾州、體重四百零九磅（一百八十五點九公斤）的十七歲少女描述她的身體苦痛：「我的心臟在胸口裡發疼，手臂什麼的也會痛，很嚇人」[102]。但是同樣傷人的，還有她在學校被其他小朋友取綽號開玩笑的回憶、受限的社交生活，以及她的身體「猶如一座牢籠」的感受。

二〇〇七年春天，英國小報《太陽報》（*the Sun*）大篇幅報導三名肥胖兒童的故事[103-105]。其中年紀最輕的是一名重達兩百一十八磅（九十九公斤）的八歲男孩，他在學校遭到霸凌——如果他有去學校的話。他實在太重了，以致於經常沒辦法走路上下學而曠課，而且他不必穿制服，因為沒有他的尺寸。他的九歲姊姊重一百九十六磅（八十九公斤），也受到大人小孩的霸凌與嘲笑。她說她「有時難以呼吸」，而且不喜歡「只能穿很醜的衣服」，也不喜歡自己塞不進遊樂場的各種設施。體重最重的是其中年紀最大的十二歲男孩，重達兩百八十磅（一百二十七公斤）。他非常鬱悶——由於對辱罵他的小朋友發火，因而被兩所學校開除、遭第三所學校停學處分。

「致胖」環境

許多人認為肥胖取決於基因，而一個人是不是容易發福，基因確實扮演了重要角色。然而，遺傳因素無法解釋肥胖症為什麼在許多社會迅速蔓延。肥胖症的盛行，是人類生活方式改變所致。人們經常指控的改變包括高能量食物成本降低、便於烹煮與取得；速食餐廳大肆擴張；微波爐的技術長足發展；以及人們廚藝退步。其他人則指出人們在工作與休閒時的活動量降低、汽車的使用量提高，以及學校裁減體育課程。看來，現代化生活密謀讓我們發福。如果沒有其他因素，我們可以預期越有錢的人越肥胖，因為他們有能力買更多食物、擁有更多車子等等；也可以預期所有富裕社會都會出現高指數的肥胖率。

然而事實並非如此。在慢性病取代傳染病成為重大死亡因素的流行病學轉型過程中（見第一章與第六章的討論），肥胖症的社會分配也出現改變。以前是有錢人很胖而窮人很瘦，如今在已開發國家，這樣的模式已翻轉過來[106]。世界衛生組織在一九八〇年代推動一項研究，旨在追蹤二十六個國家的心血管疾病趨勢，以及這些疾病的風險因子，包括肥胖症在內。研究發現，隨著肥胖率升高，其社會梯度也逐漸加劇[107]。這二十六個國家到了一九九〇年代初，貧窮女性的肥胖率皆比富裕女性高；除了五個國家以外，貧窮男性的肥胖率也比較高。誠如新聞記

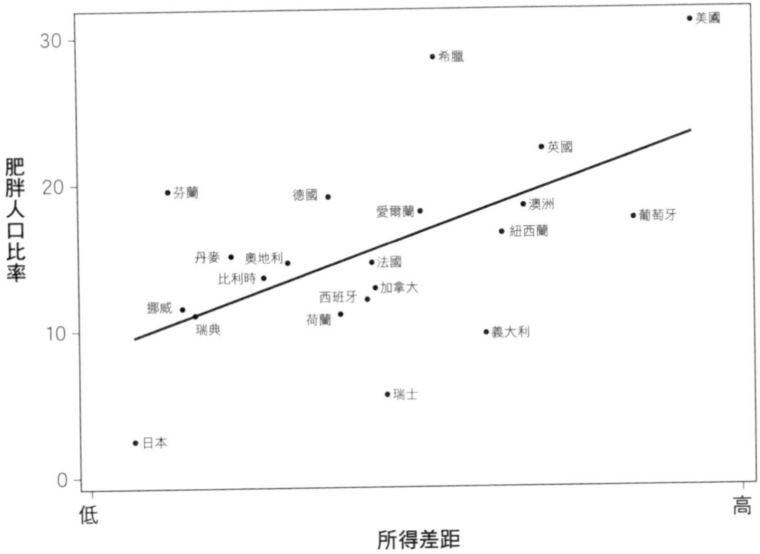

圖7.1：在越不平等的國家，肥胖成年人口的比率越高

者波莉・湯恩比（Polly Toynbee）二〇〇四年在報紙發表的一篇文章所言：「肥胖是一項階級議題」[108]。她指出美國的肥胖率居高不下，而斯堪地那維亞國家的肥胖率則很低，證明並非所有現代化富裕國家都有很高的肥胖率；因此，她認為貧富不均或許是導致肥胖症盛行的一大原因。

貧富不均與肥胖

圖7.1顯示，所得差距較小的國家，肥胖率往往比較低。肥胖率的資料源自國際肥胖問題工作組織（International Obesity Task Force），顯示出肥胖成年男女（BMI大於三十）的人口比率。

國與國之間的差異很大。在美國，有三成出頭的人口屬於肥胖，比日本高出

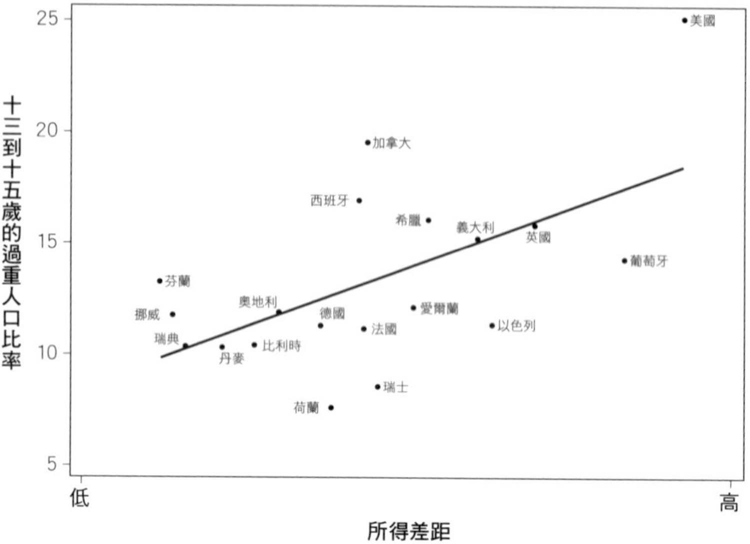

圖7.2：在越不平等的國家，過重兒童人口的比率越高

十二倍；後者只有二點四%的成人屬於肥胖。由於衡量標準是ＢＭＩ而不是體重，這樣的對比不可能源於平均身高的差異。

兒童肥胖率的跨國比較也呈現相同模式（圖7.2）。關於十三歲到十五歲青少年過重人口的比率，我們的數據取自聯合國兒童基金會的二〇〇七年兒童福祉報告，原始資料則來自世界衛生組織的學齡兒童健康行為調查[110]。這項調查並未涵蓋澳洲、紐西蘭和日本，但肥胖與貧富不均的關聯性，依舊強烈到足以肯定絕非出自偶然。在各國之間，過重兒童人口比率的落差，不像肥胖成人的比率那樣懸殊。荷蘭是兒童肥胖比率最低的國家，有七點六%的十三到十五歲兒童人口過重，比率只有美國的三分之一；後者有二十五點一%的兒童體重過重。（由於這些數據是根據兒

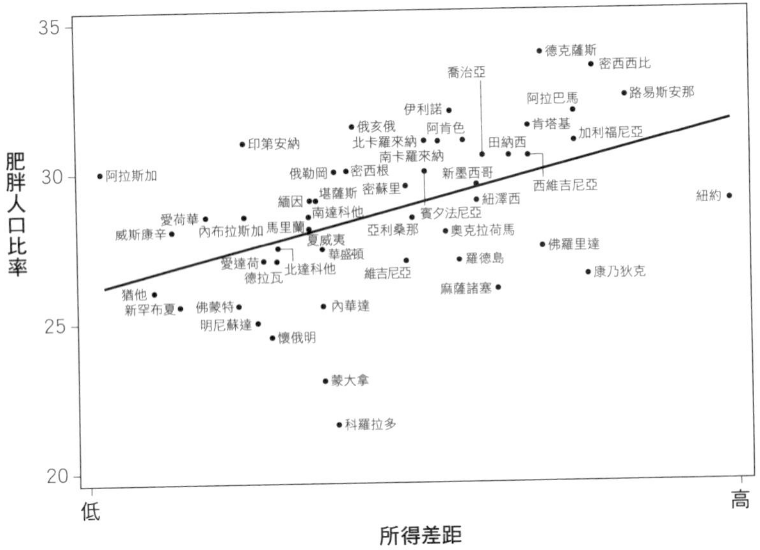

圖7.3：在美國，越不平等的州有越多肥胖成年人口 [113]

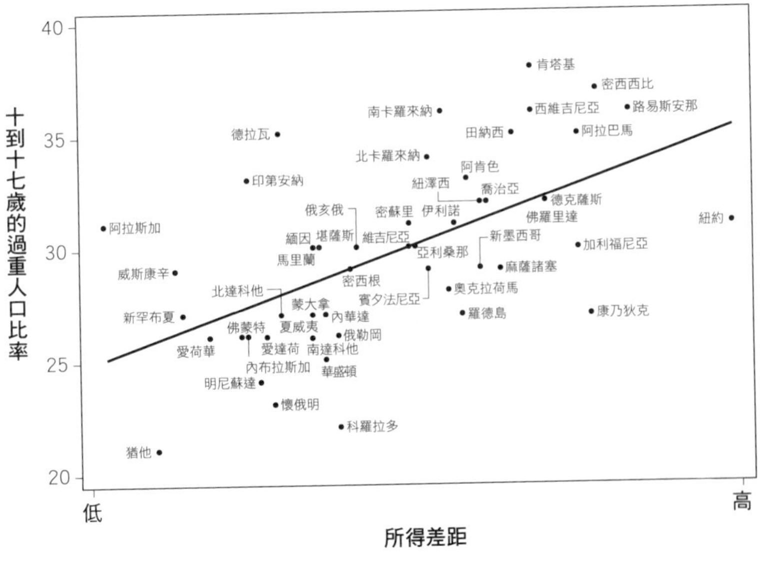

圖7.4：在美國，越不平等的州有越多過重兒童人口

童自報的身高體重計算，並未經過實際測量，各國真正的肥胖盛行率有可能更高，但這並不影響肥胖與貧富差距的關係。）

在美國本土，沒有任何一州的成人肥胖人口比率低於二十％。科羅拉多州的肥胖盛行率最低，只有二十一點五％，相較之下，比率最高的德州則有三十四％*。但肥胖與貧富不均的關係，依舊強烈到讓我們相信事情並非巧合。其他研究人員也得到類似結論。其中一項研究發現，所得差距較大的州，男性腹部肥胖的比率比較高[111]；另一項研究則發現貧富差距會提高人們不愛運動的風險[112]。窮人的體重過重問題，似乎跟所得差距存在特別強烈的關聯。

至於美國兒童的數據，我們的資料源自兒童健康全國調查（圖7.4）。正如兒童肥胖的跨國比較，這裡採用的是十到十七歲兒童的過重（而非肥胖）比率。（兒童的身高體重是由父母或最熟悉該兒童的成人自報。）比起成人，兒童過胖與貧富不均的關聯性似乎更加強烈。

吃東西紓壓……

貧富差距與肥胖症之間的連結，很可能包括熱量攝取與身體活動量兩個層面。事實上，我們自己的研究顯示，國家越不平等，平均每人攝取的熱量越高。這約略說明了貧富不均與肥胖症的關係，不過這樣的連結比較不適用於女人[114]。其他研究人員則顯示，美國各州的所得差距與體能活動不足有連帶關係[112]。看來，在比較不平等的社會，人們似乎吃得較多、動得較少。

但是在澳洲、英國與瑞典的研究中，人們的食量與運動量，未能充分解釋發福與肥胖的社會階級差異[115-118]。

卡路里攝取量和運動只是故事的其中一部分。長期處於壓力下的人，對食物的反應有別於一般人。他們的身體將脂肪集中儲存於軀幹中段的腹部，而非往下堆積到臀部與大腿[119-20]。如同我們在第六章所說，慢性壓力會影響皮質醇的作用，而研究人員已在高腹部脂肪的男女受試者身上，發現了皮質醇與壓力測試心理脆弱度的不同。腹部堆積脂肪的人，特別容易罹患肥胖相關疾病。

身體的壓力反應還會引發其他問題。壓力不僅導致脂肪囤積在錯誤地方，也會增加我們的食物攝取量、改變我們的食物選擇；這種模式被稱為「壓力性進食」（stress-eating）或者「紓壓進食」。在老鼠實驗中，受到壓力的動物會吃比較多糖分與脂肪。長期處於壓力之下的人，若非暴飲暴食導致肥胖，就是胃口不佳而體重減輕。芬蘭的一項研究顯示，基於壓力而進食的人常會吃臘腸、漢堡、披薩和巧克力，並且比其他人喝更多酒[121]。科學家逐漸明白，紓壓進食或許是我們應付生理機能變化的一種方法；這些變化出現在我們長期承受壓力的時候，跟焦慮感引發的生理變化一致[122]。

＊ 美國本土的成人肥胖症數據，由哈佛大學公共衛生學院的馬吉．艾札提（Majid Ezzati）教授提供。艾札提教授是以實際測量的身高體重，計算出各州的肥胖症盛行率。

我們之前提到《太陽報》專題報導的三名肥胖兒童，似乎全都靠吃來紓解家庭破碎的傷痛。那名九歲女孩說，「我唯一感興趣的就是巧克力。我只為巧克力而活……只要傷心或煩惱，我就去吃。」父母離婚之後，她的哥哥五年內重了兩百一十磅（九十五點五公斤）。

許多年前，《華爾街日報》（*Wall Street Journal*）針對美國市中心貧民區的營養問題，刊登了名為〈致命飲食〉（Deadly Diet）的系列報導。在受訪的過重民眾中，一名十三歲女孩住在暴力事件層出不窮的公營住宅區，她說食物和電視是她維持平靜的方法；一名失業婦女明知她的飲食與酗酒有害她的肝臟和血管，仍然打算趁著還能享受，「不如活得開心一點」；一位祖母因為女兒染上毒癮，不得不扛起養育孫兒孫女的責任，她說：

> 之前，女兒染上毒癮，我傷心極了，食不下嚥，所以轉而依賴百事可樂——那就像我的另類毒癮。沒有它我就不能動。我以前會握著一瓶百事可樂醒來。三公升的寶特瓶，剛好夠我撐過一天。

近年的研究顯示，食物對慢性暴食者產生的大腦刺激，跟毒品對吸毒成癮者產生的大腦刺激雷同[124-6]。某些研究運用腦部掃描，證實胖子對食物與飽足感的反應，與身材苗條的人不同[127]。

……為了地位而進食（或節食）

不過食物選擇與飲食，並非全然受感覺支配——社會因素也會影響我們的飲食模式。我們基於複雜的文化因素而選擇食物——有時候，我們喜歡小時候吃過的食物，那代表家鄉的味道；有時候，我們喜歡的食物，則代表我們設法追求的某種生活品味。我們透過請別人吃東西來表達我們對他們的愛、顯現我們懂得人情世故，或者證明我們有本錢慷慨。食物或許向來扮演這樣的角色；它是盛宴中的必要元素，隱含著種種社交意義。不過，由於如今很容易取得便宜的高能量食物，就社交意義而言，經常大吃大喝的好處可說已被壞處蓋過。

在《華爾街日報》的〈致命飲食〉系列報導中，一名來自波多黎各的新移民描述，以前他們家的餐桌上總是米飯、豆子、蔬菜、豬肉和魚乾，一成不變。搬到芝加哥後，他們開始縱情享受汽水、披薩、漢堡、含糖早餐穀片、熱狗和冰淇淋。「我沒辦法給孩子們買昂貴的鞋子和衣服……但是食物簡單多了，所以我讓他們想吃什麼就吃什麼。」最重要的是，這家人每個月上速食店兩次，不過孩子們還想去更多次。「去這些地方，我們覺得開心……覺得我們像美國人了，我們身在這裡、也屬於這裡。」

一名來自紐澤西的十七歲青少年，描述他們如何用購買速食來證明自己的經濟能力，證明口袋裡有錢，不必等月底領福利金支票。

一名三十七歲男子表示，他把半數工資花在速食上。受訪當天，他已經去了麥當勞三趟，而且打算在那天結束前繼續上肯德基和一家中國快餐店。不過速食餐廳對他的意義，遠遠超過廉價食物。他雖有工作卻無家可歸，這些地方成了他的避難所：

他沒有自己的家，必須輪流寄宿在布魯克林的姨媽家和朋友位於哈林公營住宅區的公寓。「那裡的氣氛讓我覺得舒服、放鬆、不慌不忙，」他一邊說，一邊欣賞漢堡店的光潔地板，和牆上掛著的喬治・華盛頓・卡佛（George Washington Carver；著名的十九世紀美國黑人）肖像。他被輕柔的背景音樂催眠，一時恍神，然後補充說，「不是嘻哈，沒有褻瀆的語言。這畫像、這盆栽，人們把這裡整理得乾乾淨淨，讓你覺得自己置身文明世界。」

一名西語系街頭幫派的混混每餐都在速食店打發，他吹噓自己打從十六歲起就沒在家裡吃過一頓飯：

這裡的小孩不吃媽媽做的菜……每個人都受夠了媽媽的食物——一餐又一餐的米飯和豆子。我們希望過男人的生活。速食給了你地位和尊重。

肥胖是女性議題？

我們的研究顯示，所得差距與肥胖之間的關聯性，女性比男性更強烈；這和其他研究人員的發現如出一轍。在世界衛生組織的二十六國研究中，女性肥胖的社會梯度比男性更一致，而且往往更陡峭。根據英國二〇〇三年健康調查，女性的低社經地位與肥胖之間，存在非常明顯的正相關，男性則否[128]。

這樣的模式，或許是因為肥胖會對女性的社會階級流動產生更強的阻力；在勞動市場與婚姻市場上，肥胖的年輕女性比肥胖的年輕男性更容易遭受歧視。另一個可能是，低社會地位是造成女性發福的危險因子，男性則不盡然如此。對此，英國的兩項「同年級生」（birth cohorts）研究，透露了一些蛛絲馬跡。這些研究針對同年出生的人口進行大型樣本調查，從出生開始追蹤。針對一九四六年生的人口進行的研究發現，胖子從小到大留在同一社會階級的可能性較高，比較不可能提升社經地位[129]。在一九七〇年生的群組中，肥胖女性（而非男性）比較難找到有酬勞的工作和婚姻伴侶[130]。

美國與英國已經證實，女性青春期發福，跟成年後薪水較低有關[131-2]。雖然另一項研究並未局限於女性，但近期針對兩千多名人力資源專家所做的調查顯示，九十三%的受試者偏愛體重正常的應徵者，勝過同樣符合資格但體重過重的候選人。近五成的人力資源專家認為體重過重的人生產力較低；將近三十三%的人覺得以肥胖為由拒絕錄用某人完全合理；四成的人則認為胖子缺乏自律[133]。

體重超重顯然有礙社會階級流動性，但我們針對一九七〇年生的英國婦女所做的趨勢分析，卻顯示這樣的說法無法解釋女性肥胖的社會梯度，以及低社會階級與體重增加（即便是中年發福）之間的關聯[117]。

錢財多多益善，身材越瘦越好

在身材尺寸的重要性及女性渴望的身體形象上，不同社會階級存在不同的看法，而這樣的階級差異，似乎加深了肥胖症的社會梯度。從前，人人羨慕身材豐滿的女人，但如今在許多現代化的富裕文化中，身材苗條象徵著上流社會和吸引力。社會階級較高的英國婦女比階級較低的族群更注意體重、更常節食，也更不滿意自己的身材[134]。社會階級越低的女性越不在意苗條與否，也越滿意自己的身材。婚姻狀態的改變也扮演一定角色：根據美國一項研究，已婚婦女比單身、離婚或分居女性更容易發福[135]。而且，並非所有女人都渴望苗條——好比在美國市中心貧民區的非裔社會，苗條有可能讓人產生貧窮、飢餓、領社會救濟金、罹患愛滋病和染上毒癮等聯想。正如一位十九歲女性所說：

> 我這輩子一直是個豐滿的女人。如果我開始狂掉體重，別人會以為我在吸毒……在

貧民窟，你就是苗條不起。

她的話令人不由得聯想起體重過重在開發中世界代表的社會階級；在開發中國家，只有富人才有能力變胖。反觀富裕的已開發國家，較高階級的女性似乎比較渴望苗條，也比較有辦法維持身材。

雖然女性的體重比較容易受社會因素影響，但男性當然也無法倖免。最近，美國某項針對工作年齡男性所做的為期十二年的研究發現，男性一旦失業，體重就會上升[136]。當男性的年收入下降，體重平均會增加五點五磅（約二點五公斤）。

節約表現型假說

關於貧富差距與體重之間的因果關係，另一項可供說明的概念是所謂的「節約表現型」（thrifty phenotype）假說。簡單地說，這套理論是指當孕婦受到壓力，胎兒的發育會產生變化，以準備應付壓力環境的生活。科學家目前還不確定是壓力賀爾蒙本身造成傷害，還是胎兒在壓力下營養不良，或是兩種因素兼而有之；總之，「節約表現型」寶寶的出生體重較低，新陳代謝速率也較慢。換句話說，他們能夠適應食物匱乏的環境——他們的體型小，需要的食物也少。在過去的演化過程中，這樣的調適有利我們生存於匱乏的環境，但在現代化世界，孕婦的壓力很少來自食物短缺，寶寶在富足的環境中出生，這樣的調適反倒有害。在食物充足的世界，節約型表現的寶寶比較容易罹患肥胖症、糖尿病和心血管疾病。正如本書所示，貧富差距較大的社會有較多猜忌、病痛、不安全感、暴力與其他壓力因子，因此，節約表現很可能也是造成肥胖症盛行的一大幫兇。

平等飲食

肥胖與體重超重顯然不是窮人獨有的問題。美國有大約十二%的貧窮人口，但有超過七成五的人過胖。在英國，女性肥胖的階級差異貫穿整個社會，直抵社會頂層。雖然「高階管理與專業」女性階層中，只有十六%的人屬於肥胖，但在她們之下，二十%的「低階管理與專業」女性過胖。這些事實擺在眼前，我們很難堅稱肥胖症的盛行，是因為無知民眾欠缺營養方面的知識。英國的一項中年婦女研究說明[137]，八十四%的受訪者知道她們應該天天吃五蔬果；另一項研究則顯示肥胖者比一般人更清楚零食的卡路里含量[138]。

影響肥胖的是所得的相對（而非絕對）水準；關於這點，另一項證據來自要求民眾主觀描述其社會階級地位的研究。研究人員拿出一張階梯表，表示階梯最上層的人地位最高、最底層的人地位最低，然後要求受訪者標出自己在階梯上的位置。結果顯示，這種主觀的社會地位評量，跟不健康的脂肪分配模式[139]及肥胖[140]有連帶關係——換句話說，肥胖與人們自己主觀認定的地位息息相關，勝過肥胖與他們的實際教育或所得水準的關聯性。

如果我們可以觀察到，社會的所得差距與肥胖現象出現亦步亦趨的變化，就能作為因果關係的支持性證據。貧富差距迅速擴大的一個案例，來自統一後的德國。柏林圍牆倒塌之後，前東德的貧富不均日益嚴重[141]。長期追蹤人民狀況的研究證明，這樣的社會崩解導致兒童、青年與母親的ＢＭＩ上升[142]。

治療與預防肥胖症的健康與社會政策往往將焦點放在個人，企圖教育民眾體重過重的風險，設法指導民眾養成好習慣。但這些方法忽略了民眾為什麼維持久坐不動的生活方式和不健康的飲食習慣、這些行為如何給予民眾慰藉或地位、肥胖現象為什麼存在社會梯度，以及孕婦的憂鬱與壓力扮演了什麼角色。由於對事情具掌控感、情緒狀態比較好的人比較容易改變行為，因此，減輕貧富不均造成的痛苦，應能大大遏制肥胖現象的蔓延。

「傑西・考德威爾一家人搬走以後，我在操場上的尊卑順位提高了一級。」

第八章

教育成果

國家的進展不可能走在教育進展前頭。人類心智是我們最重要的資源。

——約翰．甘迺迪（John F. Kennedy），致國會之教育特別咨文，

一九六一年二月二十日

在整個已開發世界、跨越整道政治光譜，沒有人不認同教育的重要性。教育有益於社會（社會需要高技術人才的貢獻與經濟生產力，更別提稅收），也有益於個人。高學歷的人所得比較高、比較滿足於他們的工作與休閒時間、比較不容易失業、比較可能維持健康、比較不會犯罪，也比較願意付出時間從事公益、參與投票[143]。根據美國二〇〇六年勞工部資料，如果你上過高中卻沒有畢業，你的平均周薪是四百一十九美元；如果你拿到高中文憑，周薪會上漲到五百九十五美元；如果你取得大學文憑，數字則會增加到一千零三十九美元；若有更高學位，還會漲到一千兩百美元以上[144]。

家庭優勢

儘管好學校起了一定作用，但是一個人的教育程度（孩童在學校及日後高等教育的表現），受其家庭背景影響最深。梅麗莎・班恩（Melissa Benn）和費歐娜・米勒（Fiona Millar）在一篇關於英國教育未來的報告中描述：

> 英國學校面臨的最大問題之一，在於貧與富之間的差距，以及學童家庭背景和他們帶到教育檯面上的社會與文化資本的巨大差異[145]。

如果家長擁有較高的所得與學歷，如果學童家裡有地方讀書、有工具書和報紙，並且重視教育，學童會有比較好的表現[146]。父母親對子女教育的投入，甚至更為重要。

那麼，既然每一個已開發國家都致力追求教育與機會平等（至少理論上如此），為什麼無論學校體系多麼完善，弱勢兒童的在學表現仍然不盡理想，錯失教育所能帶來的無數好處？正如我們即將見到的，某些社會遠比其他社會更接近機會平等的目標。

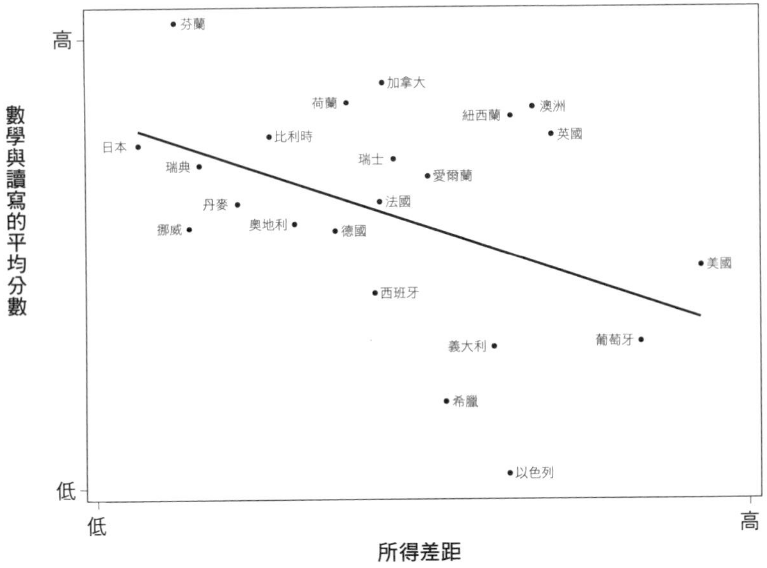

圖8.1：在越不平等的國家，十五歲人口的數學與讀寫成績越低 [148-9]

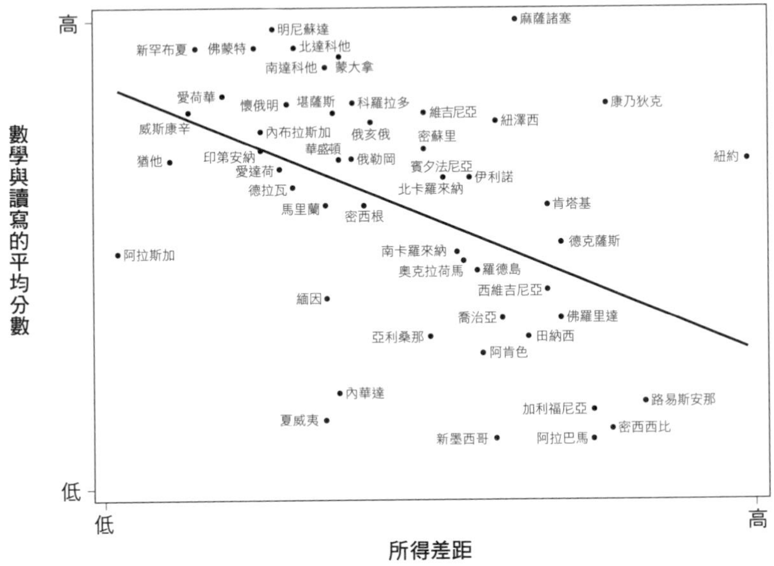

圖8.2：在比較不平等的美國各州，八年級生的數學與讀寫分數比較低

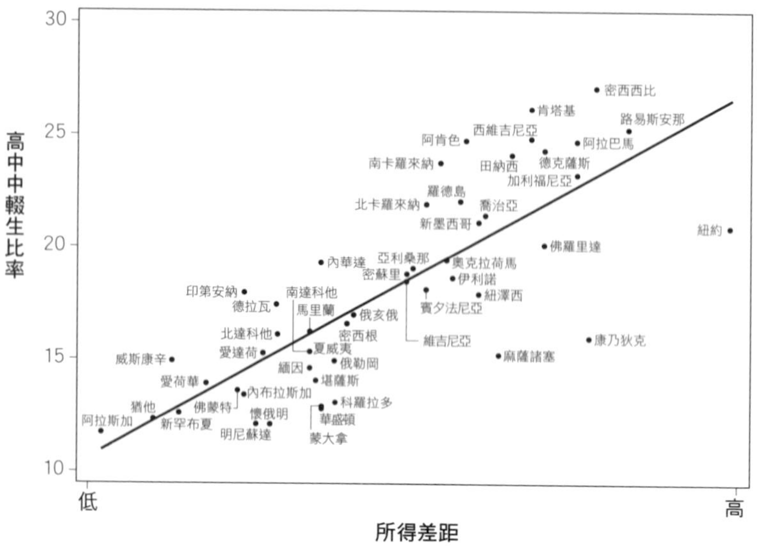

圖8.3：在比較不平等的美國各州，高中生的輟學率比較高

不平等的學力

圖8.1顯示各國的教育分數跟貧富差距密切相關；圖8.2則顯示美國也呈現同樣關係。越不平等的國家和州，民眾的教育程度越低——兩者的關係非常強烈，足以肯定絕非出於偶然。學生能力國際評估計畫（PISA）對不同國家的十五歲學生進行標準化測驗，提供了可比較的教育成就跨國數據。這項計畫於二〇〇〇年在四十三國展開，每三年舉辦一次，隨機遴選學校，每個國家每次約有四千五百到一萬名考生參加。PISA之所以測驗十五歲學生，是因為這個年齡已到了絕大多數國家的義務教育尾聲。每次調查都測驗了學生的閱讀、數學與科學素養，目標是看看學生對知識與技能有多強的運用能力。

為了與美國的數據一致，我們只取各國的閱讀與數學平均分數進行加總，並標出它們與所得差距的對應位置（圖8.1）。然而，就算加入科學素養分數，結果也大同小異。英國自二〇〇三年停止參加PISA測驗，因為願意參與的學校太少，未達PISA標準。根據國際成人讀寫能力調查（International Adult Literacy Survey）的數據[147]，各國的所得差距與成人識字分數間，也呈現同樣強烈的關聯性。

為了檢驗美國各州是否具有同樣的關聯性，我們採用美國教育部國家教育統計中心（National Center for Education Statistics）的二〇〇三年數據，結合八年級生（十四歲左右）的數學與閱讀分數。在所得差距較大的州，這項分數明顯低落。

我們繼續分析美國各州的高中中輟生比率，設法進一步核實。如圖8.3所示，在比較不平等的州，輟學的情況比較嚴重。阿拉斯加、懷俄明、猶他、明尼蘇達和新罕布夏是輟學率最低的州，只有十二％上下。而在密西西比、路易斯安那和肯塔基等三個州，超過四分之一學生從高中輟學，未取得文憑。

或許你會以為如此驚人的關聯性是絕對貧窮所致——在貧窮的州，高中生常常輟學，以便早一點開始賺錢，幫助家計。的確，高中生在貧窮的州輟學率比較高，但貧窮與貧富差距各有獨立的作用，貧窮無法解釋貧富差距的影響。沒有任何一州的貧窮率高於十七％，但有十六州的輟學率超過二十％，而且中輟生並非僅限於窮人。

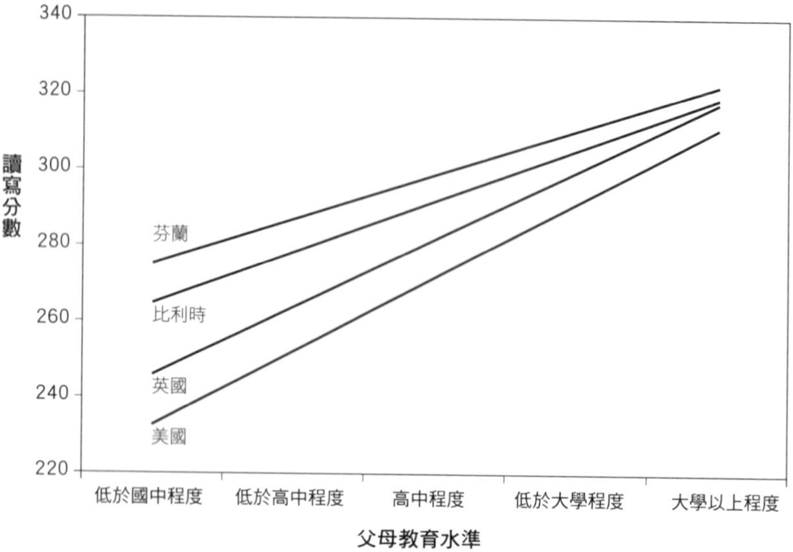

圖8.4：四個國家的父母教育程度與讀寫分數的關聯性（資料來源：國際成人讀寫能力調查）

表現標準

我們渴望提高教育領域的國家表現標準，也渴望降低社會內部的教育差距；人們常常假設兩者毫不相干，但事實可能恰恰相反。看來，要達到較高的教育成績國家標準，或許有賴降低各國的教育成就社會梯度。對此，加拿大新伯倫瑞克大學（University of New Brunswick）教育系教授道格拉斯・維爾姆斯（Douglas Willms）提出了驚人例證[150]。在圖8.4，我們取用國際成人讀寫調查的數據，比較芬蘭、比利時、英國與美國的成人讀寫分數與其父母教育程度的關係。

圖表顯示，即便父母受過良好教育（因此假設擁有高社會地位），你居住的國家還是會對你的教育成就產生些許影響。然而，對於父母的社會階級與教育水準都比較低的人來說，居住在哪一個國家就有很大的不同。當分析這四個國家，一個非常值得注意的要點是社會梯度的斜率——高度不平等的美國與英國斜率較大，比較平等的芬蘭與比利時線條較平。另一項清楚可見的要點是，這幾個國家的平均讀寫分數（整個國家的表現水準）深受社會梯度的斜度影響。美國與英國的平均分數較低，致使社會梯度往下平移。

維爾姆斯證明，圖8.4呈現的模式具有更大的普世性——既適用於十二個已開發國家，也適用於加拿大各省與美國各州[151]。除了趨異傾向（越往社會梯度底層差異越大），他說，「平均讀寫程度與社會經濟梯度的斜率之間，存在強烈的逆相關」。

流行病學家艾兒茱曼．西迪基（Arjumand Siddiqi）等人運用PISA的二〇〇〇年資料，分析十五歲學生的閱讀能力社會梯度[152]。他們發現社會福利歷史悠久的國家表現較好，而且和維爾姆斯一樣，他們指出平均分數較高的國家，閱讀能力的社會梯度較小。芬蘭及瑞典的平均閱讀分數很高，而且閱讀成績的不均等程度較低；希臘和葡萄牙的平均分數低，而學生的閱讀能力極為懸殊。不過，西迪基及同仁確實發現了某些例外案例。紐西蘭及英國的平均閱讀分數很高，但該國學生的閱讀能力也顯示很高的社會不均。另一方面，挪威的平均分數並不出色，但該國學生的閱讀能力很平均，沒有出現社經差距的現象。這些研究人員提出的解釋是，在紐西蘭及英國應該參與考試的學生中，有較高比例的人因為輟學或逃課而沒有應試。

西迪基等人強調，高閱讀分數以及閱讀能力的低社會差距，出現在「以強大社會福利著稱」的國家。我們將在第十二章探討教育公共支出與貧富不均的關係，屆時會再回顧這一點。不過，貧富不均還會以哪些方式影響教育成果？

教育福利

其中一項連結，很可能是透過貧富不均對家庭生活與人際關係產生的作用。遠在接受正規教育之前，社會不平等就深植於幼兒的早期發展。如今，我們已深深明白幼年對日後發展的重要性——學習從出生開始，生命最初幾年是大腦發育的關鍵期。成長環境可以增強或抑制兒童的早期學習。英國的一項全國性研究發現，到了三歲，弱勢兒童的教育就可能已經比優勢家庭的兒童落後一年[153]。

社會環境刺激對幼兒的早期學習至關緊要。嬰兒與幼童需要一個有關愛、有反應的環境；需要有人對他們說話、愛他們、跟他們互動。他們需要玩耍、講話和探索世界的機會；需要在安全範圍內受到鼓勵，而非被限制行為，或遭到處罰。這一切是貧窮、有壓力或孤立無援的父母和其他照顧者比較難提供的。

我們在第四章描述，比較不平等的社會，其社會關係總體品質如何相較低落；第五章及第六章則顯示貧富不均與身心疾病和藥物濫用之間有怎樣的關係。如此一來，不難想像活在階級分明、缺乏互信的社會，會如何影響親密的家庭關係與生活。家庭衝突與暴力、父母親罹患精神疾病、時間與資源的匱乏，這一切加起來，在在影響兒童的發展。這些壓力導致的結果，可以從康乃爾大學經濟學家羅伯・法蘭克與亞當・列維（Adam Levine）所做的研究看出端倪。研究顯示在美國，貧富差距增幅最大的郡，就是離婚成長率最高的地方[154]。低收入家庭的兒童經歷了較多家庭衝突與破裂，也更有可能目睹或受到家庭暴力，並且生活在更擁擠、吵鬧和簡陋的住宅[155]——居家環境品質與所得直接相關[156]。父母對相對貧窮的行為反應，也間接影響了兒童——證據顯示，某些家庭面對這些問題堅毅不拔，某些父母卻會出現處罰性或冷淡的教養方式，甚至達到疏忽或暴力的地步[157-8]。同樣地，我們有必要指出，家庭與親子關係的難處，並非窮人所獨有。對於美國中產階級、勞工階級與清寒家庭的親子關係，社會學家安妮特・洛羅（Annette Lareau）描述了以下的不同：這些階級在日常生活的構成、語言的使用以及家庭的社會人脈等層面，存在著重大差異[156]。我們發現，在英國的千禧群組研究（Millennium Cohort Study）中（針對二〇〇〇年及二〇〇一年出生兒童所做的大規模調查），比起社會頂層群組，就連地位只略遜一籌的母親都經常表示自己是個不合格的媽媽，或者親子關係不良。

社會有許多方法可以減輕家庭壓力、支援兒童的早期發展。從生命的最初開始，某些社會就比其他社會付出更多努力，例如提供帶薪育嬰假給職業婦女，設法增進母親與嬰兒間的安全依附。我們從哥倫比亞大學的兒童、青少年及家庭政策國際發展情報中心（Clearinghouse on International Developments in Child, Youth and Family Policies）取得有關帶薪育嬰假期限的數據，發現越平等的國家，提供的帶薪育嬰假越長。

在瑞典，育嬰假（由父母共享）可以支領八成薪水，直到嬰兒滿十八個月；若再多請三個月，可領一筆固定薪水；除此之外，還可多請三個月的無薪育嬰假。挪威給父母一年的八成薪，或者四十二周的全薪育嬰假（父母都有權利享有）。相較之下，美國和澳洲沒有法定的帶薪育嬰假——澳洲的父母可以請一年無薪假，美國則只有十二周。

除了給予育嬰假，社會還可以透過家庭津貼與稅務減免、社會福利住宅、醫療服務、增進工作與家庭平衡的方案、強迫支付子女贍養費——以及或許最重要的——提供高品質的幼兒教育，設法改善幼兒的童年品質。幼兒教育計畫可以促進肢體與認知發展，以及幼兒的社會與情緒發育[160-62]。幼教可以為兒童改變長遠的人生軌跡，成本效益分析已證明這是一項高報酬投資。在實驗中，受過高品質幼教的弱勢兒童日後比較不需要接受輔導、比較不會參與犯罪，長大後賺比較多錢[160]。綜合上述，顯示政府投資這類計畫，可以產生極高的報酬。

不平等的學習機會

到目前為止，我們描述了較大的貧富差距如何透過影響家庭生活與關係，進而影響兒童的發展。但除此之外，還有證據顯示，貧富差距會對兒童的認知能力與學習產生更直接的作用。

二〇〇四年，世界銀行的經濟學家卡拉．賀芙（Karla Hoff）和佩麗揚卡．潘迪（Priyanka Pandey），提出一項驚人實驗的結果[163]。她們從印度各地鄉村挑出三百二十一名高種姓階級和

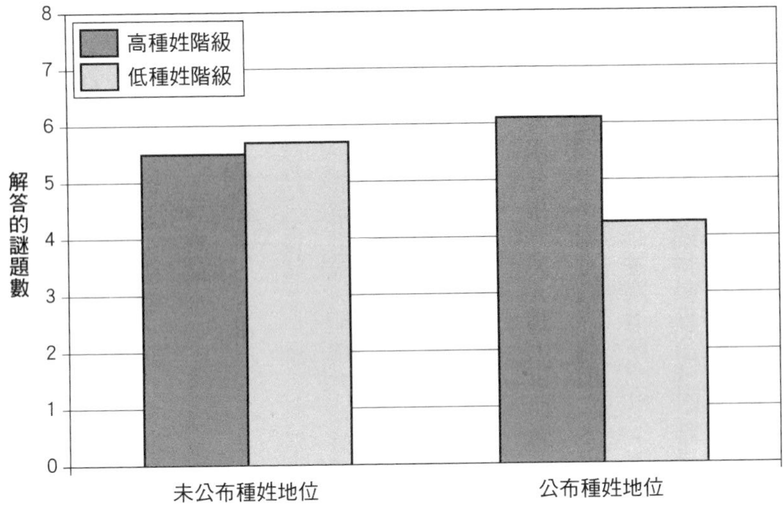

圖8.5：種姓地位對印度男童在校成績的影響 [163]

三百二十一名低種姓階級的十一、二歲男童，然後交給他們解答謎題的任務。一開始，男孩在不知道彼此階級的情況下解謎。這時，低種姓男孩的解謎能力跟高種姓男孩旗鼓相當，甚至略勝一籌。

接著，實驗重複進行，只不過這次每個男孩被要求確認自己的姓名、村落、父親與祖父的姓名，以及種姓階級。公布階級之後，男孩繼續解謎，這一次，男孩的表現出現很大的種姓差距——低種姓男孩的成績一落千丈（圖8.5）。

這是一項驚人的證據，顯示教育活動的成績與行為，深受我們認為別人對我們的看法與評價所影響。當我們預期自己被人看低，我們的能力似乎也跟著退縮。

同樣現象也出現在針對美國白人與黑人高中生所做的實驗，其中最有說服力的研究，來自兩位社會心理學家——史丹佛大學的克勞德．斯蒂爾（Claude Steele）和紐約大學的喬書亞．阿朗森（Joshua Aronson）[164]。實驗中，他們讓受試者接受大學生申請研究所的標準化測驗。其中一項情境，學生被告知這項測驗是能力的評估；第二種情境則對學生表示這些測驗並非能力的評估。兩種情境下，白人學生的表現維持一致，但黑人學生在認為自己的能力受到評判時，表現大不如前。斯蒂爾和阿朗森把這種作用稱為「刻板印象威脅」（stereotype threat），這種作用如今已證明普遍存在，也適用於性別及種族差異[165]。

儘管我們已在第三章討論社會焦慮及負面評價對人們的影響，但想到刻板印象及刻板印象威脅竟能如此輕易形成（即便在人造情境下），仍令人感到詫異。珍．艾略特（Jane Elliott）是一名美國教師；一九六八年，她為了教導學生認識種族不平等與不正義，對學生展開了一場實驗[166]。她告訴學生，科學家已證明藍眼睛的人比較聰明，比又懶又笨的褐色眼睛的人更有可能成功。她把班上學生分成藍眼睛與褐眼睛的群組，給予藍眼睛組更多特權、讚美與關注。藍眼睛組很快對褐眼睛的小孩展現優越感，盛氣凌人，學校成績也進步了。褐眼睛組也同樣快速地採取低姿態，成績退步。幾天後，艾略特告訴學生她搞錯了，其實是褐色眼睛的人比較優越。教室裡的情勢迅速逆轉。

我們的學習如何受情緒影響，神經科學的最新發展提供了生理上的解釋[167]。在確信自己能夠成功的刺激性環境下，我們的學習成效最佳。當我們覺得快樂或自信，大腦會釋放多巴胺（獎賞性化學物質），有助於記憶、專注力與解決問題的能力。我們也受益於能改善情緒的血清素，以及幫助我們發揮最大潛力的腎上腺素。而當我們覺得受到威脅、無助、緊張，皮質醇荷爾蒙會在體內流竄，抑制我們的思考與記憶。所以無論在社會上或學校中，這一章描述的不平等都對我們的大腦、學習與教育成就，產生了直接而顯著的影響。

青菜蘿蔔，各有所好

貧富不均對教育成就的另一個直接影響，是對社會底層民眾的抱負、行為規範與價值觀造成衝擊。儘管教育被中產階級、老師及政策制定者，視為窮人與勞工階級往上爬的脫身之道，但窮人與勞工階級本身不見得認同這樣的價值觀。

人類學家吉莉安·埃文斯（Gillian Evans）在二〇〇六年出版的《教育失敗與英國勞工階級白人小孩》（*Educational Failure and Working Class White Children*）一書中，描述了東倫敦伯蒙德賽區（Bermondsey）的勞工階級文化[168]。她知道兒童在學校從事的活動，符合中產階級父母在家中要求子女的遊戲與互動方式，但跟勞工家庭照顧子女以及與子女的相處模式有衝突。某種程度上，勞工階級民眾對強加在他們身上的教育及中產階級價值觀心存抗拒，因為要成為知識分子，就需要放棄他們珍視的生活方式。一名婦女告訴埃文斯，要當個「普通人」，就表示「你得懂得開懷大笑，因為你沒有什麼了不起」。她描述的那名婦女喜歡談論家庭、健康、工作和賺錢之道、家務事、人際關係、購物、性，以及八卦。談論抽象觀念、書本和文

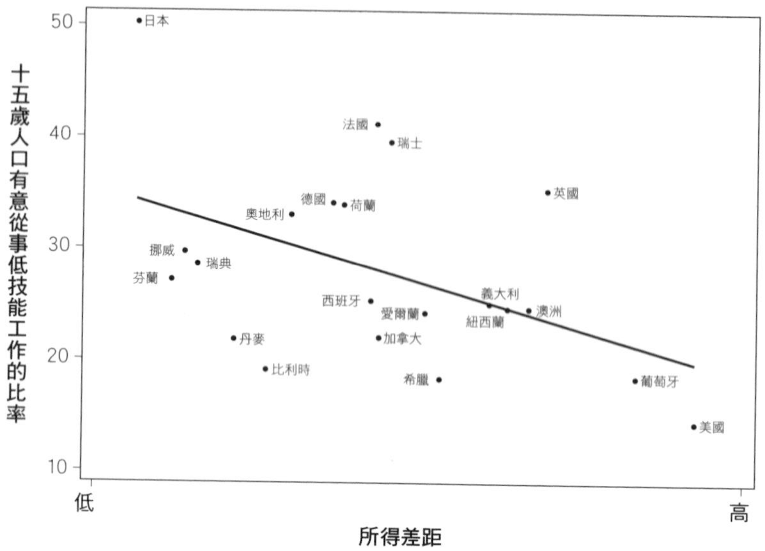

圖8.6：富裕國家十五歲人口的抱負與貧富差距的關聯性

化，會被視為矯情而自命不凡。這些勞工階級母親在家中幾乎毫不管束子女。埃文斯描述勞工子女可以隨時隨地吃他們想吃的東西、在家裡抽菸、功課愛做不做，隨心所欲。「他們想學就會去學，不想學就算了，沒什麼好說的。」這些家庭無疑也希望給子女最好的一切，但「最好的」不見得總是「教育、教育、教育」。

當然，窮人與勞工階級子女雖抗拒正規教育與中產階級價值觀，卻不表示他們沒有抱負和野心。事實上，當我們首次從UNICEF的兒童福祉報告見到有關兒童抱負的數據[110]，深為抱負與貧富差距的關聯性感到詫異（圖8.6）。平等國家有比較多兒童胸無大志，而在不平等國家，兒童比較可能懷抱遠大的志向。部分原因可能是在平等社會中，低技能的工作比較不會被污名化，相較之下，不平等社會的職業選擇，則被追求財富與名人風光形象的執念左右。

在比較不平等的國家，抱負與實際機會和期望之間存在巨大落差。如果拿各國在圖8.1的數學與閱讀分數跟圖8.6比較，教育成就較低的國家顯然有較高的志向。也許有較多兒童渴望高職位的工作，但比較少人能擁有符合的條件。如果貧富不均導致不切實際的希望，必定也會帶來失望。

吉莉安．埃文斯引述一位貧民區小學教師的話，總結了貧富不均對兒童的侵蝕作用：

> 這些孩子不知道自己屬於勞工階級；他們要到離開學校之後，才會恍然明白自己從小懷抱的夢想，根本沒有成真的機會[168]。

接下來兩章，我們將看看不平等社會中的年輕男女如何因應自己的低社會地位；而在第十二章檢驗貧富不均對社會階級流動性的影響時，我們將回頭談談教育與生活機會。

「這個有關鳥兒和蜜蜂的話題還要講很久嗎？我快來不及上產前課了。」

第九章

未成年生育：貧窮的循環

簡單說「不」就能預防未成年懷孕，正如一聲「祝你今天愉快」就能使慢性憂鬱症不藥而癒。

——費耶．沃特頓（Faye Wattleton），會議演說，一九八八年於西雅圖

二〇〇五年夏天，三個姊妹登上英國小報頭條——三人全是未成年母親。年紀最小的最先懷孕，十二歲就生下寶寶。「我們在我媽家的床上胡搞，莫名其妙發生了性關係，」她說，「我沒跟任何人說，因為我太害怕了，不知道怎麼辦……真希望事情是發生在別人身上[169]。」不久後，老二也以十四歲之齡產子。「算我倒楣，我以為那種事不會落在我頭上，」她說，「我一開始想墮胎，因為我不希望像〔我妹妹〕那樣，可是我做不到。」大姊最後懷孕，十六歲產子。和妹妹們不同，她似乎很樂意成為母親。「我離開學校……因為我實在對念書沒興趣，」她承認，「我的朋友都有寶寶了，我也想當媽媽。」她們的故事登上新聞之際，三個女

孩都住在母親家裡，跟自己的寶寶共用臥室，年紀比較小的兩個勉強維持學業，三人都靠社會福利津貼維生。由於沒有學歷，也得不到孩子父親的支援，她們的前途黯淡無光。媒體名嘴和社會大眾迫不及待對三姊妹及其母親口誅筆伐，把她們描繪成不負責任的社會寄生蟲。「看看這三個小姊妹……靠社會福利金發財」……「女孩的寶寶是真正的受害者，」報紙如此聲稱[170-71]。她們的母親則怪罪學校沒有做好性教育。

這件事為什麼重要？

媒體將社會對未成年生育的恐懼與擔憂放到聚光燈下炒作，一覽無遺。未成年生育經常被形容成「小孩生小孩」，一般認為有害於母親、有害於寶寶，也有害於社會。

毫無疑問，未成年母親生下的寶寶比較可能體重過輕、早產，嬰兒期猝死的風險也較高；隨著他們慢慢長大，這些孩子比較可能教育失敗、未成年犯罪、成為未成年父母[172-3]。青春期產子的女孩比較容易失學、陷入貧窮。然而，與未成年生育相關的種種壞處，難道真的全是母親的年齡所致？或者，它們純粹是未成年母親置身的文化世界的產物？

這個議題引來激烈辯論。其中一方認為未成年生育並非健康議題，因為年輕本身不會造成惡果[174]。事實上，窮困的非裔美國人經年累月暴露在貧窮與壓力下，健康受到危害，以至於貧窮的黑人女性若能趁年輕懷孕生子，結果說不定好一點[175-6]。這個概念稱為「風化作用」

（weathering），意思是對貧窮的弱勢婦女來說，晚一點生育不代表會生出比較健康的寶寶。另一方則證明未成年母親的子女比較可能被排擠到主流社會之外，身心都比較不健康，受到更多剝奪。這是事實，就算把其他童年環境（例如社會階級、教育、父母結婚與否、父母的個性等等）考慮進去，也不影響結果[177]。儘管我們能在研究工作中區分生育年齡與經濟環境造成的影響，在現實生活裡，這些因素往往互相糾纏、無法切割，社會大眾普遍認為未成年母親會引來跨世代的貧窮循環[178]。

但是，年輕女孩生活的社會，究竟如何形塑她們的個人經驗與選擇——她們與男朋友上床的選擇、避孕與墮胎的選擇、學歷與事業的選擇？正如前面幾章討論的議題，未成年生育率與相對貧窮和貧富不均密切相關。

天生不平等

未成年的懷孕與生育問題雙雙呈現社會階級差異，但懷孕問題的差異較小，因為中產階級的年輕女性比較可能選擇墮胎。未成年生育率較高的社區，也同樣出現高離婚率、低互信度與低社會凝聚力、高失業率、貧窮，以及高犯罪率等問題[173]。有人說，未成年生育是女性無法取得成年期的其他資格證明（例如穩定的親密關係或有意義的工作）時，所做出的選擇[179]。社會學家克莉絲廷．盧克（Kristin Luker）表示，會成為未成年母親的人，正是那些「在劣勢中心

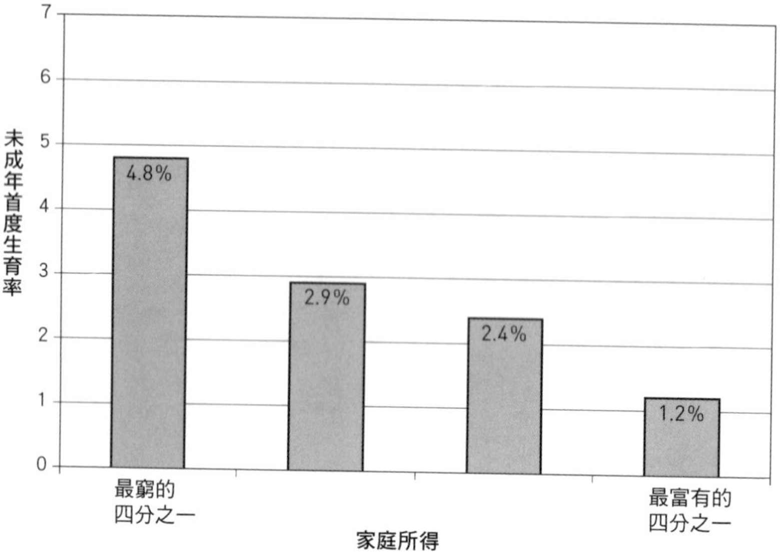

圖9.1：家庭所得最低到最高的人口之間，未成年生育率呈梯度下降[181]

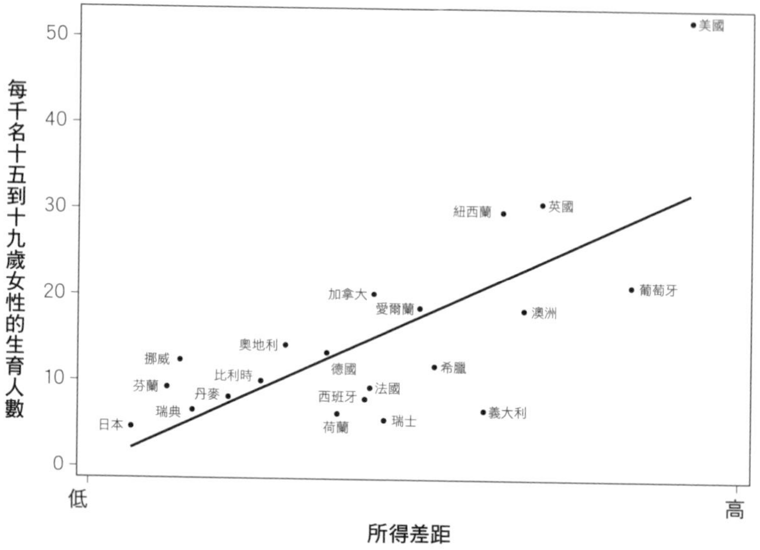

圖9.2：在越不平等的國家，未成年生育率越高[185]

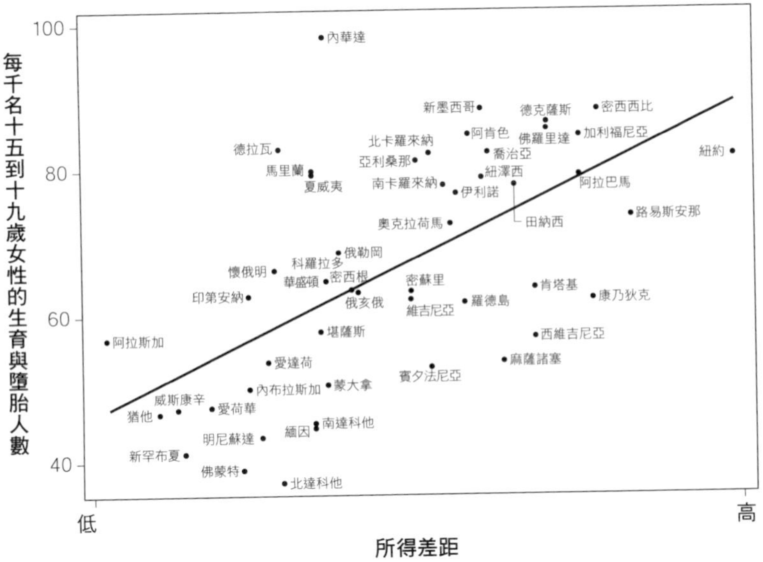

圖9.3：在比較不平等的美國各州，未成年生育率比較高

灰意冷」的人[180]。

但必須記得，並非只有貧窮年輕女性會成為未成年母親：和我們探討的所有問題一樣，未成年生育率的不平等現象貫穿整個社會。圖9.1呈現了英國未成年母親的比率與家庭所得的關係。在最貧窮的四分之一階級的家庭中，每年有將近五%的少女產下她們的第一個寶寶，比率是最富有的四分之一家庭的四倍。即便第二富有的四分之一家庭，比率都是頂層四分之一家庭的兩倍（百分之二點四與一點二）。美國也呈現類似模式。儘管這些媽媽大多是年紀較大的青少年（十八到十九歲），但在十五到十七歲的群組中，這樣的模式更顯著、更強烈。

圖9.2顯示，UNICEF提供的各國

未成年生育率[182]與所得差距有關；圖9.3則顯示根據美國國家生命統計系統[183]（National Vital Statistics System）及艾倫格特邁赫研究中心[184]（Alan Guttmacher Institute）提供的未成年懷孕率，美國的五十州也呈現同樣的對應關係。國家與州越不平等，未成年生育率越高；兩者有強烈關聯性，絕對無法歸因於偶然。UNICEF的未成年生育報告指出，在富裕的OECD國家，每年至少有一百二十五萬少女懷孕，其中大約七十五萬人會成為未成年母親[182]。各國的未成年生育率有很大的落差。美國與英國高居榜首。在我們慣常比較的這群富裕國家當中，美國的未成年生育率名列第一，每千名十五到十九歲的女性就有五十二點一人產子，是歐盟平均數的四倍，也比生育率四點六的日本高出十倍。

瑞秋．戈爾德（Rachael Gold）等人研究美國的所得差距與未成年生育的關係，發現在最不平等與最貧窮的縣市，未成年生育率最高。她也指出貧富差距對最年輕的母親（十五到十七歲）影響最大[186]。對於美國各州，我們顯示的是綜合活產與墮胎的數據。美國各州的懷孕率差距很大；密西西比州比猶他州高了將近兩倍。

可以料想，懷孕、墮胎和生育模式會受到宗教和種族等因素支配。我們預期天主教國家有較高的未成年生育率，因為墮胎率較低。然而，儘管盛行天主教的葡萄牙和愛爾蘭的確出現符合這種解釋的高生育率，但同樣以天主教為主的義大利和西班牙，未成年生育率卻出乎預期地低。在一國之內，對於性行為、懷孕、墮胎、早婚和女性的社會角色，不同族裔有不同的文化。例如美國，西語系和非裔女孩當上未成年母親的機率，幾乎是白人女孩的兩倍。英國也有類似情況，孟加拉裔和加勒比海裔族群的生育率相對較高[182]。不過，由於這些族裔屬於少數人口，這樣的差異並不影響各國或各州的未成年懷孕與生育率排名，因此也不影響我們詮釋生育率與貧富不均之間的關聯性。

然而，在圖9.2與圖9.3顯現的簡單關係下，隱藏著各國未成年母親的現實生活複雜度。好比說，在日本、希臘與義大利，超過半數的未成年母親結了婚——事實上，八十六%的日本未成年母親是已婚身分，而在美國、英國和紐西蘭，只有不到三分之一的未成年母親進入婚姻[182]。後面這幾個國家不僅有較高的未成年生育率，而且生下來的孩子更可能出現一般認為跟小媽媽有關的各種健康與社會問題——母親和孩子同受影響。在美國，西語系未成年母親的結婚率比其他族裔高，但她們也更容易陷入貧窮[187-8]；英國的孟加拉裔族群也是一樣。

那麼，我們對未成年母親有怎樣的認識，可以幫助我們理解貧富不均在這項議題上的作用？

進入成年的快速道

有趣的是，富裕國家的未成年生育率跟女性整體生育率沒有太大關聯。在最不平等的國家（美國、英國、紐西蘭和葡萄牙），未成年生育率比成熟女性的生育率高出許多；反觀平等國家（例如日本、瑞典、挪威和芬蘭），未成年生育率則低於成熟女性的生育率[182]。也就是說，促使不平等國家未成年生育率上升的因素，跟影響整體生育率的因素無關。貧富不均的社會尤其對未成年懷孕生子影響深遠。

朗特里基金會（Rowntree Foundation）發表了一篇報告，標題為〈年輕人走向獨立的不同道路〉（Young People's Changing Routes to Independence）。這篇報告比較一九五八年與一九七○年出生者的成長經驗，表示「成長過程走快速道和慢速道的人之間，出現了日益加深的鴻溝」[189]。走慢車道的年輕人出身較高的社會經濟階級，花很長時間接受教育與職業訓練，把結婚和生小孩的事情放一邊，直到成功立足於社會。至於走快車道的年輕人，較短的教育及訓練經常導致他們的職業生涯支離破碎，在失業、低薪工作和訓練活動之間青黃不接，而不是踏上一條穩健向上的生涯軌道。

社會學家希拉蕊．葛萊姆（Hilary Graham）和伊莉莎白．麥克德默特（Elizabeth McDermott）曾說，未成年母親走的是一條被排擠在廣大社會活動與連結之外的道路，也是一條讓世世代代陷入不平等的道路[190]。但正如相對貧窮限制了年輕人的生活機會，似乎還有額外原因導致未成年母親特別容易受社會的不平等程度影響。

早熟及父親的缺席

我們在第八章探討貧富不均對家庭關係與童年壓力的衝擊時，曾觸及這裡要談的第一個其他因素。幼年經歷不僅影響青少年的教育與經濟機會，也跟未成年懷孕生子息息相關。一九九一年，倫敦大學心理學家傑．貝爾斯基（Jay Belsky）等人提出一項理論，根據演化心理學，童年生活會導致一個人在「以量取勝」或「以質取勝」的生育策略之間抉擇，視其童年壓力大小而定[191]。他們認為，成長過程中「學會以不信任的眼光看待別人、認為人與人的關係建立在投機與自利之上、視資源為稀少且難以預測」的人，生理上會比較早熟、比較早出現性行為、傾向於建立短期的情感關係、對親子關係的投資較少。相反地，成長過程中「學會以信任的眼光看待別人、認為人際關係是長久且互利的，並且或多或少相信資源隨時可得」的人，會比較晚成熟、延遲性行為、更善於建立長期關係，而且更願意投入子女的發展。

生育策略的差異在人類演化的世界中有跡可循。如果你無法仰賴伴侶或其他人，也無法仰賴資源，那你不如及早生一大堆孩子——至少會有幾個存活下來。不過，如果你相信伴侶或家人會忠於你、照顧你，那麼不妨少生幾個孩子，並且為每個孩子投入更多關注與資源。

瑞秋．戈爾德等人認為，在美國，貧富差距與未成年生育率之間的關係，或許會透過我們在第四章討論的社會資本差異顯現出來[192]。也就是說，在社會凝聚力、公民參與及互信程度較低的美國各州（上述條件正好支持以量取勝的策略），未成年生育率較高。

還有許多研究證明，幼年衝突與父親的缺席確實預示較早成熟——這種環境下的女孩比較早開始發育，比沒有承受這類壓力的女孩更早出現生理期[193-4]。而且，提早進入青春期也會提高女孩及早出現性行為並成為未成年母親的機會[195]。

對未成年懷孕來說，父親的缺席是一項特別重要的因素。在以美國及紐西蘭的兩個大樣本進行的研究中，心理學家布魯斯．艾利斯（Bruce Ellis）等人追蹤女孩從童年到成人的成長過程[196]。在這兩個國家，父親缺席的時間越長，女兒越有可能年紀輕輕出現性行為、成為未成年母親——其強烈效應不能以女孩的行為問題、家庭壓力、管教風格、社經地位或女孩成長期間的社區環境差異等理由強加解釋。所以說，從壓力較大的不平等社會（尤其從低落的社會地位）到較高的未成年生育率之間，或許有一個深層的適應過程。可惜的是，我們雖然可以取得各國的單親家庭數據，但「單親」在不同國家有不同意義，因此，沒有跨國的數據可以告訴我們有多少父親在子女生命中缺席。

父親跑哪裡去了？

在這一整章中，我們專門從未成年母親的角度探討未成年生育問題。那麼父親呢？讓我們回頭談談那三姊妹的故事。十二歲女孩的孩子父親，在兒子出生後不久離開了她。被老二指認為孩子父親的那個男孩，否認曾跟她上床，並要求做親子鑑定。大姊孩子的父親是個三十八歲男人，至少已有另外四名子女。

許多研究人員曾跟未成年母親深談，試圖了解她們的經歷；社會學家葛萊姆與麥克德默特談起這些研究人員的心得，顯示這三姊妹跟孩子父親的關係非常典型[190]。生活條件落後的女孩，靠著升格為母親來加入成年人的社交網絡——她們自己的母親和其他親戚所屬的網絡；這些支援網絡幫助她們克服了未成年生子的社會污名。按照葛萊姆與麥克德默特的說法，年輕女孩跟孩子的父親往往關係不良，她們更看重自己跟寶寶的關係，因為她們覺得這樣的關係是「更可靠的親密來源，勝過她們經歷過的……異性關係」。

住在高失業與低工資地區的年輕男性，通常無法提供穩定的生活或支援。在未成年生育率居高不下的社區，年輕男性本身就得應付貧富不均為生活帶來的諸多困難；當上父親無異雪上加霜，為他們的生活平添許多壓力。

「最後一個問題，您是否認為您對犯罪活動的恐懼越來越深了？」

第十章

暴力：贏得尊重

當正義被剝奪、貧窮被強行加諸身上；當無知盛行，而整個社會串謀起來壓迫、掠奪、貶絀某個階級，所有人的人身和財產都不會安全。

——弗雷德里克．道格拉斯（Frederick Douglas），

黑奴解放二十四年慶演說，一八八六年，華盛頓特區

我們著手書寫這一章的時候，暴力事件赫然登上大西洋兩岸的新聞頭條。美國一名十八歲青年攜帶散彈槍走進猶他州鹽湖城的一家購物中心，隨機奪走五人性命，並導致四人受傷，最後被警方擊斃。英國的南倫敦則出現一波殺人潮，短短兩周內有三名青少年慘遭殺害。然而，最能說明本章內容的，莫過於二〇〇六年三月發生在俄亥俄州辛辛那提市安靜郊區的一起事件。六十六歲的查爾斯．馬汀打電話到緊急勤務中心[197]。「我殺了一個孩子，」他告訴接線員，「我用一把該死的410散彈槍，對他開了兩槍。」馬汀先生槍殺了他的十五歲鄰居。那男孩

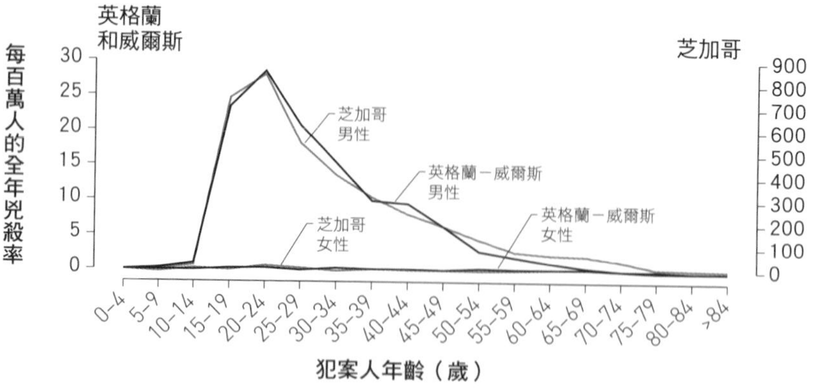

圖10.1：依犯案人年齡與性別區分的兇殺率；英格蘭和威爾斯與芝加哥的對比[200]

幹了什麼壞事？他從馬汀先生的草坪跑過去。「那小鬼一直找我麻煩，還唆使其他孩子來騷擾我和我住的地方。」

暴力是許多人生活中的真正憂慮。在最新的英國犯罪調查（British Crime Surveys）中，三成五的民眾表示相當擔心被搶，三十三％的人擔心受到肢體攻擊，二十四％的人擔心遭到性侵，十三％的人擔心以種族為動機的暴力行為。超過四分之一的受訪者擔心在大庭廣眾下被攻擊或騷擾[198]。美國與澳洲的調查也得到類似結論——事實上，對犯罪與暴力的恐懼是一大問題，其嚴重性或許不下於實際的暴力。很少人是暴力犯罪的實際受害者，然而，對暴力的恐懼影響了無數人的生活品質。弱勢者（窮人、女人和少數族裔）對暴力的恐懼更是不成比例[199]。在許多地方，女人害怕夜裡外出或太晚回家；老人在門上栓了兩道鎖，不會對陌生人開門。這些都是對基本人身自由的嚴重侵犯。

民眾對犯罪、暴力與反社會行為的恐懼，不見得跟犯罪與暴力的比率和趨勢相互匹配。美國前一陣子兇殺率下滑（如今又逆勢成長），人們對暴力的恐懼並未相應減輕。我們稍後會再談談最新趨勢。首先，讓我們將注意力轉到各個社會的實際犯罪率差異，並看看不同的社會有哪些異同。

就某方面而言，從古到今世界各地的犯罪模式具有驚人的一致性。在不同的時間與地點，犯下暴力行為者，男性占了壓倒性多數，而且多半是青少年或二十歲出頭的男人。在《螞蟻與孔雀》（*The Ant and the Peacock*）一書中，哲學家兼演化心理學家海倫娜・柯若寧（Helena Cronin）證明，即便在不同的地方，殺人兇手的年齡與性別特徵仍呈現高度相似性[200]。我們複製了她的犯罪率圖表，拿芝加哥與英格蘭和威爾斯進行比較（圖10.1）。罪犯的年齡顯示在圖表下方的橫軸，縱軸則代表兇殺率，女性與男性的模式分別以不同線條表示。顯而易見，男性的兇殺率在青春期尾聲和二十多歲時達到高峰，反觀女性，無論任何年紀的兇殺率都比男性低了許多。對照芝加哥與英格蘭和威爾斯，年齡與性別分布呈現驚人的相似性。然而比較不明顯的是，圖表左側與右側的尺度極其懸殊。圖表左側顯示的是英格蘭與威爾斯每百萬人的兇殺案件數，尺度從零到三十。右側則是芝加哥的兇殺率，尺度從零到每百萬人九百件。儘管年齡與性別分布高度相似，但這些地方存在根本上的差異；芝加哥的兇殺率比英格蘭和威爾斯高出了三十倍。除去相似的生理特徵，更重要的是巨大的環境差異。

暴力犯罪在某些社會幾乎聞所未聞。然而在美國，每三個小時就有一名兒童遭到槍殺。英國的比率雖然遠低於美國，但比起許多國家，仍是個暴力社會：二〇〇五到二〇〇六年間，就有超過百萬件暴力犯罪登記在案。雖說一般而言年輕人比較暴力，但無論在哪一個社會，絕大多數年輕人並非暴力分子。正如備受挫折的弱勢少女比較容易成為未成年母親，弱勢地區的貧窮青少年也比較容易成為暴力的受害者與加害者。為什麼？

「一旦失去驕傲，你就一無所有。」[201]

詹姆斯．吉力根（James Gilligan）是哈佛醫學院的心理學家，負責主持該校的暴力研究中心，研究暴力防範逾三十年。他曾多年為麻薩諸塞州的監獄體系提供精神醫療服務，其臨床心理醫生生涯，泰半時間是在監獄和獄方的精神病院中，與最暴力的罪犯一起度過。在他的著作《暴力失樂園》[202]（*Violence*）和《防範暴力》[201]（*Preventing Violence*）中，他強調暴力行為「是一種手段，旨在躲避或消除羞愧或屈辱感——一種可能令人難以承受之痛；並以恰恰相反的驕傲感代替」。透過跟暴力罪行人交談，他一次又一次發現，暴力的導火線總離不開尊嚴的威脅（或單方面感受到威脅），也就是會讓人覺得受辱或顏面掃地的行為。有時候，觸發暴力的事件根本無足輕重，但總會令人覺得丟臉。鄰居孩子大搖大擺踏過你精心修剪的草坪……學校的風頭人物公然騷擾你、罵你娘砲……被老闆炒魷魚……你的女人跟別人跑了……某個人看你的眼光「怪怪的」……

吉力根甚至進一步表示，他「還沒見過哪個嚴重的暴力行為，不是因為覺得屈辱或顏面掃地而引發的……而那不代表要想辦法去……『挽回臉面』」[222]。我們所有人都能理解那種感受，即便我們不至於因而失控。我們理解因為難堪和出糗而胃打結的感受，理解在別人面前丟人現眼時，那種有如五內俱焚的屈辱感受。我們知道覺得自己受到尊敬與重視有多麼重要[203]。但假如所有人都有相同感受，為什麼唯獨在年輕人身上，那些感受會上升到暴力行為？

在此，演化心理學家瑪歌．威爾森和馬丁．戴利的研究，可以幫助解讀這類暴力模式。在他們的一九八八年著作《殺人罪》[204]（*Homicide*）以及之後許許多多的作品、章節和文章中，他們運用統計、人類學和歷史數據證明，年輕人有強烈動機去追求並維持他們所能得到的最高社會地位——因為在求偶競賽中，成功基本上取決於他們的地位[77, 205-8]。儘管女人是以容貌和肢體魅力取勝，地位卻是影響男人性成就的最大因素。心理學家大衛．巴斯（David Buss）發現，女性比男性更看重未來另一半的經濟條件，其重視程度幾乎比男性高了兩倍[209]。所以當女性設法靠衣服和化妝來增加性魅力，男性則努力爭奪地位。這不僅說明受到奚落、不敬與羞辱為什麼是暴力事件最常見的起因，也說明暴力事件為什麼最常見於男性之間——得到（或得不到）地位，對男性而言有更大的輸贏得失。輕率、甚至暴力的行為出自社會底層的年輕男性；他們無緣享有高社會地位的種種標準配備，必須想盡辦法維持面子和僅有的地位，因此往往在尊嚴受威脅時猛然爆發激烈反應。

年輕男性之間的暴力衝突，有一部分源於與性競爭有關的心理演化，這似乎是不爭的事實。然而儘管如此，絕大多數男性並不暴力。那麼，如何解釋為什麼某些社會比其他社會更善

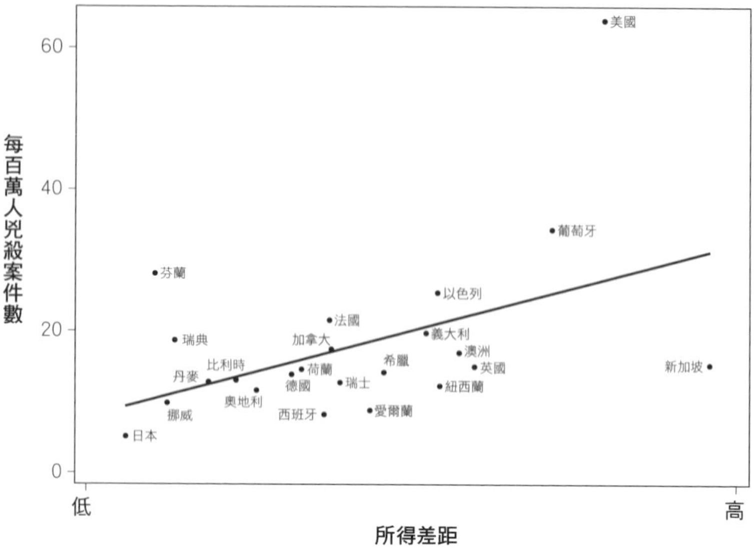

圖10.2：兇殺案件在比較不平等的國家比較常見

於防範或控制這些暴力衝動？

貧富不均是「結構」暴力

簡單的答案是，貧富不均的擴大提高了地位競爭的利害關係：地位的重要性更甚於以往。比起本書討論的其他各種作用，貧富不均對暴力的影響是最確定且最受公認的[203]。這一章將闡述暴力與貧富不均的關係；我們採用的國家與研究時期和其他各章完全一致。其他研究人員曾發表有關其他時段和國家的類似圖表，例如世界銀行研究員發表的成果，涵蓋了五十個國家在一九七〇到一九九四年之間的狀況[207, 210]。大量證據顯示在日益懸殊的貧富差距與越來越高的兇殺率之間，存在著清楚的連帶關係。早在一九九三年，犯罪學家謝

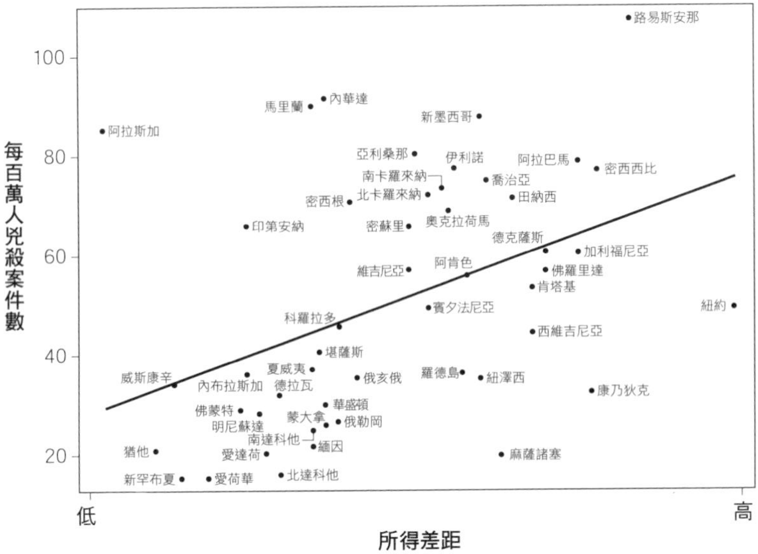

圖10.3：兇殺案件在比較不平等的美國各州比較常見

靜琪與普格（Pugh）曾寫過一篇評論，涵蓋有關貧富不均與暴力犯罪的三十五項分析[211]。除了其中一項分析，其餘各項無不顯示兩者之間有正相關——貧富差距日益擴大之際，暴力犯罪也越來越猖獗。兇殺和襲擊與貧富差距的關係最密切，搶劫和性侵與貧富差距的關係則稍微弱一些。我們也從近期發表的研究，看到了同樣的關聯性[10]。在曼哈頓到里約熱內盧這類不平等的城市，以及較不平等的美國各州和加拿大各省，兇殺案件顯得更稀鬆平常。

圖10.2透過聯合國犯罪趨勢及刑事司法系統調查（Surveys on Crime Trends and the Operations of Criminal Justice Systems）[212]的數據，顯示各國的兇殺率跟貧富差距有關；圖10.3則運用聯邦調查局提供的兇殺

率[213]，顯示美國也有同樣情形。在前一張圖中，國與國之間的差距可以非常懸殊。美國再度高居富裕國家榜首，其兇殺率為每百萬人六十四件，比英國高出四倍多（每百萬人十五件），也比兇殺率只有每百萬人五點二件的日本高出十二倍有餘。這張圖上有兩個國家出現異常現象，其落點迥異於它們在本書其他許多圖表上的位置：新加坡的兇殺率遠低於預期，芬蘭的兇殺率則顯得過高。有趣的是，儘管各國的持槍比率與暴力犯罪之間呈現錯綜複雜的關係（好比說，持槍比率跟涉及女性受害人的謀殺有關，但跟男性受害人的案件無關）[214]，但根據聯合國的國際槍枝管制研究（International Study on Firearm Regulation），芬蘭有最高的家庭持槍比率，新加坡的持槍比率則最低[215]。撇開這些例外個案，國家越不平等則兇殺率越高的趨勢，實已確鑿無疑。

在美國，儘管無法取得懷俄明州的數據，但貧富不均與兇殺率的關係仍然非常顯著，而且州與州的差距，幾乎跟國與國之間的差異一樣懸殊。路易斯安那州的兇殺率是每百萬人一百零七件，比以每百萬人十五件兇殺案的比率墊底的新罕布夏州和愛荷華州高出了七倍多。由於阿拉斯加州的貧富差距相對較低，其兇殺率遠超乎我們預期，而紐約、康乃狄克和麻薩諸塞的兇殺率則略低。美國每三件兇殺案就有兩件與槍枝有關；比較多人持槍的州有比較高的兇殺率[216]。圖上各州之中，阿拉斯加有最高的持槍比率，紐約、康乃狄克和麻薩諸塞等州的持槍比率最低[217]。如果把持槍比率納入考量，將會進一步強化貧富不均與兇殺率之間的關係。

無情世界裡的避風港

我們已見過不平等社會的一些特徵；這些特徵有助於建立暴力與貧富差距的連結——家庭生活很重要、學校與社區環境很重要，地位競爭也很重要。

我們在第八章提過，某項研究發現比較不平等的美國郡市離婚率較高。心理學家大衛．波普諾（David Popenoe）在他的著作《父親缺席的生活》（*Life Without Father*）中描述，美國六成的性侵犯、七成二的未成年殺人犯以及七成的長期囚犯，全都成長於沒有父親的家庭[218]。這些家庭的拮据經濟，只能部分說明父親的缺席對不法及暴力行為的影響。父親為什麼如此重要？

一名研究人員以「超級陽剛」（hypermasculine）形容成長於無父環境的男孩與年輕人；這些男孩會出現「嚴格的過度補償陽剛行為」[219]——像是對人身與財產的罪行、攻擊、利用，以及短期的性征服。這可以視為男性版的「以量取勝」或「以質取勝」的人際關係策略；我們在第九章探討未成年母親的抉擇時，曾談過這兩種策略。父親的缺席有可能影響男孩的性格，導致他們註定採取一種不同的繁衍策略：將重心從長期關係轉移到地位競爭。

父親當然可以在兒子面前樹立良好典範。光憑著出席家庭生活，父親就可以為男孩傳授男性氣概的正面意義——如何對待異性；如何做個負責任的成年人；如何獨立自主、敢做敢當，又同時能與人和諧共處、交往融洽。其中，父親為青少年立下的權威及紀律尤其重要；當欠缺這樣的穩定感，年輕人更容易受同儕影響、做出一群年輕人聚在一起時經常出現的反社會行為。不過，父親也可能成為壞榜樣。某項研究發現，儘管跟父親相處時間較少的兒童會出現較多行為問題，但假使父親本身有行為問題，上述論點就不成立[220]。如果父親會做出反社會行為，兒童與父親相處的時間越長，風險就越高。

研究發現，父親愛子女的方式是繼父母無法比擬的，也許這才是最重要的事。當然，這並不表示絕大多數繼父不會慈愛地養育其他男人的子女，不過一般而言，與親生父親同住的兒童，比較不會受虐、違法犯紀、輟學、情感上受冷落。心理學家吉力根談起他輔導過的暴力分子[201]，他們遭受的童年創傷，嚴重程度遠超過我原以為那個詞所形容的範疇。許多人曾被打到幾乎送命、遭到反覆性侵或被迫賣淫，或者被不配當父母的人忽略到危及生命的程度。至於那些沒有受過這種極端肉體虐待與忽略的人，我的同事和我發現他們經歷了殺傷力同樣驚人的情感虐待……他們是替罪羔羊；當父母感到難堪和屈辱，便遷怒於子女，一吐心中怨氣，讓孩子受到慣常且無止盡的羞辱、糟蹋、奚落與嘲諷。

在不平等社會，家庭破碎與家庭壓力等問題越來越嚴重，最終導致暴力跨世代循環，一如未成年母親的跨世代循環。

當然，並非只有家庭環境會滋生羞愧、屈辱與暴力。兒童的學校及社區經驗，也會影響他們在地位受威脅時以暴力相向的可能性。美國高中的屠殺事件，已證明霸凌作為暴力導火線的重大意義[221-2]。

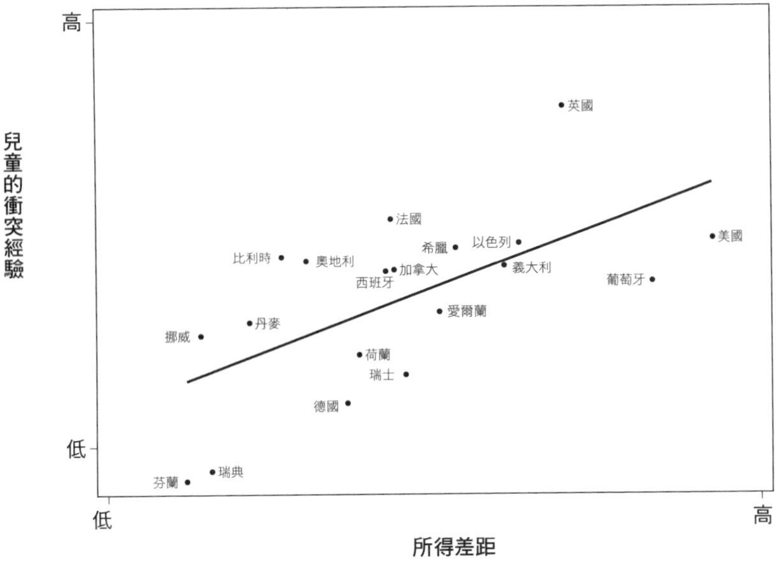

圖10.4：國家越不平等，兒童之間越常產生衝突（根據自報的打架、霸凌和覺得同儕不和善可親的百分比）

UNICEF的二〇〇七年富裕國家兒童福祉報告涵蓋了幾項評估，衡量不同國家的年輕人出現打架行為、淪為霸凌受害者、覺得同儕不「和善可親」的頻率有多高[110]。我們將這三項評估綜合成兒童衝突經驗指數，發現這項指數與貧富差距密切相關，如圖10.4所示。社會越不平等，兒童越常經歷霸凌、打架和衝突。而要判斷一個人長大後是否會成為暴力分子，最好的預測因子莫過於童年暴力行為。

環境對暴力風氣的影響，早已是公認的事實。一九四〇年代，芝加哥學派社會學家描述某些地區的暴力名聲歷久不衰——不同人口來來去去，但同樣幾個貧窮地區始終治安不良[223]。芝加哥的各個地區往往

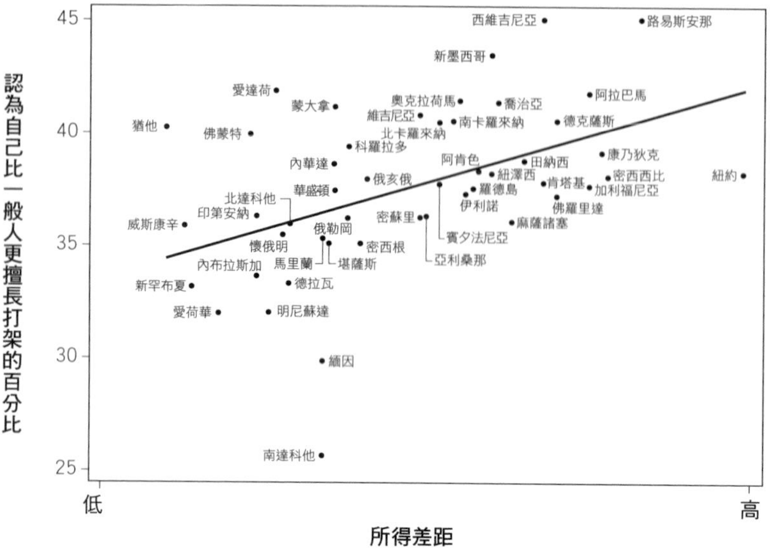

圖10.5：在比較不平等的州，比較多人認為自己比一般人更擅長打架

以族裔群居；曾經是愛爾蘭移民及子孫居住的地方，後來成了波蘭社區，再後來又成為西語社區。芝加哥學派社會學家關注的是這些地區的貧窮與匱乏的持久效應——無論居民屬於哪個族裔。在人們無法互相信任、懷著高度恐懼、年輕人成群結隊流連於街角的地區，居民不會為了共同利益挺身而出——面對擾亂公眾治安、毒品交易、賣淫、隨意塗鴉和亂丟垃圾，他們覺得無能為力。哈佛大學社會學家羅伯·桑普森（Robert Sampson）等人曾證明，即便將貧窮、暴力歷史、移民人口的集中及居民穩定度等因素考慮進去[224]，居民關係緊密、願意為公眾利益付出行動的團結社區，暴力犯罪率比較低。美國的窮困地區已淪為貧民窟，與社會隔絕開來，被有能力搬

出去的人棄之不顧[225]。

儘管在低互信度地區（見第四章），居民比較不會為了公眾利益挺身而出，但他們似乎更好鬥。在《獨自打保齡》中，社會學家普特南找到了美國的暴力程度與社會資本的關聯性。某項調查要求受訪者回答是否同意這句話：「我比一般人更擅於徒手打架」。普特南表示，在社會成本較低的州，居民「比較容易動手打架（也許因為不得不然），也比較容易陷入血腥衝突」[25]。當我們分析各州州內的好鬥指數與貧富差距，我們發現兩者間的關係，跟普特南指出的社會資本關係一樣強烈（圖10.5）。

大多數情況下，暴力是對輕蔑、羞辱和折損面子的反應，而且往往屬於男性反應。然而即便在最暴力的社會，大多數人也不會以暴力回應這些觸發點，因為他們有別的方法建立並維持尊嚴與地位。他們也許擁有更多的地位象徵——良好的教育、體面的房子和車子、好工作、新衣服。他們也許擁有敬重他們的家人、朋友和同事，也許擁有值得驕傲的資歷、被人看重的珍貴技能，或者能為他們帶來地位與前途的教育。正因如此，儘管人們難免受到輕蔑或侮辱，但不是每個人都會成為暴力分子；我們全都有顏面掃地的時候，但我們不會一翻臉就開槍射殺別人。在不平等的社會，比較多人欠缺這樣的保護與緩衝。社會層級越涇渭分明，人們對難堪和羞辱越敏感：地位變得更重要、地位競爭越演越烈、更多人被剝奪了地位與社會成功的象徵。假如令你引以為傲的是那片完美無瑕的草坪，一旦有人踐踏你的驕傲，你的反應恐怕不只是一點點生氣而已。

高峰與低谷

持續上升數十年後，美國的兇殺率在一九九〇年代初期達到高峰，然後在二〇〇〇年代初期降到最低點。二〇〇五年，兇殺率再度向上攀升[226]。同樣地，美國的未成年懷孕與生育率也在一九九〇年代初期達到高峰，然後逐漸下滑，尤其以非裔族群的跌幅最深[227]。不過到了二〇〇六年，未成年生育率同樣再度竄升，最大的反撲亦來自非裔族群[228]。

某些人試圖將暴力犯罪下滑的原因，指向警方執法方式、吸毒風氣及槍枝取得的改變，甚至歸因於「漏掉」一整個年齡段的年輕人；這些人因為墮胎越來越方便而從未出世。至於未成年生育率下滑的原因，解讀的重點在於從事性行為的未成年人數出現改變，以及越來越多人避孕。但是，究竟什麼因素影響青少年是否吸毒、買槍、發生性行為和避孕？兇殺率和未成年生育率如今為何再度上升？這些趨勢跟貧富差距的改變有什麼樣的連帶關係？兇殺率與未成年生育率為什麼平行發展？

若要深入分析，我們需要美國近年來整體貧富差距的短期波動數據。最完善的資料，來自美國、中國與英國三方合作的研究團隊。這個團隊提出了一系列年度評估[229]，顯示貧富不均在一九八〇年代逐步擴大，到一九九〇年初達到頂點。接下來十年，整體貧富差距逐漸縮小，直到二〇〇〇年再度翻轉。也就是說，兇殺率、未成年生育率及貧富差距的最新趨勢呈現了一定程度的一致性——逐步上升直到一九九〇年代初，然後下滑十年左右，二〇〇〇年再度翻轉。

儘管暴力犯罪與未成年生育是複雜議題，其比率各受其他許多因素影響，然而兩者於一九九〇年代的下滑趨勢，吻合底層民眾相對收入獲得提升的現象。在所得分配中，某些階層可能日益拉開跟其他階層的距離。社會之所以變得更不平等，有可能是因為窮人跟中產階級的差距越來越大，或者因為富豪越發遙遙領先。至於哪些人受社會地位低落所苦，每個社會也可能各有不同。即便貧富不均的程度相似，某個社會可能是老人最拮据，另一個社會則可能是某個少數族裔最貧窮。

美國自一九九〇年代初，社會底層年輕人的相對貧窮率及失業率便開始大幅下滑。儘管富人持續拉開與社會大眾的距離，但從一九九〇年代初起，美國最貧窮人口的相對地位開始出現提升[230-31]。由於暴力及未成年生育跟相對貧窮密不可分，而且集中於最窮困地區，底層的變化影響最深——以致有了這樣的暴力與未成年生育趨勢[232]。

一九九〇年代期間的趨勢，與之前的發展形成強烈對比。一九九〇年代以前的數十年間，美國與英國社會底層的年輕人長期忍受機會不平等與地位日益惡化。美國大約一九七〇年到一九九〇年代初，從高中輟學或畢業卻沒有進大學的年輕人，就業前景越來越不樂觀[233]，暴力和未成年生育問題日益嚴重。在近期的一項研究中，人口統計學家辛西雅．柯倫（Cynthia Colen）等人指出，一九九〇年代的失業率下滑，占了十八至十九歲非裔美國女性首胎生育率下滑的八成五因素[234]。這是未成年生育率下跌幅度最大的族群。相較之下，社會福利改革和墮胎的便利性似乎作用不大。

英國一九八〇年代的經濟衰退和與日俱增的貧富差距，也可從兇殺率的變化看出端倪。關於這些趨勢，健康地理學家丹尼・杜林（Danny Dorling）如是表示[235]：

天底下沒有所謂的自然謀殺率……如果特定地方的謀殺率上升……必定是因為人們覺得自己比以前更加卑微。於是出現更多爭鬥、更多扭打、更多酒瓶、更多刀子、更多年輕人喪命……這群年輕人見到許多同輩在英國其他地方的良好環境成長、得到好工作或大學教育，或兩者兼而有之，比英國歷史上類似年齡段的年輕人變得更富有。

總而言之，我們可以看見貧富不均與暴力之間存在強烈而一致的連帶關係；許多不同時期或環境已做出證明。關於貧富差距與暴力程度波動性的密切關聯，最新證據顯示，如果縮小貧富差距，暴力程度將隨之下降。而羞愧與恥辱的演化重要性，則為不平等社會的暴力風氣提供了一個合理解釋。

第十一章
監禁與刑罰

只需走進監獄，即可判斷一個社會的文明程度。

——杜斯妥也夫斯基，《死屋手記》（*The House of the Dead*）

美國的監獄人口從一九七〇年代初期開始逐年上升，一九七八年有逾四十五萬人入監服刑，到了二〇〇五年，已超過兩百萬人：成長了四倍。英國的監獄人口自一九九〇年起翻了一倍，從大約四萬六千人攀升到二〇〇七年的八萬人。事實上，到了二〇〇七年二月，英國監獄人滿為患，內政大臣不得不發函給各級法官，懇求他們只把惡行最重大的罪犯送進監獄。

這跟其他富裕國家的發展形成強烈對比。一九九〇年代期間，瑞典的監獄人口維持穩定，芬蘭則出現下滑；丹麥只上升八%，日本則上升九%[236]。到了近期，愛爾蘭、奧地利、法國和德國的監禁率更是紛紛下滑[237]。

街頭遊蕩，意圖跟我的一個兄弟聊天。你呢？
站姿露出威嚇意味！

罪或罰？

監獄人口的多寡，受到三件事情影響：實際犯罪率、對特定罪行判處監禁的傾向，以及徒刑的長短。三者中有任何一項出現變化，都會改變監禁人口的比例。我們在第十章說過，越不平等的社會，暴力犯罪越司空見慣。監禁率飆升之際，美國與英國的犯罪率究竟有什麼樣的發展？

犯罪學家阿爾弗雷德·布朗斯汀（Alfred Blumstein）和艾倫·貝克（Allen Beck）研究美國監獄人口的成長態勢[238]。州立監獄在一九八〇到一九九六年間的人口成長，只有十二%可以歸因於犯罪率上升（主要是毒品相關案件日益猖獗）。另外八十八%的監禁人數成長，則是因為比較多犯人被送去坐牢，而不是處以非監禁的刑罰，徒刑的年限變長也有影響。在聯邦監獄，較長的徒刑是監獄人口上升的主因。「三振出局」法、強制性最低量刑和「精確量刑」法（即不得假釋），意味著某些輕罪犯人會被加重判刑。二〇〇四年，加州有三百六十人因商店行竊而被判終身監禁[239]。

英國監獄人口的增長同樣是因為刑期變長；另外，往年會判處罰鍰或社區服務的罪行，如今越來越常以監禁作為處罰[240]。英國每天都基於商店行竊而送出大約四十份徒刑判決。在英國，犯罪率的下滑跟監禁率的上升同樣不可阻擋。

倫敦經濟學院社會管理系榮譽退休教授、犯罪學家大衛·道恩斯（David Downes）曾描述

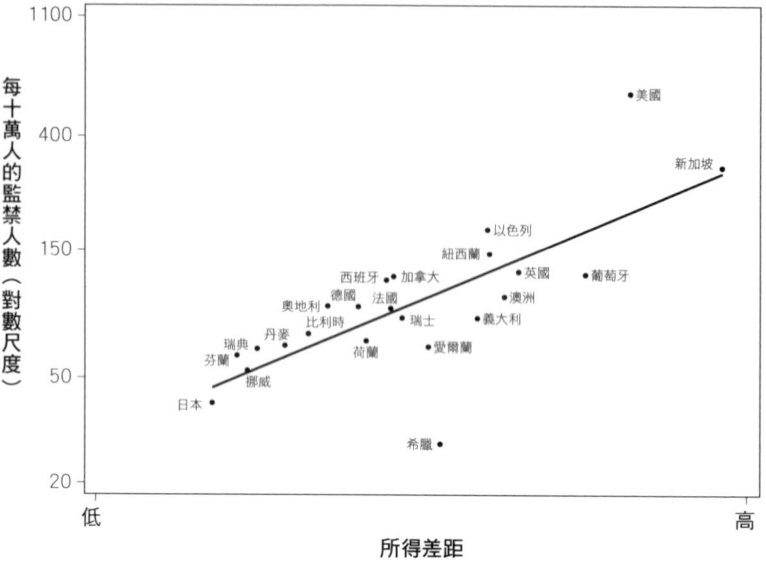

圖11.1：越不平等的國家有越多人入獄服刑 [149]

荷蘭的監獄體制[241]。他形容在荷蘭的低監禁率與英國的高監禁率間，三分之二的差距源於徒刑的使用以及刑期長短的不同，而非基於犯罪率的高下。

公益組織「量刑計畫」（Sentencing Project）的馬克．莫爾（Marc Mauer）對照各個國家，發現與加拿大、西德以及英國和威爾斯相比，美國民眾更常因財產犯罪和毒品犯罪而被判徒刑，而且刑期更長。舉例而言，竊盜罪在美國的平均刑期是六個月，加拿大則是五個月。而且，研究人員分析澳洲、紐西蘭和幾個歐洲國家後，發現犯罪率的變化只占監禁率變化的一小部分因素。如果犯罪率無法說明監禁率的差異，貧富差距會是更好的解釋嗎？

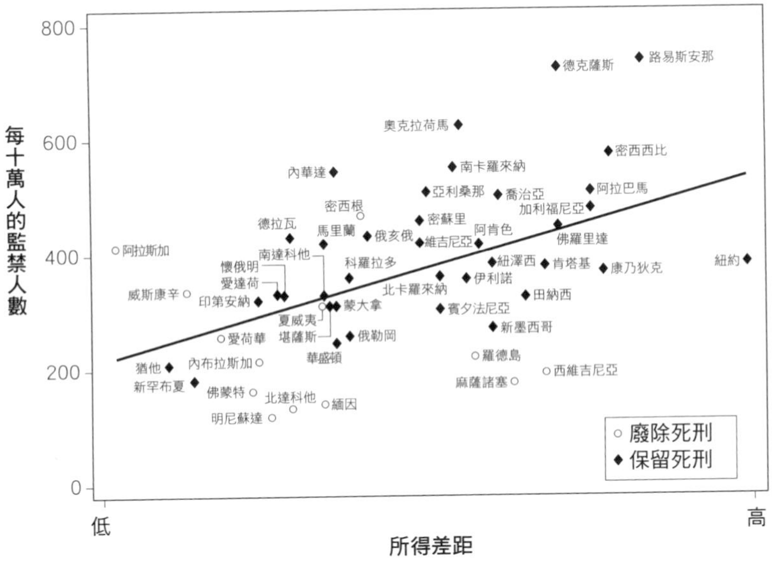

圖11.2：在美國，越不平等的州有越多人入獄服刑[149]

監禁與貧富不均

我們透過聯合國犯罪趨勢及刑事司法系統調查[212]，取得有關各國監禁人口比例的統計數字。圖11.1（以對數尺度為基礎）顯示，不平等國家的監禁率高於比較平等的國家。

在美國，每十萬人有五百七十六人入獄服刑，是英國的四倍半（每十萬人有一百二十四名受刑人），也比日本高出十四倍有餘（每十萬人有四十名受刑人）。即便剔除美國及新加坡等異常值，其他國家仍能證明圖上的關聯性十分穩健。

我們從美國司法部司法統計局，取得美國五十州在一九九七至九八年間的監禁率數據[243]。如圖11.2所示，監禁率與貧富差距再度呈現強烈關聯性，而且各州之間落差很大——路易斯安那州的監禁率是明尼蘇達州的六倍以上。

這張圖另一個值得注意的地方，是我們以兩種不同符號為各州標示：圓形代表已廢除死刑的州；菱形則表示仍保留死刑。

正如我們在第二章指出，與貧富差距產生連帶關係的，都是具有陡峭社會梯度的社會問題。監禁有強烈的社會梯度，犯罪人的階級、所得與教育程度越低，越有可能被送進監獄。加州州立理工大學（California State Polytechnic）的兩位社會學家認為值得發表論文，專門描述中產階級受刑人如何適應獄中生活[244]，凸顯獄中中產階級人口稀少的事實。

找出人種與族裔的監禁率差異，是顯現入獄風險不平等的另一種方法。在美國，這項種族差距可用白人與黑人的監禁率比值來評估[245]。夏威夷是入獄風險似乎沒有太大種族差異的唯一一州。在那裡，黑人的入獄風險是白人的一點三四倍；其他各州的比值皆大於二，美國整體的比值是六點零四，紐澤西州則高達十三點一五。英國與美國大同小異，少數族裔入獄服刑的機率比主流族裔高出許多[246]。這樣的種族不平等，是基於犯罪率的種族差異所致？針對美國年輕人所做的研究推翻了這項假設[247]。在美國，有二十五%的年輕白人及三十六%的年輕黑人在十七歲以前曾犯下暴力罪行；犯財產罪行的比率則不相上下；而比較少年輕黑人犯下毒品罪行。然而，非裔年輕人被逮捕、拘留、指控、以成人身分被控告及入獄的機率，遠遠凌駕白人之上。同樣模式也發生在非裔與西語裔的成人身上；在司法程序的每一個環節中，他們受到的待遇比白人的經歷更加嚴苛[248]。面對同樣的指控，白人被告較可能被減輕罪名，或得到「另類解決」的機會——假如犯罪人接受特定條件，例如完成毒品勒戒計畫，就可以暫緩或終止起訴。

文明程度

監禁率的數據顯示，越不平等的社會越講求嚴刑重罰。我們可以從不同刑法制度對待犯罪人的不同方法，看出一些蛛絲馬跡。首先，如圖11.2所示，美國越不平等的州越有可能保留死刑。其次，受刑人的待遇也似乎有所不同。

大衛．道恩斯在探討荷蘭體制時，描述刑事律師、犯罪學家和精神科醫師如何同心協力扭轉監獄系統。他們認為：

> 犯罪人必須被當作會思考、有感情的人類同胞，有能力透過跟治療師的對話……幡然醒悟[241]。

道恩斯表示，這樣的哲學催生出一個著重於治療與更生的監獄體制，允許返家探視、中斷刑期，並且大量給予假釋與特赦。受刑人住單人牢房、彼此之間以及與獄方的關係良好，其教育、訓練與文康活動被視為最佳典範。儘管自一九八〇年代，為了因應治安日益惡化（主要由於毒品交易激增，再加上荷蘭成了跨國犯罪集團的大本營），監獄體制變得比較嚴厲，但仍然以人性化與舒適著稱。

日本是監禁率極低的另一個國家；監獄環境向來被形容成「寧靜的避風港」[249]。日本的刑事訴訟程序有很大的彈性。對自己的罪行坦承不諱並願意悔過的人，警察、法官及社會大眾一般相信他們會改過自新。某名犯罪學家寫道：

> 絕大多數〔被起訴的人〕……坦白罪行、表示懺悔、乞求被害者原諒、聽憑相關當局處置，最後換來極寬大的對待[250]。

許多徒刑被暫緩執行，甚至包括其他國家會處以強制性長期徒刑的重罪。顯然，面對刑罰，大多數受刑人認為自己罪有應得。他們住在最多可關押八人的牢房，三餐在小團體環境中進食。受刑人每周工作四十小時，有機會接受訓練、從事娛樂活動。監獄裡紀律嚴明，舉止有明確的規範，但這似乎有助於維持祥和氣氛，而不是引來挑釁的回應。獄方人員除了負責守衛，還被期待扮演道德感化者和非專業諮詢師的角色。

美國的監獄體制就僵化得多。美國聯邦、州立與郡立等各級監獄的粗暴嚴苛，反覆招來國際特赦組織[251-2]、人權觀察（Human Rights Watch）[253-4]及聯合國禁止酷刑委員會（Committee against Torture）[255]等各色組織同聲撻伐。他們關懷的議題，包括被關進成人監獄的兒童、精神病與學習障礙者的治療、監獄內頻傳的性侵事件，以及女性受刑人分娩時被套上鐐銬、使用電擊裝置來控制受刑人、長期關禁閉、警方和獄吏偶爾施加酷刑與虐待（尤其用來對付少數族裔、移民和同性戀者）等種種作風。

美國著名犯罪學家約翰・厄文（John Irwin）曾長期研究高警戒監獄、郡看守所和加州的索拉諾（Solano）州立監獄；後者是一座中度警戒層級的監獄，可容納大約六千名囚犯。受刑人在這裡擠成一團，很難接觸娛樂設施及教育、訓練或勒戒計畫[256]。他發現無論何種警戒層級或何種機構，受刑人的心理嚴重受創，出獄之後很難適應外界生活。

某些監獄不給受刑人接觸任何娛樂，包括電視和體育活動。還有些監獄，受刑人必須付費看病，飲食住宿也都需要花錢。某些監獄恢復條紋囚服，以及把一群囚犯鏈在一起的作風。「全美最強悍的警長」喬・阿派歐（Joe Arpaio）之所以出名，正因為他在亞利桑那的沙漠中設立「帳篷城市」充當郡看守所，讓受刑人在氣溫可能飆高到華氏一百三十度的高溫下住在帳篷裡，並且只給他們每人每頓飯兩毛美金伙食費的粗陋飲食[257-8]。

美國的「超級警戒」（supermax）監獄[201]（旨在創造永久性社會隔離）的發展，遭到聯合國禁止酷刑委員會的譴責[255]。它們有些是獨立設施，有些是「監獄中的監獄」，受刑人每天有二十三小時被單獨監禁，只有在獨自運動與洗澡時才能離開牢房。曾服務於超級警戒監獄的醫療人類學家洛娜・羅德斯（Lorna Rhodes），以「缺乏活動、刺激與社會接觸」形容受刑人的生活[259]。處於這種環境的受刑人，往往是精神病患者（或後來罹患精神疾病），對刑滿出獄後的生活毫無準備：他們沒做過有意義的工作，也沒受過訓練或教育。估計值或有出入，但可能有高達四萬人被囚禁在這種環境下，而且新的超級警戒監獄仍在持續興建中。

當然，美國各地的監獄制度各有不同，差異很大。美國監獄安全與虐待委員會的最新報告，對獄政問題提出全面剖析，並評述幾個比較人性化的制度與作風[260]。麻薩諸塞的醫療方案讓受刑人在獄中及出獄後都能得到持續性的醫療照顧；馬里蘭州為受刑人篩檢精神疾病的做法，堪稱典範；佛蒙特州給予受刑人價格低廉的電話服務，使他們得以維持與外界的聯繫；而在明尼蘇達州，有一座高度警戒監獄非常注重人與人之間的接觸、自然光線、感官刺激、規律的運動，以及受刑人被善待的需求。回顧圖11.2，你可以發現這幾個案例，全都來自比較平等的州。

不平等社會的高監禁率，反映出的似乎是更嚴厲的刑罰，而不是更高的犯罪率；不僅如此，獄政的粗暴及死刑的使用，似乎也指向同樣的結論。

監禁是否有效？

如果監禁可以有效遏阻犯罪、保護社會大眾，較高的監禁率及嚴厲的獄政或許有其價值。*然而相反地，全球各地專家似乎一致認為監禁成效不彰[261-4]。監獄心理學家詹姆斯．吉力根說過，「要把一個非暴力的人變成暴力分子，最有效的辦法就是把他送進監獄」[201]。事實上在美國，徒刑的效果似乎大不如前：違反假釋和重複犯案是造成監禁率成長的一大因素，其比重越來越大。一九八〇到一九九六年間，因違反假釋而入獄服刑的比率從十八％成長到三十五％[238]。對於遏阻犯罪，長期徒刑的效果似乎比不上提高定罪率，而且一個人被隔離得越久，日後越難適應外界生活。吉力根表示：

> 刑事司法體系及刑罰制度是在一個錯得離譜的假設下運作，也就是以為懲罰能遏阻、防範或約束暴力，然而實際上，懲罰是我們至今發現最強大的暴力刺激劑[201]。

以刑罰制度來遏阻犯罪的某些做法不僅無效，甚至會刺激犯罪。英國針對少年罪犯頒布的反社會行為禁令（Anti-Social Behaviour Orders；簡稱ASBOs），引來了巨大爭議；一部分是因為這項禁令有可能將原本合法的行為入罪，不過也因為收到一張ASBO已成了成年禮的一環，被某些年輕人視為榮譽的徽章[265-6]。

* 約翰．厄文寫過，儘管一般認為把犯人送進監獄有四項「正式」用意——懲罰罪行、威攝、隔絕危險罪犯，及改造犯人；然而事實上，另外三項用意塑造了美國如今的監禁率與獄政環境。這些「非正式」目的包括階級控制——保護誠實的中產階級公民免受危險的下層階級罪犯傷害；尋找替罪羔羊——轉移民眾對嚴重社會問題（他在這裡特別指出日益擴大的財富與所得差距）的注意力；以及利用危險階級的威脅，作為攫取政治利益的手段[256]。

儘管專家們似乎越來越一致地認為監獄成效不彰，但我們很難找到可比較的、有關各國重複犯案比率的完善數據。如果某一個國家囚禁人民的比率較低，比起嚴刑峻法的國家，其受刑人比較可能是不知悔改的罪犯。所以我們可以預期，監禁率較低的國家會有較高的累犯率。事實上，刑罰較重的體系似乎出現累犯比率上升的趨勢（在英美，累犯率大約在六十％到六十五％之間），較寬容的環境則有較低的重複犯案比率（據報，瑞典和日本的累犯率在三十五％到四十％之間）。

強硬的態度

我們已經見證，監禁率的決定因素與其說犯罪率，倒不如說官方在懲罰與矯正改造間的態度差異。社會越不平等，人與人的社會距離越大，「人我之分」的態度就越根深蒂固。社會缺乏互信，人人聞犯罪而色變，公眾及政策制定者莫不樂於把人送去坐牢，並對社會的「犯罪分子」嚴懲不貸。不平等社會比其他地方更嚴厲、更冷酷。既然監獄的嚇阻或改造作用都無法彰顯，那麼社會之所以維持高監禁率（及高成本），必然只能基於與成效無關的其他原因。

將更多人監禁起來的社會，比較少將財富投注於公民的福利。這個說法適用於美國，也適用於OECD國家[267-8]。犯罪學家大衛・道恩斯和柯爾斯汀・韓森（Kirstine Hansen）表示，過去二十年來，「刑罰擴張與福利緊縮」的現象越來越嚴重。社會學家艾略特・庫里（Elliott

Currie）在其一九九八年的著作《美國的罪與罰》（*Crime and Punishment in America*）中指出，自一九八四年以來，加州只辦了一所新的大學，卻蓋了二十一座新監獄[264]。在比較不平等的社會，經費不用於福利與教育等正面用途，反而挪用到刑事與司法體系。在我們研究的富裕國家中，所得差距與每十萬民眾配備的警力與國家安全武力之間，存在顯著的關聯性[212]。在瑞典，每十萬民眾配備一百八十一名警察，葡萄牙則是四百五十名警察。

我們的想法是，在比較平等的國家與社會，法律與司法系統、起訴過程與宣判，以及刑罰制度，全都是諮詢了專家（犯罪學家、律師、監獄心理醫生與心理學家等等）才建立完備，因此反映出可以有效遏阻犯罪並改造受刑人的理論與實證考量。相較之下，比較不平等的國家與州在制定法律架構和刑罰制度時，似乎屈服於媒體與政治上意欲嚴格打擊犯罪並建立強硬形象的壓力，而未對何者有效、何者無效深思熟慮。約翰．希爾弗曼（John Silverman）發表於英國經濟與社會研究委員會（Economic and Social Research Council）的論文表示，監獄的效用，無非是「回應媒體喋喋不休地要求彰顯公權力的一種手段」[269]。最後，值得在此引用道恩斯與韓森的完整論述[268]：

> 民眾對犯罪恐懼日深，並對刑事司法制度失去信心……使得一般大眾更傾向於嚴峻的刑事司法政策。因此在特定國家（尤其是美國及情節稍微輕微一點的英國），以嚴懲性的刑罰制度贏得論戰的公共政策與選舉活動，滿足了民眾對更嚴厲且更長徒刑的要求。而

在其他國家，例如瑞典與芬蘭，政府提供了「更強大的屏障，隔絕道德恐慌及容忍與不寬貸的長期循環引發的情緒」（Tonry，一九九九年）[270]，因此公民比較不會要求（或支持）嚴厲的刑罰政策，政府也抗拒了實施這種計畫的衝動。

第十二章

社會流動性：機會不平等

像我們的人是我們，其他人都是他們。

——魯德亞德．吉卜林（Rudyard Kipling），〈我們與他們〉（We and They）

在歷史上與當代的某些社會中，人們幾乎不可能在社會階級之間流動。當宗教、法律制度（例如印度教的種姓制度、中世紀歐洲的封建制度）或奴隸身分決定了社會地位，民眾在社會階級上下移動的機會幾乎為零。不過在現代的市場民主制度下，人們可以在一生中向上或向下流動（代內流動），或者子女相較於父母，出現階級上升或下降的現象（代間流動）。人們在社會階級之間流動的可能性，就是我們所謂的機會平等：只要有本事、肯努力，任何人都可以為自己和家人爭取更高的社會或經濟地位。不同於更全面性的平等，整個政治光譜都支持機會平等，至少理論上如此。沒有幾個政治家會公開反對機會平等，即便他們對設法促進機會平等毫無積極作為。那麼，在富裕的市場民主國家，社會階級流動性究竟有多高？

反社會階級
流動禁令
Grizelda

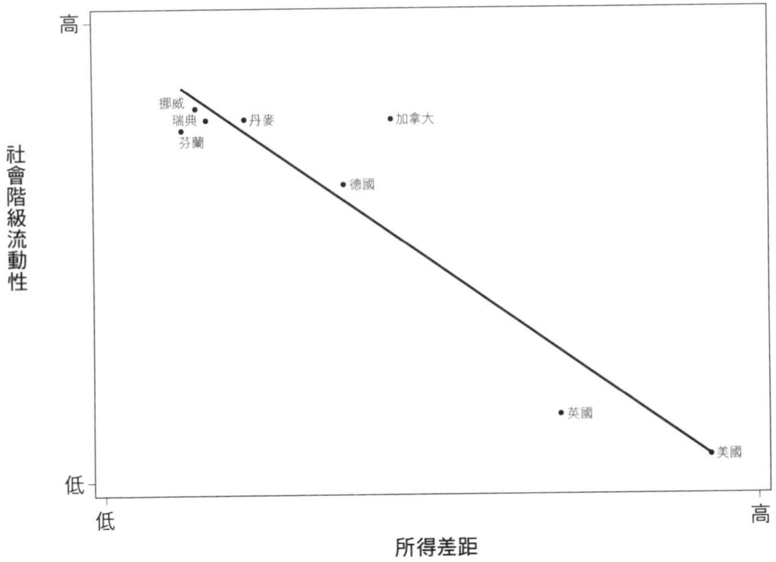

圖12.1：國家越不平等，社會階級流動性就越低[149]

衡量社會階級流動性並不容易，必須仰賴縱向資料——長期追蹤民眾、得知其起始地位與最終落點的研究。一個簡便的方法是以所得流動性（income mobility）衡量社會階級流動性：看看人們一生的所得水準出現了多大的改變，或者跟其父母的所得有什麼不同。若要衡量跨世代的流動性，這些縱向研究需要涵蓋長達三十年的時間，好讓子女有機會在所得層級中站穩腳步。一旦掌握父母與子女的所得資料，就可以利用兩者的對比衡量社會階級流動性。如果父母與子女的所得有很高的關聯性，意味著富裕的父母，其子女往往也很富裕，而窮爸媽的孩子則維持貧窮。當兩者的關聯性很低，子女的所得比較不取決於父母富裕或貧窮。（這樣的比較，不受如今平均所得高於以往所影響。）

有其父必有其子？

在我們的富裕國家名單中，只有少數國家擁有可供國際性比較的跨世代社會流動性資料。我們的數據，取自倫敦經濟學院經濟學家喬．布蘭登（Jo Blanden）等人所做的一項研究[271]。這些研究人員運用八個國家且具代表性的大型縱向研究，計算出父親在兒子出生時的所得，與兒子三十歲時的所得之間的相關係數，藉此推估社會階級流動性。儘管只有八個國家的數據，代間社會階級流動性與所得差距的關係非常強烈。圖12.1顯示，所得差距較大的國家，社會階級流動性通常遠遠落後於人。事實上，美國的社會階級流動率在八國中墊底，美國夢的實現無異於空中樓閣。英國的社會階級流動性也偏低，西德居中，加拿大與斯堪地那維亞國家的社會階級流動性則高出許多。

面對國家樣本數很小的數據，我們必須小心謹慎，尤其當欠缺同類數據供我們計算美國各州的社會階級流動性，並獨立檢驗它跟所得差距的關聯性時。不過，其他觀察——例如分析社會階級流動性的長期變化、政府投注於教育的公共支出、地域隔離的變化、社會學家對品味問題的研究及心理學家對「替代性攻擊」（displaced aggression，見第二〇〇頁）的研究，以及所謂的健康群集效應——無不增強了圖12.1呈現的理念的可信度。

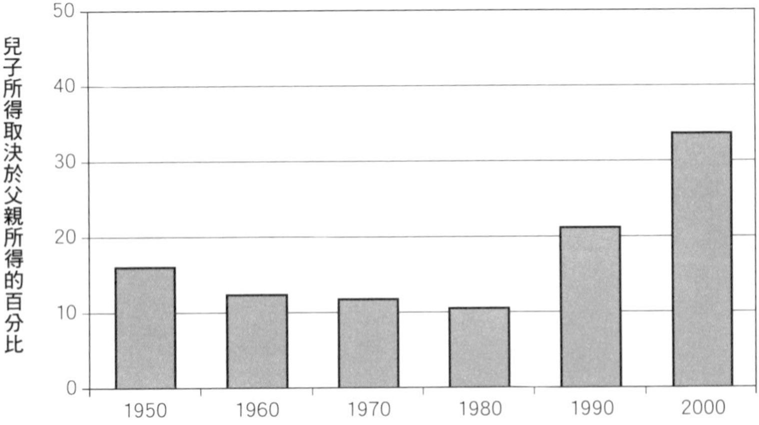

圖12.2：美國的社會流動性上升到一九八〇年以後開始下滑[272]

我們的第一項觀察是，歷經一九五〇到一九八〇年間的緩慢增長後，美國的社會階級流動性突然暴跌，因為美國的貧富差距在二十世紀末迅速擴大。

圖12.2的數據來自〈二〇〇六年至〇七年間美國工作現況〉（The State of Working America 2006/7）報告。各長條的高度代表父親所得對兒子所得的影響力，所以長條越短，表示社會階級流動性越高：比較難用父親的所得預測兒子的所得。較長的長條顯示較低的流動性：富爸爸比較可能有富兒子，窮爸爸則有窮兒子。

一九八〇年代和一九九〇年代的數據顯示，財富分配最底層五分之一的父母，有三十六%的子女成年後同樣留在底層五分之一；而在財富最頂層五分之一的父母，有三十六%的子女同樣留在最上層五分之一[272]。金字塔頂端的人得以維持財富與地位，最底層的人很難在所得階梯往上爬，而中產階級則有較大的彈性。在英國，所得差距擴大的期間，跨世代的社會階級流動性也出現下滑[271]。

支持我們相信所得差距擴大會傷害社會階級流動性的第二項觀察，來自政府的教育經費數據。在現代民主國家中，一般認為教育是推動社會流動性的主要驅動力——教育程度越高的人，所得及社會地位越高。我們在第八章看到了所得差距如何影響教育成就與志向，但值得注意的是，這八個擁有社會階級流動性資料的國家，政府投入教育（小學與中學）的公共支出，跟各國的貧富不均程度息息相關。八國當中最平等的挪威，將近全數（九十七點三％）教育經費都屬於公共支出[273]；反觀八國當中最不平等的美國，只有三分之二的（六十八點二％）的教育支出由全民買單。這很可能嚴重影響高等教育的社會差距。

爬上來，走出去

確認所得差距與社會階級流動性有關的第三項證據，源於在比較不平等的國家，貧與富之間的社會距離直接落實到嚴重的地域隔離。

美國的所得差距自一九七〇年代開始逐漸擴大，貧與富的地域隔離也是如此[274]。政治經濟學家保羅．賈爾戈斯基（Paul Jargowsky）分析美國的一九七〇、一九八〇及一九九〇年人口普查資料，發現這段期間，貧窮人口的居住地點越來越集中[275-6]。社區貧窮集中度（neighborhood concentration of poverty）是一項指標，顯示出多少比例的城市貧窮人口生活在赤貧地區。賈爾戈斯基估計，一九七〇年，大約四分之一黑人人口居住在赤貧社區，但一九九〇年的比例已上升到三分之一。在白人族群中，隨著所得差距日益擴大，貧窮集中度過去二十年內成長了一倍。當貧窮高度集中，窮人不僅要應付自身的窮困，還得面臨社區貧窮的後果。從一九九〇和二〇〇〇年間的人口普查資料來看，賈戈爾斯基指出貧窮集中度出現下滑，尤其是內城貧民區的黑人人口；這跟我們在第十章結尾描述的、最貧窮美國人口的相對地位獲得提升的現象不謀而合[277]。不過，儘管內城貧民區的貧窮集中度下滑，內郊區的貧窮集中度卻開始上升；有鑑於近年來美國景氣衰退，賈爾戈斯基表示，一九九〇年代的進步恐怕早已逆轉。

英國在所得差距日益擴大的期間，也出現類似的貧富隔離模式[278]。富人願意花錢住得離窮人遠一點[279]，以經濟線畫分居住區的隔離現象，在一九八〇和九〇年代間越演越烈[280]。「破落區」（sink estate）這個詞清清楚楚勾勒出底層階級的貧困形象，一如美國的貧民窟。

大西洋兩岸的研究人員都明白，所得差距的擴大是導致富人與窮人日益隔離的主因[281-3]。窮人集中在窮困地區，導致各式各樣的壓力、剝奪與艱困日益加劇——從增加離開窮困地區到其他地方找工作的通勤時間，到增加車禍風險、學校較差、服務水準低落、面臨幫派暴力以及污染等等。社會學家威廉·朱利葉斯·威爾遜（William Julius Wilson）在他針對內城區貧困現象的經典研究中，把窮社區的窮人稱為「真正的窮人」（truly disadvantaged）[225]。另有兩項美國研究顯示，住宅區的經濟隔離提高了民眾的死亡風險，其中之一證明在比較不平等的城市，經濟隔離的現象也比較嚴重[284-5]。這些過程當然會往復循環，進一步抑制了社會階級流動性。

品味與文化

所以，不平等社會的階級流動性比較低，地域的隔離現象也比較嚴重，彷彿較大的貧富差距讓社會結構變得僵化，人們越來越難在社會階級上下移動。

法國社會學家皮耶・布赫迪厄（Pierre Bourdieu）的論述，也能幫助我們理解為什麼在階級分明的社會中，社會階級流動性受到較大的限制[286]。他描述人與人之間的物質差異（擁有的財富與資源）如何與社會差異的文化標誌重疊，成了勢利與偏見的基礎。我們皆以品味作為區別社會階級的標誌——我們以人們的口音、穿著打扮、語言、閱讀選擇、觀看的電視節目、吃的食物、從事的運動、喜愛的音樂，以及對藝術欣賞與否來評判一個人。

中產及上層階級的人有正確的口音，知道如何在「有禮的社會」舉止得宜，也知道教育能增強他們的優勢。他們將這一切傳遞給子女，好讓下一代學業進步、事業成功、締結美好的婚姻、找到高薪工作等等。這就是菁英階層建立並維持菁英地位的方法。

人們可以靠卓越與階級的標準配備（他們的「好品味」）來維持地位，但綜觀整個社會階層，人們也運用歧視與貶低的偏見來防止底層民眾往上爬。儘管當代已有機會平等的觀念，但這些品味與階級問題仍然局限了人們的發展——阻止他們相信自己能改善地位，並在他們努力嘗試時打擊信心。第八章描述有關刻板印象威脅的實驗，顯示刻板印象會對人們的表現產生多大影響。布赫迪厄把菁英階級用來維持卓越地位的行動稱為「符號暴力」（symbolic violence），我們也可以簡單稱之為歧視和勢利。種族偏見已廣受輿論譴責，但階級偏見雖異曲同工，卻鮮少受到公開討論。

品味的社會體系（用來定義高雅與低俗）雖然經常變換內容，但總是與我們如影隨形。布赫迪厄在一九六〇年代蒐集的案例如今顯得非常過時，但能清楚闡明事實。他發現不同社會階級的人喜歡不同種類的音樂；較低層民眾喜歡〈藍色多瑙河〉那種朗朗上口的旋律，上流社會的人則表示自己喜歡比較「艱深」的巴哈〈十二平均律曲集〉（Well-Tempered Clavier）。上流階級的人偏愛抽象藝術與實驗性小說，較低階層的人則喜歡具象的圖片及精彩的故事情節。但假如人人開始喜歡巴哈、畢卡索和喬伊斯，上流階級的品味就會轉向另一個新事物——以重畫界線來維持菁英身分。布赫迪厄描述的是一種「文化財經濟」（economy of cultural goods），而這項經濟的不平等，對人們的影響不遜於所得的不平等。

人類學家凱特・福克斯（Kate Fox）在其著作《瞧這些英國佬》（*Watching the English*）中，描述英國人在談話語言、房子、車子、服飾及食物等層面的社會階級標記[287]。約瑟夫・艾普斯坦（Joseph Epstein）在《勢利：美國浮華社會真實版》（*Snobbery: The American Version*）[288]中，也對美國做了類似的針砭。兩本書都詼諧有趣又博學多聞，你很難不嘲笑自己的虛榮和別人的拙劣品味。

舉例來說，在英國，要區分一個人屬於勞動階級、中產階級或上流階級，你可以從他稱晚上那一頓飯為「tea」、「dinner」或「supper」；稱母親為「mam」、「mum」或「mummy」；稱外出是去「do」、「function」或「party」等方法見分曉。

艾普斯坦說，勢利是「坐在你的BMW 740i裡，默默地、篤定地覺得自己比那可憐的俗人更優越……他開著那輛耀眼的凱迪拉克，在紅綠燈前停在你旁邊。勢利是當你聽到剛剛認識的那女人的兒子在亞歷桑納州立大學念新聞攝影，而你自己的女兒在哈佛主修藝術史時，心裡油然而生的平靜喜悅……」但勢利與品味終究是一場零和遊戲。艾普斯坦接著指出，某一天，在另一個紅綠燈前，說不定會有一輛賓利停在你那可悲的BMW旁，而你或許會在社交場被引薦給另一個女人，她的兒子在牛津念古典文學。

在現實中，階級、品味與勢利痛苦地限制人們的機會與福祉，無孔不入。它們是歧視與社會排斥的體現。社會學家理查．桑內特（Richard Sennett）及強納森．柯布（Jonathan Cobb）在一九七二年的著作《階級的內傷》（*The Hidden Injuries of Class*）中，描述波士頓勞工階級男性所遭受的心理傷害；這些勞工把他們在現實生活的失敗歸因於自己能力不足，因而產生敵意、憤慨與羞愧等種種感受[289]。不久前，社會學家賽門．查爾斯沃思（Simon Charlesworth）採訪住在英格蘭中部羅賽罕市（Rotherham）的一名勞工，傾聽這名男性說他遇見一名中產階級婦女時，心中多麼自慚形穢[290]。即便兩人之間從未交換隻字片語，他立刻充滿自卑，局促不安，最後生出了敵意與憤怒：

有一天，我走進社會安全局……那個目中無人的賤貨——你知道的，那種苗條、標緻的中產階級——旁邊椅子有一個空位，可我不想坐她旁邊，你會有種你不應該……我開始意識到我的體重，我覺得自己太胖了，我開始流汗，開始手足無措、坐立不安，我就想著「不，我不要坐在那裡，我不想惹她不開心」，我不想覺得她不開心，你可不願意給他們添麻煩……你知道你侮辱了他們……他們看你的樣子彷彿倒盡了胃口……他們看著你，彷彿你侵略了他們的空間……你當下就覺得「我不該在那裡」……那讓你根本不願意出門。說到底，那是一種暴力……沒錯，那就像一道屏障，上面寫著「聽著，卑賤的傢伙，〔痛苦且憤怒地提高嗓門〕離我遠一點！……你他媽的在我的地盤上搞什麼……我們花了錢要離你們這些人渣遠一點」……那他媽的讓你緊張兮兮、筋疲力盡……它無所不在……我是說，我用他們瞧不起我們的樣子瞧她，沒錯……我想著「去你的，我才不坐那裡」。她會覺得不自在，而這會讓我覺得很糗，你知道的〔痛苦且憤怒地提高嗓門〕……光坐在那裡，你知道我在說什麼嗎？……那就像一種共識，你知道他們會怎麼想，你感受到了，我告訴你……他們根本他媽的什麼都不是，但你從他們散發的氣派收到訊息。他們有好身材、衣服等等，有自信和態度，你懂我的意思……我們〔悲傷地壓低嗓門〕沒有這些，我們無法擁有。我們垂頭喪氣、拖著腳步走進去……你就想躲起來……

自行車反應

物質財富的差距越大，地位差距就越發重要，而在比較不平等的社會，受輕視的感受變得越發沉重；最頂層的「擁有」與最底層的「欠缺」之間，出現了更大的社會差距。事實上，貧富不均的擴大使得貶抑的社會偏見日益嚴重。我們對地位較低的人展現優越感，藉此維持我們的社會地位。那些低人一等的人則對地位更低的弱勢者出氣，想辦法替自己扳回一城。有兩句俏皮話捕捉了這個過程的精髓。英國諺語「船長踢侍者，侍者踢貓咪」，說的就是這種向下欺凌與洩憤的作風；而美國的一句著名打油詩，將波士頓描述成「羅威爾（Lowell）家的人只跟卡伯特（Cabot）家的人說話，卡伯特家的人只跟上帝說話」的地方，生動勾勒出一心想往上爬的人的勢利與趨炎附勢。

當一個人受到位階較高者欺凌，卻遷怒於位階較低者，心理學家就把這種行為稱為「替代性攻擊」[291]。好比說：男人被上司斥責，回家就對妻小大吼大叫；工頭苛待工人這種較嚴重的職場攻擊[292]；貧困地區的人對待新移民的方式[293-4]；以及受過欺負的囚犯，轉而攻擊獄中位階不如他們的人——特別是性侵犯[295]。

《火爆之屋》（*The Hot House*）這本書描述美國高度警戒監獄的內部生活；作者彼特・埃利（Pete Earley）訴說一名因謀殺而被判無期徒刑的男性的故事[296]。鮑爾斯十五歲那年首度入獄，被送進一間少年感化院。他到的那一天，一名年紀較長、塊頭較大的男孩走到他面前：

「喂，你穿幾號鞋？」那男孩問。

「不知道，」鮑爾斯回答。

「拿一隻給我看看，好嗎？」那男孩客氣地問。

鮑爾斯坐到地上，脫下一隻鞋。年紀較大的男孩脫掉自己的一隻鞋，穿上鮑爾斯的。

「另一隻也給我看看吧！」

「我脫下我的另一隻鞋給他，」鮑爾斯記得，「他穿上鞋子、綁好鞋帶，然後走回自己的桌子，所有人開始嘲笑我。就是那時候，我明白自己已淪為笑柄。」

鮑爾斯抓起一根撞球桿攻擊那名男孩，因此受到一周的勞役處罰。隔周，當另一名菜鳥進了感化院，「他也碰到另一名男孩跟他要鞋，只不過這一次，占這菜鳥便宜的人換成了鮑爾斯。『輪到我出頭了吧，』他回憶道，『那是我掙得的權利。』」

在同一本書中，埃利描述了如出一轍的另一則故事，只不過這次是關於一名十六歲進了郡立監獄、頭一天晚上即遭到性侵與雞姦的男性。六年後，他在另一個城鎮被捕入獄，同一個牢房裡有一個「小鬼，大概十七歲上下，你猜我幹了什麼？我操了他。」[296]

非人類靈長動物的遷怒行為，被稱為「自行車反應」（the bicycling reaction）。靈長類動物學家沃爾克·桑默（Volker Summer）說明，這個詞令人聯想起自行車選手一邊俯首於上位者，一邊猛踢居下位者的畫面。他描述活在嚴格社會階級下的動物，是如何取悅群中的強者並攻擊弱者。心理學家吉姆・斯達紐斯（Jim Sidanius）與費利西婭・普拉圖（Felicia Pratto）曾表示，人群之間的衝突與壓迫（例如種族歧視與性別歧視），源自不平等所造成的個人或體制上的歧視，以及人們跟某個強勢族群串謀或抵抗的程度[297]。在比較不平等的社會，比較多人倒向強勢族群；而在比較均等的社會，比較多人傾向於理解與包容。

貧富不均導致社會階級流動性較低的最後證據來自一項研究；這項研究有助於解釋為什麼在比較不平等的社會，當被污名化的族群跟鄙視他們的人隔離開來，會覺得比較自在。這是歧視與偏見會傷害人民福祉的一項強力證據，顯示當少數族裔生活在同族裔人口較多的地區，健康狀況會優於生活在主流族裔聚居地區的同胞[298]。這是所謂的「族群密度」（group density）效應；最早應用於精神疾病的研究。舉例而言，倫敦的研究證實，少數族裔若居住在同族裔人口較少的社區，罹患精神分裂症的比例較高[299]，輕生[300]與自殘[301]問題也是一樣。不久前，美國的研究顯示同樣的效應也反應在心臟病[302-3]與出生體重過低[304-8]等問題上。貧窮地區的居民一般而言健康狀況較差。比起少數族裔聚居地的居民，生活在同族人口較少地區的少數族裔通常比較富裕，因此有能力住在比較好的地段。所以發現這些族裔在社區中較孤立的人較不健康，讓人頗感意外。可能的解釋是，透過主流團體之眼，他們更加察覺自己屬於一個低社會地位的少數族群，或許也遭遇更多偏見與差別待遇，得到較少的支援。烙印的心理效應偶爾強烈到足以壓倒物質優勢的健康利益；這項事實明確說明貧富不均的力量，讓我們想起第三章探討的、有關社會地位、社會支持與友誼的重要性，以及社會焦慮及烙印的影響。

擴大的貧富差距似乎鞏固了社會結構，降低向上移動的機會。當社會出現較大的不平等，機會平等似乎就越來越遙不可及。

第三部

更美好的社會

「孩子，事情是有周期性的。有時候，有錢人變得更有錢，窮人變得更窮。有時候，有錢人變得更有錢，窮人卻原地踏步。」

第十三章

失能的社會

沒有人是一座孤島，自成一方世界；每個人都是大陸的一小塊，主體的一部分。

——鄧約翰（John Donne），〈沉思錄第十七〉（*Meditation XVII*）

前面九章已經證明，在富裕的已開發國家和美國五十州，富裕世界絕大多數的重大健康與社會問題，在越不平等的社會越常見。其中的關聯性過於強烈，不能被當成巧合草草帶過；兩種設定皆是如此。這些連帶關係的重要性幾乎不可能被高估。首先，平等與不平等社會的差異很大——在比較不平等的社會，問題的嚴重性可以達到平等社會的三倍到十倍。其次，這些差異並非同一群人口的高風險與低風險族群的差異，因而只適用於一小群人；相反地，它們是各項問題的盛行率差異，適用於全體人民。

失能的社會

從第四章到第十二章，我們看到了某些國家各方面都很優秀，而另一些國家各項指標皆不盡理想的傾向。你可以從某國在某層面的結果，推估該國在另一層面的表現。好比說，假如某個國家的健康狀況不良，你可以很肯定地推測它的監禁比例比較高、比較多未成年懷孕、閱讀分數較低、肥胖率較高、心理健康較差，凡此等等。貧富不均似乎讓國家在包羅萬象的議題上運作不良。

在國際上，落在比較健康那一端的，似乎總是斯堪地那維亞國家和日本。而在另一端、絕大多數健康與社會問題都有較高比率的，通常是美國、葡萄牙和英國。美國的五十州也有同樣情況。各方面表現良好的總是新罕布夏、明尼蘇達、北達科他和佛蒙特；表現最差的則是密西西比、路易斯安那和阿拉巴馬州。

圖13.1總結我們的發現。它跟圖2.2如出一轍，同樣呈現出貧富差距與健康和社會問題綜合指數的關係。這張圖也顯示其中的關聯性並不取決於特定國家族群——好比說分布於兩個端點的幾個國家。相反地，無論貧富差距多大，這樣的關聯性在已開發的市場民主國家確實顛撲不破。雖然這項關聯性在我們的美國五十州分析當中並未如此強烈，但在國際分析中，美國的整體表現完全符合它的貧富不均程度。

雖然某些國家的數據可能比其他國家的數據更準確，但我們不能專挑對自己有利的資料；

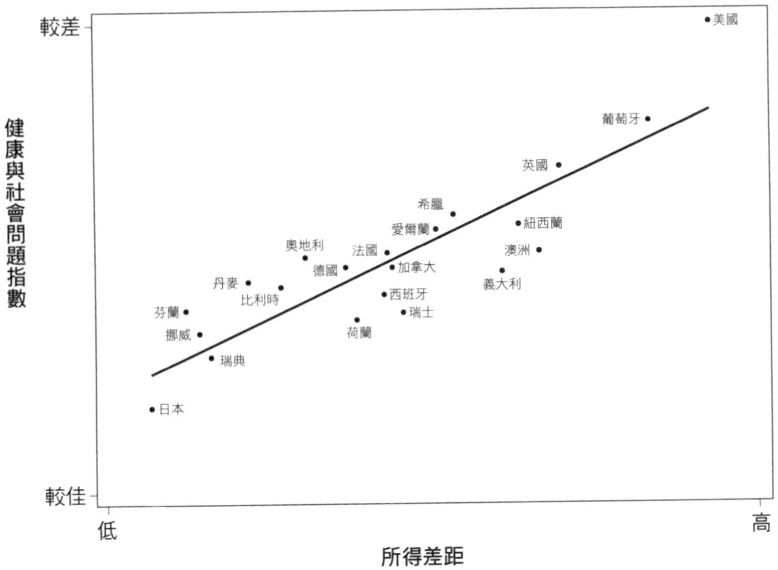

圖13.1：在越不平等的國家，健康與社會問題越常見

這一點的重要性不言可喻。這就是我們通篇選用聯合國發表的貧富差距數據、而且從頭到尾採用同一份數據的原因。而在美國各州的分析中，我們用的是美國政府公布的人口普查資料。然而，就算有人強烈質疑某個社會的數據，顯然也不會改變圖13.1的整體情況。我們使用的每一項健康與社會問題數據也是如此。每一組數據皆以原始資料呈現，沒有任何但書。

說來也許令人意外，我們發現，唯一在越平等的國家越常見的社會問題，就是自殺（不過在較為平等的美國各州，自殺率並未顯著較高）。原因可以分成兩個部分。首先，在某些國家，較低社會階層的自殺率並沒有比較高；英國直到最近幾十年才出現層級分明的社會梯度。其次，自殺率與兇殺率往往呈逆相關。這似乎和心理學的一個常見論調有關，也就是怒氣有時會往內發洩，有時往外發洩：當事情出了差錯，你是怪自己還是怪罪別人？在第三章，我們提到怪罪外在世界（防衛性自戀）的上升趨勢，以及美國與日本的反差。值得注意的是，某一篇論文分析紐約哈林區的健康狀況，文中指出哈林區的各項死因都比美國其他地方常見，唯獨自殺例外[80]。

所有人都蒙受其利

面對社會學的研究發現，一般民眾的反應會說這些發現顯而易見，然後或許輕蔑地表示，根本沒必要花大錢進行研究，得出我們早已知道的結論。然而，這種洞察事理的感受往往是後見之明，在研究結果公諸於世之後才滲入民眾心裡。如果要求民眾事先預測，可想而知，五花八門的結果似乎都能自圓其說。看了前面幾章的證據，得知貧富不均與如此眾多問題的盛行密不可分之後，我們希望大多數讀者覺得書中的概念完全符合直觀。的確，與相對貧窮相關的問題，本來就應該在越不平等的社會越常見；這個觀點或許看似平淡無奇。但是如果你問民眾，消弭貧富差距為什麼能減輕這些問題，最常見的臆測是，這必定因為比較平等的社會窮人比較少。這種說法的前提是認為平等對社會底層的民眾有益。姑且不論這個說法僅占整個合理解釋的一小部分，這樣的假設，反映出我們對影響生活以及所屬的社會相當深遠的某個重要過程毫無知覺。真相是，絕大多數人口都受到日益擴大的貧富差距所傷。

其中的一個線索是（這個線索一開始令我們深感詫異），在第四章到十二章探討的各項問題上，各個社會的比率極為懸殊。以社會整體而言，最不平等與最平等社會的精神病盛行率，差距竟高達五倍。同樣地，比起最平等的社會，不平等社會的民眾有五倍的機會受到監禁、六倍的機會罹患慢性肥胖，遭到謀殺的機會或許也高出好幾倍。差距如此懸殊的原因很簡單，就因為貧富不均影響的不僅是最貧窮的人口：相反地，廣大民眾都會受到影響。舉例來說，美國人平均壽命比日本人短了四點五年，並不是因為美國最窮的十%人口攤派了十倍的平均壽命赤字（也就是短少了四十五年壽命），而其餘大眾跟日本人一樣長壽。正如流行病學家麥克·馬爾默（Michael Marmot）經常指出的，就算剔除窮人的一切健康問題，健康不平等的現象基本上依舊不為所動。或者換個方式看，如果只論美國白人的死亡率，結果仍舊比其他大多數已開發國家糟糕——我們隨後將提出證明。

選取平等程度相去無幾的社會，比較其中不同族群人口的健康狀態，就可證明較高的平等能嘉惠廣大民眾。不久前，《美國醫學會雜誌》（*Journal of the America Medical Association*）的某項研究比較了美國與英格蘭（不是整個英國）中產階級男性的健康狀態[315]。為提高可比性，這項研究只限兩國的非西語裔白人人口。民眾依照所得與教育程度進行畫分。在圖13.2，糖尿病、高血壓、癌症、肺病與心臟病的比率以三種教育程度呈現——高、中、低。美國的比率是後方的深色長條，英國則是在前的淺色長條。美國的各項疾病盛行率都高於英國，不只低學

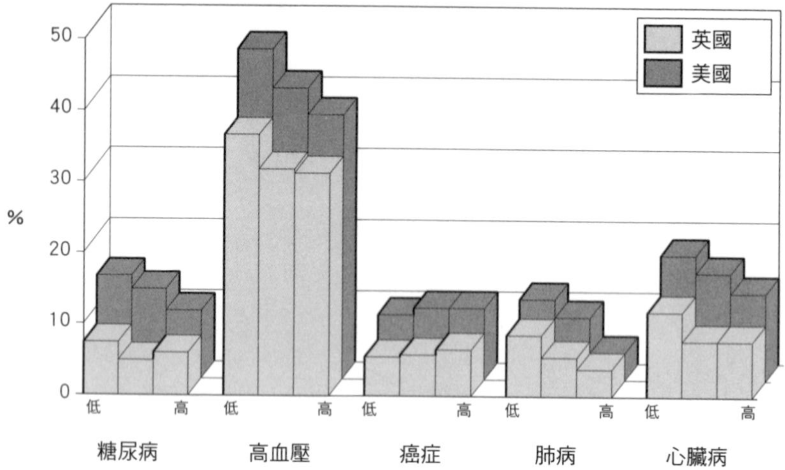

圖13.2：不論低學歷或高學歷人口，英國的各項疾病盛行率都低於美國[315]

歷族群如此，各種教育程度的民眾都是如此。同樣情況也適用於死亡率及各式各樣的生理標記，例如血壓、膽固醇和壓力指數。

這項研究的作者還表示（儘管這是顯而易見的事實），無論人口以所得或教育程度區分，關於健康問題，美國的社會階級差異比英國更懸殊[316]。

在那項評比，英國是兩國中比較平等也比較健康的一國。不過，瑞典也曾跟英格蘭及威爾斯做過類似的死亡率比較。為了準確分析，瑞典研究人員將大量瑞典死亡人口依英國的職業別重新分類，從最底層V階級的無技能勞力職業，到頂端I階級的專業工作。圖13.3顯示工作年齡男性的死亡率差異[317]。兩國中比較平等的瑞典，各行各業的死亡率都比較低；兩國差異極其懸殊，瑞典的最高死亡率（底層階級）都比英格蘭及威爾斯最高社會階級的死亡率還

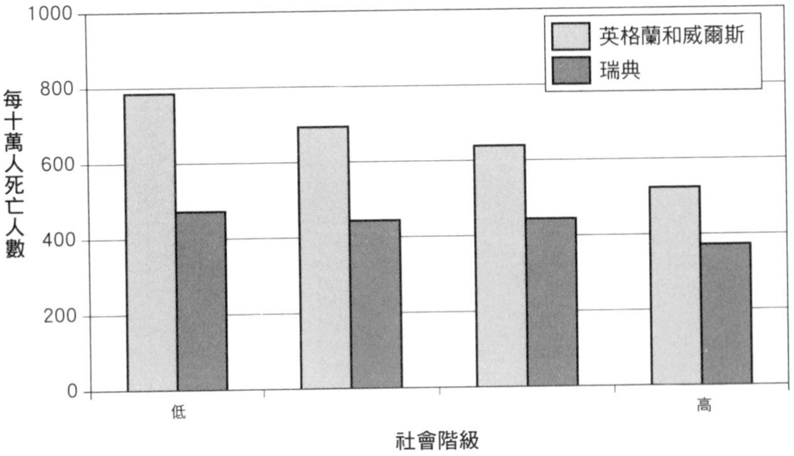

圖13.3：在瑞典，各職業別工作年齡男性的死亡率都低於英格蘭和威爾斯[317]

低。

另一項類似研究則比較瑞典與英格蘭及威爾斯的嬰兒死亡率[318]。嬰兒死亡率依父親的職業畫分，兩國的職業別再度依同樣方式分類。結果顯現在圖13.4。由於單親媽媽產下的嬰兒無法依父親的職業分類，其嬰兒死亡率另外單獨計算。同樣地，瑞典社會各層面的嬰兒死亡率都比較低。（請注意，這兩項研究的發表日期都有一段時間了，它們顯現的實際死亡率比目前的數據高出許多。）

也有研究拿美國較為平等與不平等的各州進行評比。在比較平等的州，縮小貧富差距的好處同樣惠及每一個所得層級。一項研究總結，無論將民眾以教育程度、人種或所得分類，「貧富不均一視同仁地影響人口結構的每一個子群」——情節之嚴重，導致研究人員甚至表示貧富不均的作用，就像遍及整個社會的

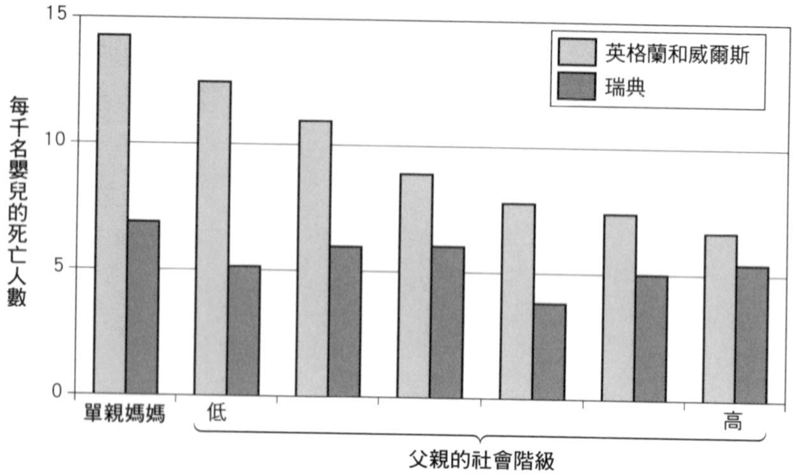

圖13.4：在瑞典，各職業別的嬰兒死亡率都低於英格蘭和威爾斯[318]

污染物，無人可以倖免[319]。在我們自己的研究中，我們檢驗了美國各郡的所得中位數與死亡率的關係[8]。我們根據各郡是否位於較為平等的二十五州或較不平等的二十五州，比較所得中位數與死亡率的關係。圖13.5顯示，無論所屬的州比較平等或不平等，貧窮郡市往往（不出所料）有較高的死亡率。無論各郡的所得水準如何，只要位於較為平等的二十五州，其死亡率就低於較不平等二十五個州的所屬郡市。比較各所得水準的郡市，顯示平等的好處在貧窮郡市最明顯，不過最富有的郡市也能得利。這張圖的本質，跟比較瑞典與英格蘭和威爾斯的圖13.3和圖13.4異曲同工。正如美國各郡市，每一個所得階層都能享受全州貧富差距較小的利益，在瑞典，平等的好處也能讓所有階級利益均霑，不過最低階層受益最深。

在第八章，依父母教育程度（因而間接顯

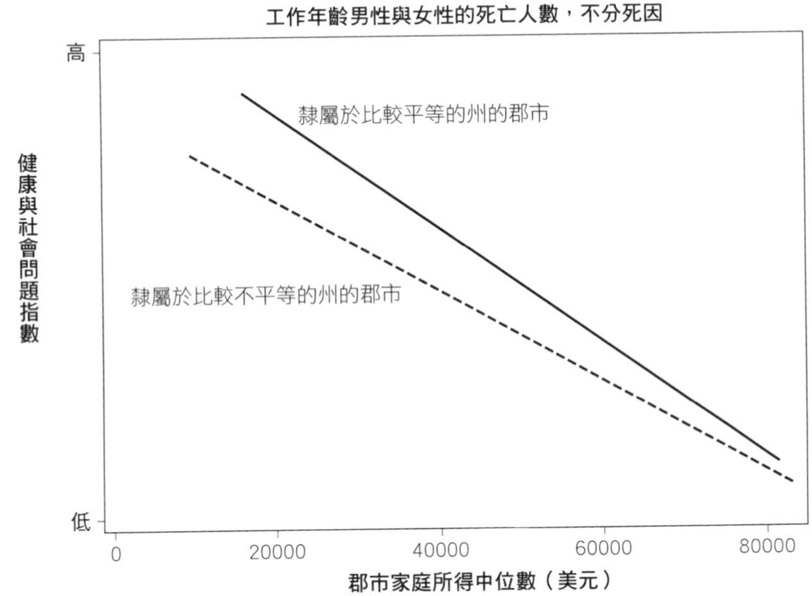

圖13.5：各郡市所得中位數與死亡率的關係，依隸屬於比較平等的二十五州或比較不平等的二十五州分類

示成長家庭社會地位）畫分、比較各國年輕人閱讀素養的圖8.4，也顯示平等的利益遍及整個社會。同樣地，在平等程度較高的芬蘭與比利時，社會底層從縮小貧富差距獲得的益處，勝過比較不平等的英國及美國的社會底層。不過，就算針對父母教育程度最高的族群進行比較，芬蘭與比利時兒童的表現也勝過比較不平等的英國及美國的兒童。

一個經常出現的問題是，是不是就連富人都能從較大的平等中獲益。或許正如鄧約翰所言，「沒有人是一座孤島」，甚至不能自外於貧富不均的效應。本書討論的證據，一般將人口分為三到四個所得或教育族群，或者偶爾細分成六個職業別（如圖13.4）。分析顯示，就連最富裕的族群都能從中獲益。但是，假如我們所說的「富人」指的是百萬富翁、名流、經營大企業或經常製造新聞的公眾人物，我們只能憑空臆測貧富不均對他們造成的衝擊。我們或許覺得自己生活在由不斷登上媒體版面的臉孔和名字構成的世界，但這些人其實只是百分之一人口當中的一小部分，人數少到無法單獨分析。由於欠缺如此小眾的資料，我們只能猜測他們是否可能避開不平等社會日益嚴重的暴力、吸毒或精神疾病問題。然而，小甜甜布蘭妮（Britney Spears）、約翰藍儂（John Lennon）、科特柯本（Kurt Cobain）、瑪麗蓮夢露（Marilyn Monroe）、被刺殺身亡的甘迺迪兄弟（Kennedy brothers）、黛安娜王妃（Princess Diana）或瑪格麗特公主（Princess Margaret）等名人的生與死，顯示他們也無法倖免。不過，這些研究揭露的是，較大的平等能造福所有人，就連職業金字塔頂端、最富裕或教育程度最高的三分之一或四分之一人口（涵蓋非常小眾的大富豪）也能蒙受其利。簡單地說，無論分析美國各州或世界各國，均等的利益似乎能廣施於社會大眾。正由於均等的利益如此廣布，在不同社會之間，各項問題的盛行率才會如此懸殊。

隨著研究發現陸續出爐，均富的利益遍及社會大眾的本質一開始似乎極其反常，讓人不由得對一切產生懷疑。跨國合作小組多次比較不同國家的健康不平等狀況，證明了各國的健康不平等程度並沒有太大不同。這似乎跟平等國家健康狀況較好的證據互有出入。若非縮小貧富之間的健康差距，較大的平等究竟如何提升社會的健康狀況？當時，這個問題似乎是一大癥結。

不過現在，我們明白這兩種發現其實並不矛盾。較小的所得差距讓所有人變得更健康，但窮人的改變比富人更大。假如較小的所得差距導致社會各階層死亡率大致呈等比例下降，那麼相對而言，富人與窮人的死亡率差距仍維持不變。假設社會底層每十萬人有六十人死亡，而最頂層每十萬人只有二十人死亡，如果你設法把各族群的死亡率去掉一半，那麼最底層的死亡人數會減少三十人，最頂層會減少十人。無論死亡率降低多少，只要各階層等比例下降，窮人就會感受到最大的變化，但貧富之間的相對差距仍維持不變。

我們如今明白，一度看似相互矛盾的研究，事實上透露出有關平等效應的重大訊息。藉由指出無論貧富不均的問題嚴重與否，每個社會內部都存在類似的相對健康差距，這些研究說明的是，每個人都能從較高的平等得到等比例的好處。關於這項議題，如今有多項研究運用美國各州的數據[8, 319, 320]，以及至少五項跨國研究提供一致的證據，顯示平等的好處並非只嘉惠窮人，而能遍及整個社會[152, 315, 317, 318, 321]。

其他解釋？

顯然有某種因素決定了一個社會在包羅萬象的社會問題上表現好壞，但我們有多大把握能說那個背後因素就是貧富不均？在探討貧富不均扮演的因果角色之前，讓我們先看看是否有其他迥異的解釋。

偶爾有人暗示表現最糟糕的多半是英語系國家，但這種說詞無法完全解釋我們看到的證據。以精神健康狀況為例；在有數據可供比較的國家，這項議題成績墊底的是英語系國家。我們在第五章顯示，精神疾病盛行率最高的國家是美國，其次分別是澳洲、英國、紐西蘭和加拿大。但在這些國家，精神疾病盛行率與貧富不均之間有非常強烈的相關性。也就是說，貧富不均說明了英語系國家為什麼表現不佳，也說明了哪一個國家的狀況比其他國家更好或更壞。

況且，各項指標都表現不良的，也不是只有美國和英國（這兩國確實有許多相同點）。葡萄牙也一無可取。該國的不良表現跟嚴重的貧富不均相互呼應，但在其他層面上，葡萄牙與美國簡直毫無共通之處。然而，要證明這些關係並非只反映出英語系文化出了某種差錯，方法就是把這些國家從圖13.1剔除，其餘國家仍顯示貧富不均與健康和社會問題綜合指數密切相關。同樣方法也適用在各項指標獨占鰲頭的北歐國家。這些國家顯然具有某種相同的重要文化特徵。不過，正如英語系國家，如果你剔除圖13.1的北歐國家，仍然可以從其餘國家看出貧富不均與綜合指數的連帶關係。

儘管以上論述終結了唯一明顯的文化解釋，但仍值得指出國與國之間的某些有趣對比。舉例來說，雖然葡萄牙表現不良，西班牙的成績起碼差強人意——儘管兩國緊鄰彼此、一九七〇年代中期以前同樣受到獨裁統治，並且有許多文化共通點。然而，凡此種種似乎不敵貧富不均的差異。表現最傑出的國家是日本，但在其他層面上，日本跟第二名的瑞典南轅北轍。想想日本與瑞典截然不同的家庭結構和女性地位，在這兩個層面上，兩國正好落在光譜的兩端。瑞典有非常高比例的非婚生子女，女性在政壇上的人數跟男性不相上下；日本恰恰相反。兩國的職業婦女比率，也呈現類似的驚人反差。就連達到均等的過程，兩國也大相逕庭。瑞典的方法是重新分配稅收與福利，建立一個龐大的福利國家。反觀日本，政府的社會福利支出占國民收入的比例，在重要的發達國家中落居最後。日本並非靠重新分配達到高度均等，而是靠市場所得（也就是稅前收入）的均等。然而儘管方法不同，兩個國家皆運作健全——正如其微小的貧富差距（而不是其他因素）應導致的表現。

這引發另一個重大要點：要達到較高的平等，政府可以靠稅收與福利來重新分配極不均等的所得，或者靠比較均等、以至於不需要重新分配的稅前所得。也就是說，要享受平等社會的好處，不見得需要靠大政府，也不見得需要仰賴其他方面的政府支出。在我們的跨國分析中，我們從OECD取得各國的政府社會安全支出占國內生產毛額（Gross Domestic Product，簡稱GDP）的比例，發現這個數據跟我們的健康與社會問題綜合指數全然無關。或許和預期相反的是，這項數據也不影響貧富不均與指數間的關係。部分原因是，政府的支出或許是用來預防社會問題，或者在貧富差距日益擴大的國家用來應付貧富不均導致的問題。

以相反途徑達到較高平等的案例（正如我們透過跨國數據看到的），也出現在美國的五十州。儘管各項指標表現傑出的州，幾乎清一色是社會福利比較完善的州，但成績最好的卻是社會福利支出墊底的新罕布夏。它跟日本一樣，似乎是透過極其均等的市場所得來達到高度平等。某項研究運用美國各州數據，試圖分析較好的社會福利是否說明了越平等的州表現越好的事實，發現儘管福利確實起了作用（以美國而言），但無法充分說明比較平等的州為什麼表現傑出許多[309]。真正重要的寓意是，一個社會如何達到平等，不如它實際上平等與否來得重要。

種族畫分與貧富不均

人們有時懷疑，社會上的種族分化是否可以解釋貧富不均與較高頻率的健康與社會問題的連帶關係。有兩項原因激起人們思考其中的關聯性。首先是認為某些族裔天生比較無能，因而比較容易出現問題。我們必須摒棄這個觀念，因為它純粹屬於種族偏見。另一個比較嚴肅的可能性是，少數族裔表現較差，因為他們被剝奪了必要的教育與工作機會。在這種觀點下，對少數族裔的歧視或許導致了種族分化與所得差距之間的關係，並進而引發較差的健康狀況與更頻繁的社會問題。然而，以這種方法導出貧富差距與指數分數較低的關聯性，跟我們任何時候推論其中關係的過程如出一轍。種族分化或許讓社會排斥與歧視變本加厲，但人們感受到的相對貧窮越嚴重，疾病與社會問題就越常見——無論他們屬於哪個種族。

社會底層民眾幾乎時時刻刻遭受被人輕蔑的歧視與偏見。當然，階級偏見跟種族偏見有很大的不同。儘管階級的文化標記本質上源於地位差異，但這些標記不像膚色那樣難以磨滅。當種族、宗教或語言的差異被視為低社會地位的象徵，並引來各式各樣的輕蔑，社會的分化與歧視或許會更加惡化。

在美國，各州的所得差距跟非裔族群占該州人口的比例息息相關。所得差距較大的州，往往是擁有較多非裔人口的州。同樣幾州也出現較差的成績——例如健康；無論其黑人或白人人口都是如此。種族畫分加深了偏見，因而擴大了貧富差距。結果兩個族群同受其害。白人人口並未因為該州擁有較龐大的低薪族群而享有更大的好處，相反地，白人及黑人的平均壽命通通縮短了。

所以說，表面上看似貧富不均的作用，是否其實是種族分化的結果？答案是，兩種作用殊途同歸，不該被視作不同的解釋。存在於種族分化背後的偏見，有可能加深貧富差距及其效應。在種族差異跟社會地位分化強烈相關的地方，以種族分化來判斷社會地位的分層程度，跟以貧富差距來判斷幾乎一樣有效。美國有人聲稱種族分化的統計數字效力甚至勝過貧富差距[310]。無論如何，其他論文全都推翻了這個論點[311-13]。儘管美國有嚴重的種族分化問題，但在分析貧富不均的衝擊時，它只是人們檢驗的眾多國家之一。我們評閱過一百六十八篇有關健康不平等的研究報告，現在則共有大約兩百篇[10]。其中許多地方（例如葡萄牙）的健康不平等，絕無可能歸因於種族分化。某項跨國研究涵蓋了各國種族混合情況的評估，證實多元種族無法解釋社會越不平等健康狀況越差的趨勢[314]。

單親家庭

我們在這一章開頭說過，無論健康或社會問題，表現好的總是同樣幾個國家，表現不好的也總是同樣幾個國家。如此包羅萬象的問題呈現相同的國際模式，顯示種種現象背後有個共同的成因。問題是，這個共同成因是否為貧富不均？另一個可能性是，所有問題全都根植於兒童在雙親家庭破碎的環境中成長。某一個說法將種種社會問題歸咎於家庭教育不良──特別是單親家庭日益增加所致。

幾乎所有數據都顯示，成長於單親家庭的兒童，表現不如在雙親家庭中長大的兒童。比較引人爭議的是，這個問題有多少程度反映出母親的教育程度差異和產後憂鬱[397]、多少程度是因為單親家庭往往比較貧困，又有多少程度是源於較差的親子關係？一般而言，上述因素全在其中起了重大作用。

各國的單親比例極其懸殊。在希臘這類國家，兒童所在的家庭只有大約四%是單親，但在其他地方，例如美國、英國和紐西蘭，這個比例可以高達將近三十%。這能否說明為什麼某些國家的兒童表現較差？真正的問題難道不是貧富差距，而是單親教養？為了找出真相，我們設法分析UNICEF的兒童福利指數是否跟各國的單親比例呈現連帶關係。圖13.6顯示驚人的結果。單親比例跟各國的兒童福利水準毫不相干。第二章的圖2.6則顯示兒童福利與所得差距關係緊密；兩張圖對比鮮明。

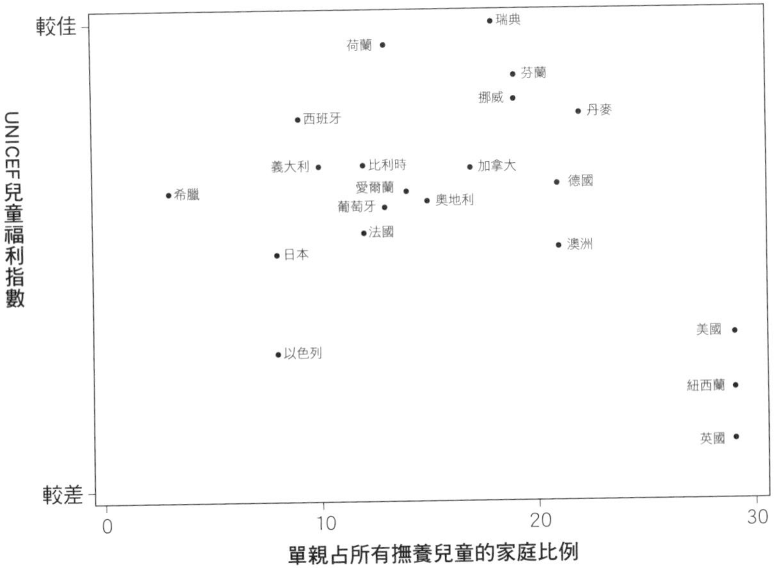

圖13.6：兒童福利跟單親比例無關[398]

各國的兒童福利與單親比例毫無牽連的事實，某種程度上或許反映出某些國家的福利制度對單親家庭的保護，讓這些家庭不至於陷入貧困。OECD的最新數據顯示，在瑞典，只有六%有工作和十八%沒有工作的單親父母屬於貧戶，美國分別是三十六%和九十二%[399]，英國則是七%與三十九%。讓單親爸媽得以出門工作的托兒服務，想必也很重要。

關於圍繞在國家是否應該給予單親父母支援的政治爭議，有兩個要點值得一提。首先，保護單親兒童不受單親生活的負面影響，似乎是可以辦到的；其次，否決政府的支援，似乎無益於降低單親家庭的比例。

不同的歷史

貧富不均為什麼跟健康與社會問題有關?另一種解釋是,重要的並非貧富不均本身,而是一開始導致社會走向平等或不平等的歷史因素——彷彿貧富不均是以統計數字為社會分化史立下的一座紀念碑。這種說法通常指涉美國;在這裡,比較不平等的州往往是(但並非一定是)曾以種植經濟為主、極度仰賴奴隸勞力的南方邦聯各州。然而,各個地方的平等或不平等程度,都有各自的發展歷史。如果分析瑞典如何走向均富、英國和其他眾多國家近年來如何擴大了貧富差距,或者俄羅斯或中國各區域如何發展出不同程度的平等或不平等,每個案例都有不同的故事。當然,這些不同的背景有其重要性:毫無疑問,各國、各州或各個區域的貧富差距如今為什麼比其他地方更小或更大,每個案例都有特殊的歷史脈絡。然而,這些地方的健康與社會問題盛行,並非只是各種獨特歷史背景的反映、毫無軌跡可循。相反地,各種獨特歷史導致的不平等程度,顯現出一定的模式。因此,重要的不是社會如何走到今天,而是它們今天究竟走到了哪一步——什麼樣的貧富不均程度。

這並不表示貧富不均與各項議題的關係已成定論,永遠不變。會讓事情出現變化的,是各個社會的經濟發展階段。本書只聚焦在富裕的已開發國家。但在開發程度較低的國家,許多現象(例如健康與暴力)顯然也跟貧富不均有關。事實是,在經濟發展過程中,某些問題的社會梯度出現逆轉,因而改變它們與貧富不均的關係。在貧窮社會,肥胖與心臟病比較常見於富人身上，但隨著社會日趨富裕，這些現象反轉了它們的社會分布，成了窮人的常見疾病。正因如此，我們發現在比較貧窮的國家，越不平等的社會有越多人體重過輕——跟第七章顯示的富裕國家模式恰恰相反。在經濟發展進程中，女孩的初經年齡也會改變其社會分布。當較多窮人營養不良，這些人就比富裕人家的女孩較晚性成熟。一旦提升了生活水準，此模式也會出現翻轉——這或許促成了第九章描述的未成年懷孕的社會梯度。總之，經濟成長與社會地位差異，似乎是決定人類許多生活層面的最大要素。

因果關係

貧富不均與健康和社會問題間的關係連結性非常強烈，不能歸因於偶然；我們在國際和美國的兩組檢驗各自呈現這樣的關聯性，而且許多不同的研究運用不同來源的資料，屢屢證明貧富不均與暴力及健康存在連帶關係。不過，連帶關係本身無法證明因果關係，而且就算有因果關係，也無法說明何者為因，何者為果。

迄今，我們呈現的圖表都屬於橫斷面分析——也就是顯示特定時間點的關係，而不是各國的長期變遷。然而，唯有所有事情同時發生變化，這些橫斷面關係才會一再出現。假如健康和貧富不均各自走在不同的路上，只有偶然相遇，像黑夜中的兩艘船，我們不會重複瞥見它們亦步亦趨的身影。通常沒有足夠多可供比較的跨國數據，讓我們長期追蹤這些關係，但我們可以分析健康與貧富不均的變化。某項研究發現，一九七五年到一九八五年間，在歐盟當時的十二個會員國，生活水準未達全國平均所得一半的人口比例變化，跟平均壽命的變化息息相關[81]。同樣地，共產政權垮台後的六年間（一九八九到一九九五年），平均壽命縮減最多的東歐國家，莫過於貧富差距最迅速擴大的國家。關於所得分配與健康的變化，一個更長期、更驚人的案例，要屬美國與日本在已開發國家平均壽命排行榜上互換名次的過程。一九五〇年代，只有少數國家的健康狀況凌駕美國之上，日本則恰恰相反。不過到了一九八〇年代，日本的平均壽命高居已開發國家榜首，美國則一路下滑，直至今日落到已開發世界的第三十名。二次大戰後的四十年來，日本的所得差距不斷縮小，其健康狀況迅速改善，超越其餘各國，其犯罪率也同步下降（堪稱已開發國家絕無僅有的案例）。在此同時，美國的所得差距自一九七〇年代以來不斷擴大。

第三章約略說明了我們為什麼對貧富不均如此敏感，而在第四到第十二章，我們則針對各項健康與社會問題，指出其中特定的因果關聯性。這一章稍早，我們見到為什麼文化因素不能被視為說明貧富差距關聯性的另一套解釋。是否還有其他解釋，可以推翻這中間的因果關係？有沒有可能，貧富不均與各項社會問題都是源於某種未知的因素？

有時候，薄弱的關係最後證明只是某種根本因素投射出來的假象，但那不適合解釋書中這些緊密關聯。無論在跨國的試驗場或美國各州，我們的指數跟平均所得沒有重大關係的事實，幾乎可以篤定排除任何與物質生活水準直接相關的背後因素。本章稍早的分析，也把政府的社會福利支出排除在可能的另類解釋之外。若說還有其他隱藏因素，實在很難想像會突然間冒出一個不僅決定貧富差距，並且導致從健康不良到肥胖與高監禁人口的重大因素。

如此一來，只剩因果方向的問題有待解決。曾有人在我們陳述發現的時候指出，說不定不是貧富不均導致了其餘一切，相反地，或許是健康與社會問題拉大了貧富差距。當然，在現實世界中，事情並非照著明確的步驟進行，好讓我們看清問題的始末。長期追蹤改變的研究提供的有限證據，只能證明事情往往同時發生變化。有沒有可能，受到健康或社會問題之苦的人失去了收入，因而擴大了貧富差距？或許，生病或嚴重超重的人比較難找到工作，或者獲得升遷。這能否說明為什麼健康和社會問題比較嚴重的國家比較不平等？

簡短的答案是不能——或者能說明程度有限。首先，它並未解釋為什麼在某項健康或社會問題表現差勁的社會，往往各項指標都表現不良。如果不是基於同一因素（至少一部分如此），那麼有高肥胖率的國家，毫無理由也有高監禁人口。第二，某些健康與社會因素不太可能導致收入嚴重降低。我們透過UNICEF指數，顯示越不平等的國家在多項兒童福利指標上的表現也越差。但是兒童生活得不好，不會對大人的所得差距造成重大影響。同樣地，較高的兇殺率也不會被視為貧富不均的主因，即便兇殺率的數字高得嚇人。監獄人口的增長也不會擴大所得差距——情況恰恰背道而馳，因為貧富差距的計算通常是以剔除了監禁人口的家庭所得為基礎。儘管我們可以說未成年父母可能導致貧富差距擴大，因為他們通常是貧窮的單親，但我們也看過某些平等國家有高比例的單親家庭，因而無法解釋兒童福祉的國家差異。這有一部分是因為優渥的福利制度，確保陷入窮困的單親家庭比例遠比不平等國家低得多。

然而，還有一個更根本的原因，讓我們否決社會問題為因、貧富不均為果的想法。本章稍早，我們證明在比較不平等的國家，幾乎各個所得階層的人都會受苦，不只有窮人而已。就算比較相同所得水準的族群，你會發現不平等社會的民眾，表現比不上平等社會的同階級族群。儘管某些不平等社會有較多窮人，但是絕大多數現象與貧富不均的關係（正如我們稍早指出的），無法靠窮人解釋：貧富不均的效力普遍得多。就算生病或受到某種社會問題影響的人會減少部分收入，但仍無法說明為什麼在比較不平等的社會，所得絲毫不受影響的人仍然在其他方面表現較差。

另一種解釋是暗示真正的成因並非所得分配，而是意識型態的改變——或許轉向更重視個體的經濟哲學會社會觀，例如所謂的「新自由主義」思維。不同意識型態所影響的當然不只政府政策，還包括社會上的全體經濟機構所做的決策。它們是影響所得差距幅度的眾多因素之一。不過，雖說意識型態的改變會影響所得分配，並不表示它也會影響我們探討的種種健康與社會問題——無論所得出現怎樣的分配。雖然新自由主義政策看起來確實會擴大貧富差距（見第十六章），但政府絕對無意破壞社會凝聚力，或提高犯罪率、未成年生育率、肥胖率、毒品濫用和其餘一切。所以，儘管政府意識型態的改變有時或許是改變所得分配的原因之一，但絕對沒有任何一個政策環節會故意提高社會問題的盛行率。相反地，那是所得分配改變下的意外後果。與其質疑貧富不均與日益惡化的健康與社會問題的因果關係，假如政府明白擴大貧富差距的後果，他們會更認真地防範貧富不均。

經濟學家從未表示不良的健康與社會問題是導致貧富不均的真正決定因素。相反地，他們把焦點放在稅收與福利、國際競爭、日新月異的科技，以及產業所需的技術組合等各種層面。在這些層面中，沒有一項跟健康與社會問題的頻率有顯著關係。在第十六章，我們將談到有哪些因素會造成各國的貧富差距出現重大改變。

證明因果關係時，難題在於我們無法實驗性地縮小樣本中半數國家的貧富差距，而不干擾其他國家，然後看看會有怎樣的發展。不過，純觀察的研究仍然可以製造強大的科學——例如天文學。雖說如此，確實有一些實驗性研究支持我們所主張的因果關係。我們在探討教育的第八章描述了一項實驗，證明人們的表現深受社會階級標籤影響。低種姓印度兒童的解題能力跟高種姓兒童一樣強——直到公布了他們的出身背景，情況翻轉。美國的實驗也證明，非裔學生在被告知測驗的目的是檢驗能力之後，表現便大不如前（白人學生則不受影響）。我們還描述了著名的「藍眼睛」實驗，這項以學童為對象的實驗也得到同樣的結論。

有時候，從人類社會觀察到的關聯性，可以透過動物實驗找到因果關係。好比說，以公務員為對象的研究，顯示社會地位越低的人，心血管的健康狀況越糟。但我們如何判斷傷害是由低社會地位造成，而不是因為較差的物質條件？獼猴實驗提供了清楚的答案。獼猴社會有地位階級之分，但是圈養的環境可以確保所有猴子擁有相同的物質條件：牠們吃同樣的食物、住在同一個圈養地。除此之外，我們可以將動物放進不同的小群組，藉此操縱其社會地位。如果把各群組的弱勢猴子放在一起，必然會有某一隻猴子被推上強勢地位。同樣地，如果把強勢猴子放在一起，某幾隻猴子必定會淪為弱勢。研究人員發現，在這種情況下失去地位的猴子，很快出現血管粥狀硬化的現象[322]。類似的實驗也顯示了低社會地位與腹部脂肪累積之間的因果關係[323]。第五章提到為猴子提供古柯鹼的動物實驗，顯示低社會地位的動物吸食較多古柯鹼——彷彿要補償多巴胺分泌不足[59]。最後，研究人員運用統計方法檢驗貧富不均與互信度或校園霸凌的因果關係[27,400,402]，也證實了貧富不均具有重要意義。

雖然我們找不到確認貧富不均與暴力之間存在因果關係的實驗，但只需走進城裡的貧困地區，隨便對哪個人出言不遜，一試便知。

我們已從許多不同角度羅列我們認為這些關聯性具有因果關係的原因。但正如卡爾·波普爾爵士（Sir Karl Popper）等科學哲學家強調的，要判斷任何理論的真偽，重要的一項要素就是看看它能否做出正確的預測。成功的理論能夠推斷原本未知的現象或關係的存在，並加以證實。「越平等的社會越健康」的理論，最早源於一組跨國數據，如今已有非常大量的分析（大約兩百項）在不同設定下檢驗這套理論；除了僅分析極小區域貧富不均狀況的研究，絕大多數分析都證實了這項理論。第二，如果這些關聯性具有因果關係，其中必然存在某種機制。尋找這項機制的過程，帶領我們發現平等社會擁有比較好的社會關係（以社會凝聚力、互信、群體生活參與度和低暴力等層面衡量）。這發生在社會關係對健康的重要性剛開始被廣為接受的時候。第三，「健康不良或許是因為貧富差距而呈現社會梯度的眾多問題之一」的理論已受到檢驗（一開始是運用本章稍早描述的特定死因死亡率），並且如同我們在第四章到第十二章描述的，已在兩種設定下得到充分證實。第四，在沒有理由認為貧富不均會影響社會心理的年代，健康與平等的關係似乎暗示貧富不均必然透過與社會分化有關的社會心理過程，影響民眾的健康。貧富不均確實有強大的社會心理作用，這一點如今已透過貧富不均與社會關係品質和眾多行為問題之間的關聯性（如前面幾章所述），得到了證實。

與低社會地位有關的問題，其嚴重程度在各個社會之間極為懸殊；若不接受貧富不均是背後的共同成因，並具有強大的破壞力量，很難看出要如何解釋這樣的現象。

接受這一點，並不需要理論的大跳躍。必須牢牢記住兩點。第一，證據僅僅證實一個直觀的常識，那就是貧富不均會分化並侵蝕社會。第二，人人都知道，在社會內部，疾病與社會問題跟社會地位有關，而且在最窮困的地區最常見。你很可能認為這只呈現出弱勢者會落到社會底層的趨勢。這種想法以前會被原諒，但如今已很明顯，這種說法不能解釋為什麼種種問題在比較不平等的社會普遍得多。這本書只是要指出，如果擴大了與這些問題有關的所得與地位差異，可想而知，所有問題都會變得更加氾濫。

「……因此，我可以斷定，靈長類確實是社會性動物。」

第十四章

我們的社會性遺傳

禮物帶來朋友，朋友帶來禮物。

——馬歇爾．薩林斯，《石器時代經濟學》

三思而行

對於貧富不均的看法，向來是政治右翼與左翼的歧見核心，但儘管如此，沒有人會不喜歡少一點暴戾之氣、心理狀態更健康、更多人參與公眾生活的友善社會。既然我們已經證明縮小貧富差距能創造更美好的社會，如今最大的關鍵，就在於人們是否相信社會可以實現更高的平等。當然，我們的分析並非拿現行社會跟有如天方夜譚般人人均等的想像社會相比：我們談的不是烏托邦或完美的人性。我們所見的一切，全都來自既有社會之間的對比，而那些社會並非格外難得或奇怪。事實上，我們分析的，全是世界上最成功富裕的經濟體之間的差異，這些經濟體全都享有民主政治和言論自由。毫無疑問，人類有能力在貧富差距極小的社會（例如日本及北歐國家）過上很好的生活。從我們的發現導出的結論絕非不切實際，相反地，它很可能比某些人（無論政治光譜哪一端）願意相信的，更符合市場民主政治的體制結構。

某些人可能還對證據持保留態度。從不平等國家的角度來看，某些看似跟它們差不多的國家竟然能在如此均等的情況下運作，實在匪夷所思、難以理解。自私自利作為人類生活指導原則的證據似乎隨處可見。正如經濟理論所假設，市場經濟的效率證明貪婪是人類最大的行動動機。就連犯罪，似乎都源於社會難以阻止某些人為了滿足私欲而違反規定。人性中樂於關懷與分享的一面，如今已難得一見。

若能更徹底理解身而為人的我們如何受貧富不均傷害，並且獲知改變的可能性，或許能減輕人們的部分懷疑。我們需要明白，在沒有重新改造人類基因的情況下，更高的平等如何幫助我們展現人性中更良善的一面。

一體兩面

在本書研究過程中，「社會地位」與「友誼」時常同時冒出頭角，就像一組糾纏不清的對立面。這兩者同樣是作為決定人們健康的重要因素。正如第六章所述，友誼及社會生活的參與對健康非常有益；而低社會地位、較大的地位差異與貧富不均，則會傷害健康。其次，兩者的關聯也跟它們在各個社會的變化有關。我們在第四章看見，隨著貧富差距擴大，社會互動性（以群體生活強度、人們的互信度和暴力事件頻率衡量）也跟著降低。而這兩者第三次同時出現，在於人們傾向跟條件相近的人交朋友：較高的地位或較懸殊的財富差距在人們之間畫下一道社會鴻溝。

是什麼將社會地位及友誼以這些不同方式綑綁在一起？原因很簡單。它們象徵人類相處方式的兩個極端。社會地位的分層（猶如動物社會的等級制度與啄食順序）基本上就是以權力與脅迫為基礎進行排序，確認誰有優先使用資源的權利，不必理會他人的需求。在其最赤裸裸的動物性表現中，強權即公理，最弱者只能撿別人挑剩的吃。

友誼則幾乎是恰恰相反的關係形式。友誼的重點在於對等、互惠、分享、社會責任、合作，及尊重彼此的需求。禮物是友誼的象徵，因為那代表施與受雙方無意競相爭奪必需品，而是明白並回應彼此的需求。社會人類學家馬歇爾·薩林斯說得好，「禮物帶來朋友，朋友帶來禮物」[324]。分享食物與一同用餐也具有相同象徵意義，而且效果特別強大，因為食物是人類最基本的物質需求。在匱乏的年代，食物的爭奪有可能對社會和諧產生格外強大的破壞。

是友是敵？

社會地位與友誼對我們非常重要，因為它們反映出我們用來應付社會組織與政治生活最根本問題的兩種不同方法，這一點，無論動物或人類社會都一樣。由於同一物種的成員具有相同需求，因此有可能成為彼此最大的敵人，互相爭奪一切——食物、棲身之處、性伴侶、可以舒舒服服坐著乘涼的地方、好的築巢地點——也就是各種稀缺的舒適品與必需品。正因如此，對許多物種來說，儘管面臨掠食者威脅，最常見的衝突並非跟其他物種爭鬥，而是發生在同種的成員之間。低位階狒狒躲避獅子的時間，遠遠比不上牠用來躲強勢狒狒的時間。低階動物身上的咬痕和傷疤，大多來自同一物種的高階成員。我們四周不乏同種競爭的現象——你只需觀察鳥兒在花園餵食器上爭食、狗打架，或想想被禁止的鬥雞運動：這些全是同種相爭的例子。

人類必須應付同樣的問題。湯瑪斯·霍布斯（Thomas Hobbes）寫於十七世紀的文章，就是以爭奪稀有資源所導致的衝突危險作為其政治哲學基礎 325。由於我們具有相同的需求，爭奪稀有的必需品會導致接連不斷的衝突，「所有人對抗所有人」。霍布斯相信，基於這種危險，政府最重要的任務就是維持和平。他認為，若少了政府的鐵腕，「自然狀態」下的生活將會「孤獨、貧困、齷齪、兇殘而短促」。

不過，霍布斯或許遺漏了一個重要環節。除了爭鬥的天性，人類還有另一種獨特潛能——那就是成為彼此合作、學習、友愛與扶持的最佳夥伴。對於受傷的同類，鴕鳥或水獺也許束手無策，但人類不同。但重點不只是我們有能力照顧及保護彼此。由於我們的能力多半靠學習而來，我們必須依賴別人以取得生活所需的技能。同樣地，我們獨特的分工能力，意味著人類可以透過合作得到無與倫比的益處。所以，除了成為彼此的最大敵人，我們也有可能成為彼此最大的舒適與保障後盾。

我們之所以留意友誼與社會地位，是因為社會關係的品質向來對人類福祉至關緊要：決定了其他人會成為令人害怕的敵手，或是成為安全、合作與協助的重要夥伴。這些社會生活層面如此重要，以至於缺少朋友和低社會地位，已成了影響當今富裕國家人民健康的最重要慢性壓力來源。

雖然霍布斯正確體認到同種競爭的根本問題，但對於人類發展出強勢政府以維護和平之前的初民社會，他的觀點錯得離譜。如今，我們對狩獵及採集社會有了更多了解，人類的祖先顯然並非生活在持續衝突的狀態。相反地，正如薩林斯指出，他們有其他方法維持和平[324]。要避免「所有人對抗所有人的戰爭」，社會與經濟生活是建立在交換禮物、分享食物，以及很高的平等之上。這些方法化解了對立，維持和諧關係。直接涉及自我利益的交換形式（例如買賣或以物易物），通常不被社會接受，遭到禁止。

這些模式證明了一個基本事實：物質或經濟關係的制度，就是社會關係的制度。

經濟實驗

傳統經濟理論認為，人類絕大多數行為可以從追求最大私利的先天傾向來解釋。但一系列運用經濟賽局的實驗證明，這樣的假設存在極大謬誤。

在「最後通牒賽局」（ultimatum game）中，志願者隨機配對，但兩人始終不知道對方身分，彼此也不會見面。「提議者」（proposer）拿到雙方已知的一筆金額，由他決定如何跟「回應者」（responder）瓜分。回應者只負責接受或拒絕提議。如果拒絕，雙方都空手而返；若接受提議，則各自得到提議瓜分的比例。

賽局只進行一次，所以回應者拒絕較小金額的提議、以迫使提議者下次更慷慨的做法，在此毫無意義——他們知道沒有下一次了。這種情況下，自利的回應者應該接受任何提議，無論這項提議多麼可笑；而自利的提議者應該提議回應者會接受的最低金額就好。

儘管實驗顯示這正是猩猩會出現的行為，人類卻不這麼做。實際上在已開發社會，人們提議的瓜分比例，平均在四十三％到四十八％之間，而兩人對分是最常見的提議[327]。我們願意跟另一個人幾乎平等地分享，寧可傷害自身利益，即便我們從未見過這個人，以後也不會跟他有任何瓜葛。

回應者通常會拒絕低於二十％的提議。被拒的提議，是回應者寧可不要也得懲罰提議者、讓後者無法從惡意的提議中獲利的金額。人性中甚至不惜付出部分個人代價的懲罰欲望，稱做「利他懲罰」（altruistic punishment）；這種欲望在加強合作行為並防止人們不勞而獲上，扮演了重要角色。

儘管最後通牒賽局的人類行為研究，跟各個社會的貧富不均程度無關，但它們卻關乎人們在跟別人瓜分金錢時，會做出多麼公平或不公平的選擇。這些研究的意義在於探究人們認為怎樣才是對待他人的正確方式（儘管雙方沒有直接接觸，而且慷慨必須付出成本）。人們在最後通牒賽局展現的公平傾向，似乎跟實際社會上的貧富不均扞格不入。

黑猩猩與倭黑猩猩

某些非人類靈長類動物比其他物種更重視社會階級。從不同動物的社會制度來看，衝突頻率、社會關係品質和兩性之間的關係，往往取決於該物種的社會階級有多麼森嚴。當然，人類並未被固定在某一種社會制度。我們的適應力讓我們有能力在截然不同的社會結構中生存，從人人平等的社會，到階級分明的社會。儘管我們的行為模式是受文化而不是受直覺驅策，階級對社會制度其他層面的效力，至今似乎仍顯而易見。正如第四章所述，在階級較模糊的社會中，男性比較不強勢，女性的地位比較高。同樣地，在比較平等的社會，社會關係品質也比較不具敵意：人們更信任彼此、群體生活更豐富（第四章）、暴力行為較少見（第十章），刑罰制度也比較不嚴峻（第十一章）。

大約六、七百萬年前，我們這一支的演化樹出現了分歧，產生了兩種不同的猿猴：黑猩猩和倭黑猩猩。人類的基因跟這兩種猩猩同樣接近，但牠們的社會行為卻存在驚人差異；這清清楚楚說明，要解決霍布斯提出的問題（因為稀有資源而產生的潛在衝突）有兩種截然不同的方法。

黑猩猩群體由一頭雄性領袖帶頭；牠基本上是靠高人一等的體型、力氣，以及和其他成員結盟的能力（通常包括來自雌性的支持）取得地位。任何物種的優勢階層就是牠們享用稀有資源的順序，包括（就雄性而言）與雌性交配的權利。優勢階層上的排序，是透過頻繁競爭，不時展現並評估彼此力量而建立並維持的。以靈長類動物學家法蘭斯・德瓦爾（Frans de Waal）和法蘭斯・蘭汀（Frans Lanting）的話說：

黑猩猩傳達彼此地位的溝通過程，是一場繁瑣的儀式。特別是在雄性成年之間，一名公猩猩會匍匐在地、氣喘吁吁地哼唧，而另一名公猩猩以雙腿站立、展現適度的恫嚇，明白表示兩者間誰是老大[328]。

反觀倭黑猩猩的行為則大相逕庭。不僅相鄰的倭黑猩猩族群之間比較少發生衝突，和黑猩猩的另一個差異是，牠們擁有較高程度的兩性平等。雌性的地位至少跟雄性一樣高，而且倭黑猩猩的優勢階層模糊得多。雖然雄性的體型比雌性稍大，但雌性通常可以優先進食。牠們被譽為「有愛心、懂分享」的猿類，並且頻繁地投入性活動（包括互相手淫），交配行為可以是任何性別或年齡組合。性行為已演化成不只為了繁衍後代，也為了化解其他物種可能產生衝突的緊張情勢。正如德瓦爾所說，「性是倭黑猩猩的社會黏著劑」[329]。它能減輕衝突、釋出善意訊息，並紓緩緊張情勢。倭黑猩猩透過交配，解決因爭奪稀有資源而產生衝突的問題。餵食時間顯然是交配活動的尖峰期。公倭黑猩猩甚至在食物被扔進圍欄前就已勃起，雄性和雌性紛紛向異性或同性伴侶求歡。對於食物以外的資源而可能產生的衝突，也以同樣方式解決。

雖然餵食並非人類性行為的預備動作，但進食確實是社會化的尖峰——無論是跟家人或朋友一起用餐、節慶和筵席，甚至是聖餐上分享麵包與葡萄酒的宗教象徵儀式。

德瓦爾和蘭汀總結黑猩猩與倭黑猩猩的行為差異：「在性與權力這對孿生概念中，如果說黑猩猩偏好後者，倭黑猩猩則顯然偏好前者。黑猩猩以權力解決性議題（爭執），倭黑猩猩則以性解決權力議題」[328]。或許正由於這樣的差異，研究顯示，倭黑猩猩比黑猩猩更擅長合作型任務。

那麼，是什麼因素導致這項差異？黑猩猩與倭黑猩猩在目前已知主宰社交、性與親子行為的一組基因上出現了不同[329]。或許值得寬慰的是，至少在這組基因上，人類呈現的是倭黑猩猩而非黑猩猩的模式，這意味著我們的共同祖先很可能偏好做愛，而不是作戰。

社會腦

我們既同意沙特（Sartre）「他人即地獄」的觀點，又同時承認他人也可以是天堂；這個事實顯示我們是多麼受社會生活糾纏，無法脫身。某項針對影響心血管系統的最大壓力來源所做的研究斷定，「與他人的衝突與緊張，無疑是日常生活中最令人苦惱的事，會對情緒健康產生初發及持續性影響」，其作用遠超過工作上的要求、金錢上的憂慮，以及其他逆境[330]。我們跟他人的關係品質不僅決定了福祉，也攸關我們的生存與繁衍，因此，社會互動向來是人腦演化的最大影響因子。

靈長類動物學家羅賓・鄧巴（Robin Dunbar）首先指出一個驚人的例證：各靈長類動物群居部落的正常規模（無論獨居、成雙成對，或者小型或大型聚落），跟新皮質區*占大腦的比例密切相關[331]。族群規模越大，似乎需要越大的新皮質區來應付社會生活。人類的舊石器時代始祖，通常聚合出比其他靈長類動物更大的部落，因此我們大腦中的新皮質區，就比其他靈長類的新皮質區占了更大比例。由於新皮質區的增長是人類大腦變大的關鍵，這樣的關係顯示人類之所以比較聰明，或許是為了回應社會生活的需求。

社會互動占據了人類的心思——全世界都一樣。我們滿腦子想著別人說了什麼話、可能有怎樣的想法，他們究竟是善良、無禮還是粗魯……他們為什麼出現這樣的行為、出於什麼動機、我們該如何回應。這些社會訊息的處理，有賴取得一組基本的社交技能，例如辨識人臉、使用語言、從肢體語言判讀他人的想法與感受、辨別每個人的特色、理解並留心社會能接受與不能接受的行為、認清並管理我們留給別人的印象，以及結交朋友與處理衝突的基本能力。但我們的大腦之所以發展成處理社會互動的社會性器官，並不只是為了替我們提供娛樂，更因為處理好社會關係極其重要。那是我們在意這些事情的原因。其他人之所以可以成為天堂也可以是地獄；就是因為他們有可能成為我們的最大敵人與競爭者，也有可能成為合作、關懷與保障的最佳夥伴。

我們的二元遺傳

不同型態的社會結構造就不同的特定環境。在某種環境中如魚得水的特質，不見得適合另一種環境。正因如此，人類必須發展出不同的心智工具，以便既能在階級分明的社會，也能在人人平等的社會中生存下來。優勢與歸屬策略深植於我們的心理構造。透過它們，我們學會如何結交朋友、如何爭奪地位，並學會這兩種對立的社交策略分別適用於怎樣的時機。

優勢策略（dominance strategies）的起源，幾乎可以肯定始於類人猿時期。石器時代的人類基本上過著講求平等的狩獵與採集生活；優勢策略不會適用於當時的社會。在類人猿的優勢階層中，我們不僅發展出有助於取得並展現高地位的特質，也學會在必須俯首稱臣的時候善用低姿態。危險之處是，在演化過程中，低社會地位是死路一條，對某些物種的雄性而言尤其如此。為了避免陷入絕境，某種程度的冒險與投機或許有其必要。

若要有效爭奪地位，人們不僅需要渴望高社會地位、厭惡低地位，還必須高度關注地位差異，並且有能力針對力量與地位進行正確的社會性比較：必須擁有正確辨識哪些地位競爭可以

＊編註：大腦皮質的一部分，掌管高等認知功能、意識及語言等。

獲勝、哪些無法獲勝的判斷能力。對許多物種來說，生命與肢體的安全往往取決於知道何時該讓步、何時該挑戰優勢動物以爭取地位。要得到最高地位，就必須展現高人一等的形象。這是心理學的豐富領域，有助於理解貶抑偏見、歧視與勢利的發展，目的無非都是展現優勢。我們越覺得被上面的人瞧不起、越缺少可以依賴的地位資源，對更弱勢族群展現優勢以贏回些許自我價值感的欲望就越強烈。這很可能就是第十二章提及的「自行車反應」的起源——這個名稱的由來，是因為它勾勒出人們一邊對上位者卑躬屈膝，一邊猛踢下位者的形象。

雖然追求地位往往被視為陽剛的特質，但我們不應該忘記，這很可能是雌性偏愛高地位雄性所造成的結果。亨利．季辛吉（Henry Kissinger）說得好：「權力是最好的春藥」。

儘管在當代人眼中，貧富不均是個恆常而普遍的現象；但從史前到人類歷史的漫長時間尺度來看，目前這種高度不平等的社會才是例外狀況。自從人類出現以來，我們有九成以上的時間生活在高度平等的社會。在涵蓋我們成為「解剖意義上的現代人」（也就是長成我們現在這副模樣）絕大部分時間的近兩百萬年來，人類過著極為平等的狩獵與採集（或覓食）的群居生活[332-5]。現代的貧富不均，是隨著農業的發展才逐漸興起與蔓延。在平等社會獲致成功的特質，跟優勢階層所看重的特質截然不同。

這並不代表人類在演化過程上突然出現無私性格；針對現代及近期狩獵採集社會所做的研究顯示，社會之所以維持平等，不僅因為建立了分享食物與交換禮物的機制，所謂「反優勢策略」（counter-dominance strategies）[331]也同樣功不可沒。人們之間的分享是一種「警覺的分享」，時時刻刻留意自己是否得到公平分配。在這些透過反優勢策略維持平等的社會，所有人無異於形成一個陣線，共同箝制對社會的自主與平等產生威脅的人。靈長類動物學家經常描述兩到三頭動物會結成聯盟，合力罷黜群體中的雄性首領；人類的反優勢策略很可能就是從這種結盟概念發展而來。對當代與近期覓食社會的觀察研究顯示，反優勢策略的形式，從嘲諷與挖苦到流放與暴力無所不包，用來對抗任何想占據優勢地位的人。我們從這些社會學到的一個重要心得是，人類對更大財富與權勢的私欲可以被壓制，或者轉換成對社會傷害較小的表達形式。

幾項心理特質可以幫助我們應付平等社會的生活。其中包括強烈的公平觀念；這讓人們在分享稀有資源時，更容易達成共識、避免紛爭。人們對公平的要求，甚至在幼童身上都一覽無遺；這讓人想不透為什麼人們可以容忍如今這種不平等的社會制度。同樣地，人們收到禮物後感受的人情債（如今被認為是人類社會的共通性），會刺激人們禮尚往來、防止白吃白喝的行為，因而有助於維繫友誼。正如前述的實驗性經濟賽局，證據顯示人們會因為不公平待遇而忿忿不平，寧可付出個人代價也要懲罰對方。

另一項特質也很重要，那就是我們對於跟自己平分食物與其他資源的人，會萌生一股認同感與歸屬感。他們成了「自己人」，會跟我們產生共鳴，擁有一樣的身分認同。分享的概念被各種宗教組織和政治團體用來製造手足之情，而當我們說一個社會擁有「延伸」或「核心」家庭制度，指的也是共享群體的範圍有多大——遠房親戚是否有權插手彼此的資源。托克維爾在十九世紀中葉寫下，他相信人與人之間懸殊的物質生活水準，是阻礙彼此相互理解的一道巨大屏障[23]。正如我們在第四章所見，他認為物質條件的差異阻礙法國貴族理解農民所受的痛苦，也說明美國的奴隸主為什麼對奴隸的苦痛如此無動於衷。他也認為，他在一八三〇年遊歷美國時看見白人族群擁有的堅強群體生活，正是所謂「身分平等」的投射。

在平等社會，我們因為成功滿足別人的需求而獲得的自我實現感，是社會凝聚力的一大來源。這往往被視為一種神祕特質，彷彿言語無法解釋。當然，那其實是來自我們被其他人重視的需求。當我們完成受人感激的事，我們會產生一股價值感。要在合作的狩獵與採集社群中保留一席之地，避免被驅逐、流放和欺凌，最好的辦法就是做出讓別人感激的事。如今，無論煮美味的食物、講笑話或以別種方式迎合人們的需求，都可以讓人萌生自我價值感。遠在人類發展出市場機制與雇傭勞力之前，正是這種能力（如今在親子行為中最明顯）促使人類——幾乎是獨一無二的——在人人互相依存的合作群體中，從分工與專業化得到好處。

我們還有各種社會策略用來應付不同型態的社會組織。在光譜的一端，優勢階層看重的是自己努力往上爬、爭取地位。人人都必須靠自己，其他人主要被視為爭奪食物與配偶的競爭對手。光譜另一端則講求互相依存與合作，生活保障取決於人們跟其他人的關係，自我價值感的來源不是地位，而是人們為其他人的福祉所做出的貢獻。相較於公然追求個人的物質利益，歸屬策略（affiliative strategies）仰賴共存、互利，以及移情和建立感情的能力。

當然，在現實中，上帝和瑪門（mammon；《聖經》中象徵貪婪的惡魔）共存於每一個社會，但兩方的領土大小，取決於人們的生活圈、經濟制度，以及個體的差異。

早年經驗

人類必須應付的社會型態如此懸殊，以至於面對社會制度的調適過程，從人生的幼年階段就開始了。要在必須對他人保持猜忌、時時提高戒心、為自己搶奪資源的社會長大，所需要的技能，跟在有同理心、講求互惠與合作的社會長大所需的技能完全不同。心理學家和其他學者向來告訴我們，兒童的早期生活本質影響著他們的人格發展，也影響他們長大後會成為怎樣的人。有關生命初期適應當地環境條件的特殊能力，動物界或甚至植物界的各種案例比比皆是。人類從子宮期一直到幼年階段，壓力反應及塑造情緒與心理特質的過程便經過一道不斷調整、編碼的程序。孕婦感受的壓力會傳導到胎兒身上，在出生之前便影響胎兒的發育。壓力賀爾蒙穿越胎盤障壁，影響胎兒的賀爾蒙濃度與生長。

幼兒本身在嬰兒期感受的壓力，是影響兒童發育的另一個重要因素。照顧與關愛的品質、環境中有多少衝突，在在對壓力賀爾蒙及兒童的情緒與認知發展產生作用。儘管尚未在人類身上驗證，但生命初期的敏感期偶爾會牽動「表觀遺傳」（epigenetic）過程，也就是說，早年的接觸與經驗或許會啟動或關閉特定基因，影響生命的長遠發展。研究證實，母鼠的育兒行為差異會改變下一代的基因表現，讓幼鼠得以根據幼年經驗找到適應環境的方法[336]。

過去，人們往往把早期生活十分艱巨的兒童直接視為「不良品」；但如今有越來越多證據顯示，實際上是早期經驗改變了兒童，以便應付相異的社會現實面。要在必須時時留心保護自己、並為自己搶奪每一分可得資源的社會中生存，所需的心理素質跟在有同理心、講求互惠與合作、以至於安全保障仰賴與其他人維持良好關係的社會長大所需的心理素質截然不同。早年生活經歷較多壓力的兒童，很可能比較有侵略性、缺少同情心、更善於應付衝突。實際上，從早期生活就能一窺成年後可能必須面對的社會關係品質。

這些過程如此重要，我們需要把父母對子女的養育，視為將成人的逆境經驗傳遞給下一代的一個過程環節。人們常指責某些父母管教不周，或說某些人不會教育孩子，但真相往往是，父母對待孩子的方式，扮演了把他們的逆境經驗傳遞給孩子的作用。雖然這通常是無意識的行為，父母純粹一時控制不住脾氣、沮喪或者黔驢技窮，但偶爾也可能是故意的。最近一宗法律案件，三名婦女被控鼓勵家裡的幼童打架——唆使他們互相打臉，並且對已經倒在地上的手足拳打腳踢[337]。孩子的祖母毫無悔意，宣稱這麼做會「讓他們變得更強悍」。從三名婦女的生活經驗來看，她們顯然認為這麼做對孩子們有好處。許多研究顯示，童年經歷的行為模式，往往會在成年後如實呈現。好比說，受過暴力或虐待的兒童，長大後出現暴力傾向的可能性較大。

幼年經驗的作用是經久不褪的。幼年或在母親肚子裡感受到壓力的兒童，中老年後比較可能罹患與壓力相關的各種疾病——包括心臟病、糖尿病和中風。正因如此，社會貧富差距擴大的效應，恐怕不會在短期內消失。越來越大的貧富差距意味著越來越多家庭活在相對低收入的壓力下；已有眾多研究顯示這會對兒童的發展產生破壞性效果。當父母經常遭遇困境，家庭生活品質就會受損；兒童變得比較欠缺同理心，但會準備好應付敵意較深的社會關係。

與貧富不均有關的許多問題，都涉及成年人對地位競爭的反應。不過我們發現，影響兒童的許多問題也跟貧富不均有關，包括青少年衝突、與同儕關係不良、在學成績不佳、兒童肥胖、嬰兒猝死，以及未成年懷孕。這類問題很可能反映出，不平等社會（或者說低社會地位）的壓力，已經滲透進家庭生活與社會關係。貧富不均與許多種不良現象有關，因為它導致社會關係品質惡化。瑞典、芬蘭、挪威這些國家在UNICEF兒童福利指數得分很高的原因，很重要的一部分就是因為他們的福利制度壓低了相對貧窮家庭所占的比例。

鏡像神經元與同理心

某些人將追求均富，視為把社會塞進一雙不合腳小鞋的過程；這樣的觀點並未認清人類的社會潛能。如果我們明白我們的社會需求與情感，就能看清消弭貧富差距能大幅改善健康、降低社會問題頻率，因為平等的社會是一雙更合腳的鞋。

鏡像神經元（mirror neurons）是人類生理構造讓我們成為深度社會性動物的一個驚人例子。當我們觀察別人的舉動，腦中的鏡像神經元會被激化，彷彿我們也在做相同動作[338]。這套系統的發展，很可能是為了讓我們從模仿中學習。當你觀看別人做一連串特定動作（一篇研究論文以屈膝禮為例），腦中同時反映出同樣的動作；這遠比從外部觀察者的角度，更容易幫助你學會這些動作。要做出一樣的舉動，你需要從內部去體驗。

當然，這個幫助我們內化彼此行動的辨識過程，通常沒有顯著的徵兆。不過，我們可以從肌肉中，偵測到這些特殊神經元刺激產生的電流。曾有人表示，我們對別人感同身受的能力，甚至偶爾因為看到電影上別人挨打的畫面而不由自主縮起來的反應，背後就是類似的過程。我們的反應，彷彿事情是發生在自己身上。

雖然在構造上，我們有對別人的事感同身受的潛力，但這份潛力能有多大的發揮與運用，同樣深受幼年生活所影響。

催產素與信任

我們的生理構造跟社會關係本質緊緊相連的另一個例子，涉及一種稱為催產素（oxytocin）的賀爾蒙，以及它對我們是否願意信任彼此所產生的作用。在第四章，我們見到不平等社會的民眾比較不願意信任彼此。無論在哪一種社會，信任無疑是一個重要成分，但在人們脣齒相依的現代化已開發社會中，信任已成了必要元素。

催產素對許多物種的社會依附與連結產生影響，不僅是母親與子女的連結，還包括性伴侶之間的連結。它的分泌受到性交過程中的肢體接觸、生產及哺乳所刺激，並且負責調控哺乳時的乳汁分泌。然而，對許多哺乳類（包括人類）來說，催產素也在更廣泛的社交互動中扮演一定角色，決定了我們的趨避行為。

催產素對人類互信意願的影響，在某個涉及信任遊戲的實驗中受到檢驗[339]。結果顯示，提高了催產素濃度的人更願意信任夥伴。類似的實驗發現，這樣的作用是雙向的：不僅提高催產素濃度會讓人更願意付出信任，受到他人信任也會導致催產素濃度提升。即便在這項實驗中，人們之間信任與否的唯一證據是透過電腦終端機溝通的數字決策，這樣的作用仍清楚可見[340]。

合作的喜悅與被排擠的痛苦

其他實驗證實，合作的感受能活化大腦的酬賞中樞（reward centers）。實驗反覆證明，就算沒有面對面接觸或實際交流，互助合作的經驗總能刺激酬賞中樞。研究人員表示，神經酬賞網絡的作用，在於鼓勵人們互惠互利，抗拒誘惑做出自私的行為[341]。

相對於合作的報酬，結合大腦掃描的實驗顯示，被社會排擠所感受的痛苦跟肢體疼痛所刺激的大腦部位相同。加州大學洛杉磯分校心理學家娜歐蜜・艾森柏格（Naomi Eisenberger）找來志願者，在電腦上跟另外兩名參與者（螢幕上看來如此）一起玩投球與擊球遊戲[342]。實驗的設計是，過了一陣子後，另外兩名虛擬的參與者會開始互相傳球，把實驗者排擠在外。大腦掃描顯示排擠經驗活化的大腦部位，跟肢體疼痛活化的部位相同。研究人員發現，許多種猿猴的幼猴在呼喚母猴，或母猴在提供母性保護時，同樣的大腦部位也扮演了一定角色。

人們向來本能地理解這些連結。當我們說「傷感情」或「傷心」，我們明白因為打破緊密的社會連結、被排擠與流放所造成的生理痛苦與社會痛苦間的連結。演化心理學家證明，放逐不肯合作的人、不讓他們分享合作的收益，是為了維持高合作水準的一種有效方法[343]。而且，正如最後通牒賽局所顯示，人們寧可付出部分代價、拒絕不公平的分配，藉此懲罰惡意的分配者，這證明人心存在著排擠不合作者的欲望。

造成社會性痛苦當然是排擠的核心意義，那跟我們先前討論過的，別人對我們的所作所為表達感激所帶來的尊重感與自我實現感恰恰相反。接納與排擠的力量，顯示出我們對社會整合的基本需求，無疑也部分說明了友誼與社會參與如此有益健康的原因（第六章）。

社會階級與地位差異十之八九也會造成類似的社會性痛苦。不公平待遇、貧富不均和被摒棄於合作之外，全都構成了排擠。證明被歸類為底層階級會影響成績的實驗（如第八章不同種姓的印度兒童、對學童所做的實驗，以及被告知測驗攸關能力的非裔美國學生），顯示出跟排擠有關的社會性痛苦。在同樣的概念下，當人們覺得被瞧不起、羞辱或丟臉，他們感受到的社會性痛苦偶爾也會激發暴力行為（第十章）。

對於把友誼當成養料、喜愛合作與信任、有強烈公平意識、具備鏡像神經元以便透過辨識過程獲得學習的物種，一個會讓人產生不平等、自卑和排擠關係的社會結構，必定會引發極大的社會性痛苦。有鑑於此，我們或許可以開始理解為什麼不平等社會有那麼多社會問題，不僅如此，我們或許可以因此更確信一個更人性化的社會，會比我們許多人如今生活的高度不平等社會更加實際。

真的
很浮誇的
大袋子
我顯然
在真的很貴的
地方買東西
你肯定
希望自己
買得起這些
東西吧！
GODDARD

第十五章

平等與永續

帶著最多玩意兒死去的人獲勝。

——美國保險桿貼紙

接下來一個世代左右，政治議題似乎很可能圍繞著如何阻止全球暖化失控打轉。要是失敗了，人類就可能必須把全副力氣用來應付暖化的後果。富裕國家平均每人的碳排放量，比全球平均高出兩倍到五倍。可是，把這些國家的碳排放量降低一半或五分之四，仍不足以解決問題：全球的總排放量已經過高，而我們還得保留一些額度供貧窮國家發展經濟。

較高的平等與降低碳排放量的政策有什麼關聯？基於貧富不均對社會的傷害（特別是它如何導致消費競爭升溫），這兩者不僅存在互補關係，政府若沒有縮小貧富差距，恐怕也無法大幅刪減碳排放量。

永續發展與生活品質

自從一九八〇年布朗特報告（Brandt Report）出爐以來，便有人主張社會與環境的永續發展相輔相成，牽一髮而動全身。幸好，就在人類發現環境已承擔不起碳排放量進一步升高之際，我們也得知在已開發世界，更高的經濟發展已無法繼續增進人們的健康、快樂或其他福祉。除此之外，我們如今也找出在不繼續促進經濟的情況下，如何提高富裕國家生活品質的方法。

但假如我們已沒必要增加消費，那麼減少消費會有什麼後果？碳排放量達到必要的縮減，是否意味把目前的物質生活品質，降低到富裕世界人民無法接受的水準之下？永續發展是否可以跟維持生活品質並行不悖？

圖15.1是尋找答案的起點。它呈現的是富裕及貧窮國家中，平均壽命與人均二氧化碳排放量的關係。由於碳排放量往往隨著社會的富裕而上升，這張圖看起來跟平均壽命與人均國民所得的關係（圖1.1）非常相像。然而，我們如今可以看見，某些國家以遠低於最富裕國家常見的碳排放量，達到接近八十歲的平均壽命。因此，即便在當前仍以不可再生能源為主的無效率科技基礎上，絕大多數富裕國家仍然有可能大幅降低碳排放量，同時不傷害健康與福祉。

圖15.1左上角的圓圈顯示，社會似乎有能力以最低的環境成本維持良好健康（同樣是以現有科技為基礎）。穿越圓圈中心的垂直線，是全球平均二氧化碳排放量的粗估值；這張圖顯示世

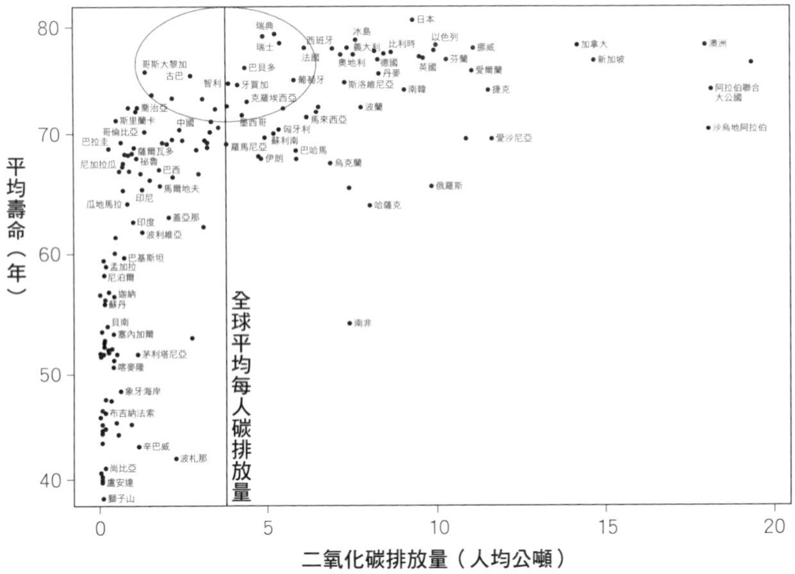

圖15.1：低嬰兒死亡率可以在低碳排放量的情況下達成[344]

界各國都有潛力在不超過目前全球碳排放量的情況下達到長壽。

由於目前的全球碳排放量已導致地球急速暖化，我們需要將全球的碳排放量縮減到遠低於目前的水準。這只能靠能源效率更高的生活方式，以及永續能源的開發來達成。這些改變會使圓圈（顯示同時達到低環境成本與高健康福祉水準的地區）往左邊移動，或許也會往上移動。

永續發展是否可以和高生活品質並存?世界自然基金會（World Wildlife Fund，簡稱WWF）也提供了答案。它分析各國生活品質與平均每人生態足跡之間的關係[345]。該基金會以聯合國的人類發展指數（Human Development Index，簡稱HDI）衡量生活品質；這項指數是結合了平均壽命、教育水準與人均GDP的綜合指標。圖15.2採用WWF的數據，顯示各國的人均生態足跡與人類發展指數之間的關係。既享有生活品質（HDI高於WWF訂的零點八門檻），且生態足跡可供地球永續發展的國家寥寥無幾。古巴是唯一做到這一點的國家。儘管所得水準很低，其平均壽命與嬰兒死亡率幾乎跟美國不相上下。

至少有一個國家結合了可接受的生活水準與可永續發展的經濟，這項事實，證明了這確實可行。然而，由於這樣的組合是在欠缺最環保且能源效率最高的科技下達到的，這意味著技術比古巴更先進的國家，可以更輕易做到這一點。有了可再生能源電力、環保新科技及更高的平等等優勢，我們相信人類可以將永續發展與高生活品質結合在一起。結束圖15.2的說明之前，我們有必要指出，最高的HDI分數之所以由生態足跡最大的國家得到，純粹反映出人均GDP是HDI的一個元素而已。

公平地縮減碳排放量

以較低的消費水準提高真正的生活品質，只是均富能為降低碳排放量所做的貢獻之一。除此之外，還有另外兩項貢獻。第一，降低碳排放量的政策若要得到大眾接受，就必須有公平的實施方法。你越富有、越會花錢，就越需要為全球暖化負責。富人透過消費造成的碳排放量，可能比同一社會的窮人高出十倍。如果富人是暖化的禍首，公平的解決辦法必定對他們影響最

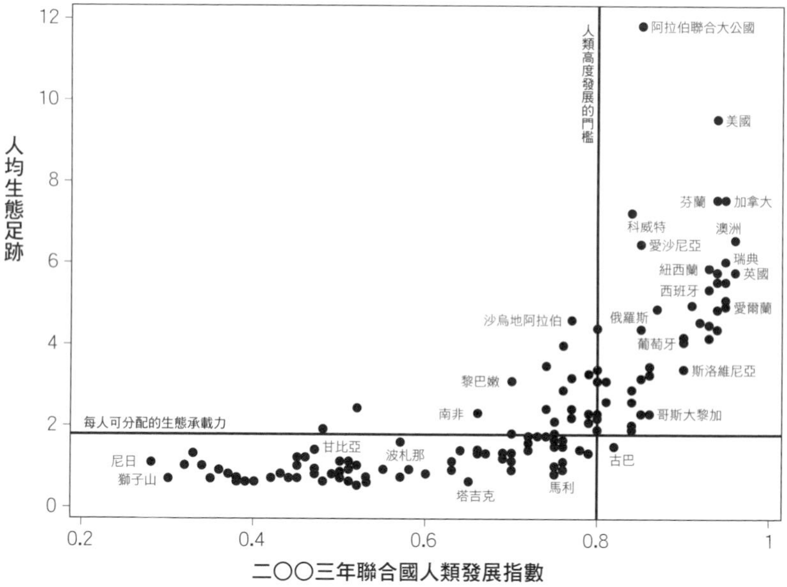

圖15.2：人類福祉與永續發展[345]

大。壓榨窮人以便讓富人維持高碳排放量的政策，恐怕得不到社會大眾廣泛支持。

曾有人提議建立碳排放量配給制，作為公平降低碳排放量的方法。把可允許排放的總量按人頭分配，得到每人可允許排放的公平配額。英國在二戰期間實施的平等政策顯然有異曲同工之妙：要讓大家同仇敵愾、攜手合作，就必須讓民眾認為戰爭的負荷有公平的分攤方式。理查・提墨斯（Richard Titmuss）認為這是推行配給制度及累進稅率的理論基礎，同時也是補助必需品、課徵奢侈稅的依據[346]。某些人提議應該以電子卡支付石油、電力與搭飛機的費用。用量低於配額的人，可以將餘額賣回碳銀行，再由碳銀行轉賣給想要超額使用石油與電力的富人。在這種「可交易的碳配額」制度下，高消費族群將補償低消費族群，所得因而從富人手上重新分配給窮人。二〇〇六年，時任英國環境事務大臣的大衛・米勒班（David Miliband）提出這樣的建議，二〇〇七年在曼徹斯特開始試行。為了保護窮人，或許有必要規定人們直到每個周期結束才能賣出餘額，只有已經省下的額度才能進行交易。

新科技本身不足以解決問題

我們或許指望新科技能讓我們免於碳排放量配給的苦日子。然而，儘管降低燃油消耗和碳排放量的綠色創新是必要改變的重要一環，但光靠這些創新無法解決問題。想像一下，剛剛問世的新一代汽車引擎，耗油率只有原來的一半。開車的成本會降低，幫我們省錢，但我們八成會把省下的錢花到別的地方。我們或許會更常開車、買更大的車，或者把錢花在更耗電的電器用品——例如更大台的雙門冰箱。但無論我們把效率更高的汽車引擎省下來的錢花到什麼地方，這些額外消費很可能增加別處的碳排放量，抵銷原本的環境效益。同樣的邏輯幾乎適用於所有情境。更省電的洗衣機或更隔熱的房子都有益於環境，但它們也幫我們省下荷包，而這直接意味著我們會把省下來的錢花到別的地方，喪失了部分環境效益。由於汽車變得更省油，我們選擇開車到更遠的地方。由於房屋的隔熱做得更好，我們提高了暖氣的溫度標準。由於安裝了省電燈泡，我們可能開始覺得一直開著燈也不要緊。

節能的創新科技意味著我們可以買更多東西，猶如造就了經濟成長。雖然新科技讓我們以相同的碳排放水準過上更好的物質生活，但減下的碳排放量立刻被更高的生活水平耗盡。眼前唯一的問題是，綠色科技的好處究竟被較高的消費吞蝕了多少？許多國家採用較小、較省油的汽車，但任憑提高了汽車效率，國家的碳排放量卻往往持續上升。

穩態經濟

我們無疑必須朝經濟學家赫爾曼．戴利（Herman Daly）首先提出的穩態經濟（steady-state economy）[347]發展。然而，誠如美國社會生態學家兼自由意志派哲學家莫瑞．波科欽（Murray Bookchin）所言，「要『說服』資本主義限制成長，猶如『說服』人類停止呼吸一樣異想天開」[348]，在這種情況下，我們該怎麼做？戴利建構穩態經濟學概念之際，人們更擔心耗盡地球有限的礦產和農業資源，甚於擔心全球暖化。他倡議限制挖礦，人類對地球資源的使用也不可繼續成長。限制全球的石油與煤礦生產，或許的確是限制全球暖化的有效方法。基於這個觀念，接下來的創新與改變重心將是如何更有效地使用有限資源，為全人類謀福利。

所謂物質生活水準，我們應該以使用中的物資總量來思考，而不是把它想成從消費到丟棄的流動速度。東西越快壞掉、越快需要換新，就越帶動從資源到垃圾的流動過程。如果物質生活水準取決於我們擁有的物資總量，那麼每壞掉一樣東西都是對物質生活水準的減損。與其當個消費者幫助企業維持業績，我們需要誘因來建造並維護各式各樣更耐用的商品。

顯然，解決這類問題的任何一套制度，都不該一體適用於富裕國家與貧窮國家。每人每年有一點六噸碳排放量的印度，不應跟每人每年製造二十四噸碳排放量的美國得到相同待遇。任何規章制度都必須涵蓋「緊縮與聚合」（contraction and convergence）或「總量限制與分享」（cap and share）政策。兩種方法均建議逐年緊縮可允許的排放水準，使全球各地的每人碳排放量最終趨於一致。

如果認為穩態經濟意味著停滯不前或缺乏改變，那就錯了。矛盾的是，要轉型到可永續發展的穩態經濟，過程中創造了對創新與改變的大量需求。想辦法更有效地運用有限資源，向來是創新與技術改革的基本驅力[349]。要調整針對資源消耗與排放的限制，必須仰賴前所未見的技術創新。正如我們即將在下一章見到的，持續快速的科技發展（例如數位化、電子通訊與虛擬系統）創造了「無重量」經濟領域，使得高生活水準更容易與低資源消耗和排放量結合在一起。

經常有人說發明與創新跟貧富不均密不可分，而且取決於個人財務誘因的大小。然而，圖15.3顯示情況恰恰相反——越平等的社會往往越具有創造力。這張圖呈現出社會越平等，平均每人專利數越多的趨勢。無論這是因為比較不平等的社會埋沒或浪費了人才，或是因為階級培育出順從性格，答案見仁見智。不過確實可知的是，較高的平等不會損傷社會的適應性。

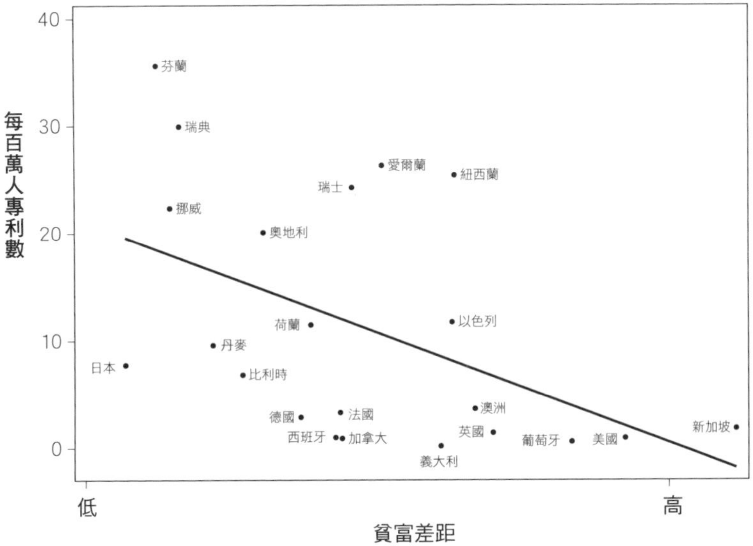

圖15.3：越平等的社會越有創新精神[403]

貧富不均與消費主義

促進平等與阻止全球暖化之間的第二個連結與消費主義有關；正是由於消費主義高張，才使得經濟活動如此難以局限在可永續發展的水準。我們對購物與消費的沉迷，讓許多人認為人類已經輸掉了對抗全球暖化的戰爭。我們的消費至上心態，不僅導致多數人像鴕鳥一般否認我們的生活方式可能造成的後果，也讓政府陷入癱瘓狀態，太擔心選民反應，以至於無法推行任何能發揮真正作用的政策。我們如何扭轉這樣的文化，降低人類對地球的威脅？

更高的平等是消弭消費文化壓力的關鍵。在人們似乎比較沒有戒心的年代，聯儲局卸任總裁、耶魯經濟學教授亨利．

瓦利赫（Henry Wallich）曾說：「成長是所得平均分配的替代品；只要有成長就有希望，那讓巨大的所得差異可堪忍受」[350]。但箇中關係反過來說也通。不光是成長取代了平等，平等也讓成長變得可有可無。那是穩態經濟的先決條件。

消費的動力有一大部分來自於地位競爭。對我們絕大多數人來說，那感覺或許比較不像競爭，而是某種防衛：如果不提高標準就落伍了，所有東西開始顯得過時、破舊、老氣。康乃爾大學經濟學家羅伯．法蘭克曾說，生活水準在本質上是相對的，而且牽涉與他人的比較。他在《落居人後：擴大貧富差距如何傷害中產階級》（*Falling Behind: How rising inequality harms the middle class*）一書中寫道[351]：

> 沒有人否認，一九五〇年被認為具有強大加速力的汽車，會被今日大多數駕駛人嫌反應遲鈍。同樣地，無論房子什麼尺寸，只要比街坊鄰居的房子大，就可能被視為寬敞。而所謂有效的應徵服裝，則是比同一職位其他應徵者的服裝更討喜就行。簡而言之，無論何時何地，評價總是依周遭環境而異。

問題是，次等商品讓我們看起來像次等人。跟有錢的名流相比，其他人只能自慚形穢，而且差異越大，人們的平庸與卑劣就越顯著、越放大。由於貧富差距會加劇地位競爭，我們得更費勁跟上腳步。富人或許相信他們願意花大錢買名錶、豪車或其他奢侈品，反映出他們對「注重細節」或「工藝」的欣賞，但真正重要的是他們購買的商品傳達出他們和我們其餘眾人的差異。每個廣告業者都知道，把他們定位成卓然不群（有社會區別）的人很有效。只有最好的人才配擁有最好的東西。

這枚銅板的另一面是，富人的消費讓其他人擁有的東西顯得不夠好（比不上最好的），因而降低了其他人的滿足感。倫敦經濟學院經濟表現研究中心（Centre for Economic Performance）的創辦人理查．萊亞德在他的著作《快樂經濟學》（*Happiness*）中，把這樣的不滿足視為富人加諸社會大眾的成本。[3] 他像計算工廠煙囪排放的廢氣一樣，估算出富人應該支付的成本。然而，他當時並不清楚本書所羅列的貧富不均對健康與社會問題的衝擊。他的計算純粹以社會大眾損失的滿足感或幸福感為基礎，得出六十%的富人稅或許能補償這項成本的結論（假設那高於其他人繳納的稅率）。

貧富不均會導致消費的競爭壓力加劇；這樣的想法並非空穴來風，而是可觀察的現象。正當美國與英國的貧富差距日益擴大，兩國也出現儲蓄長期下滑、債務攀升的趨勢。法蘭克指出，一九九八年，儘管美國經濟前所未有地繁榮，但每六十八個家庭就有一個家庭登記破產──比率是一九八〇年貧富差距急遽擴大之前的四倍[351]。到了二〇〇二年，信用卡持卡人平均積欠的卡債已高達九千美元。法蘭克分析十年間的變化，發現美國破產率增幅最大的地方，正是貧富差距擴大速度最快的地方[154, 351]。日益擴大的貧富差距，讓人們越來越難維持可以跟別人一別苗頭的生活水準。龐大的消費壓力促使民眾減少儲蓄、借更多錢，消費需求的擴張甚至成了長期經濟景氣與金融投機的一大驅動力量，以至最終爆發了金融危機。這跟廣告支出也因貧富差距而有不同的事實相吻合——比較不平等的國家有較高比例的GDP用於廣告花費；美國和紐西蘭的廣告支出高達挪威與丹麥的兩倍。

貧富差距引發消費壓力的另一項指標，來自各國工作時數隨著貧富不均程度而不同的事實。麻薩諸塞大學經濟系榮譽退休教授山姆・鮑爾斯（Sam Bowles）針對OECD國家所做的工作時數研究，不僅顯示比較不平等的國家工時較長，也發現過去幾十年間，工作時數的變化跟貧富差距的變化一致[352]。圖15.4呈現貧富差距與工作時數之間的關係。不平等國家的人民，每年等於多做了兩到三個月的工作。損失等同於八到十二周的休假，是人民為貧富不均付出的高昂代價。

另一項研究發現（這次是採用美國國內數據），假如姊夫或妹夫的所得比自己的先生高，已婚婦女比較有可能外出工作[353]。類似的研究則顯示已婚婦女決定工作賺錢與否，也受到個人的不公平待遇影響：這項研究分析嫁給受薪男人的婦女，發現如果生活在男性所得比較不平等的地區，婦女比較有可能選擇外出工作[354]。

我們從好幾個不同來源取得的有關儲蓄、債務、破產率、廣告支出和工作時數等證據，在在跟貧富不均確實會增加消費壓力的觀點吻合。假如消費主義很大一部分是受模仿與地位競爭驅策，或者純粹不甘心輸給別人，基本上跟面子和地位有關，這就能解釋為什麼儘管經濟成長顯然已沒有額外好處，我們卻仍持續追求經濟成長。如果每個人都因金錢能讓形象與地位

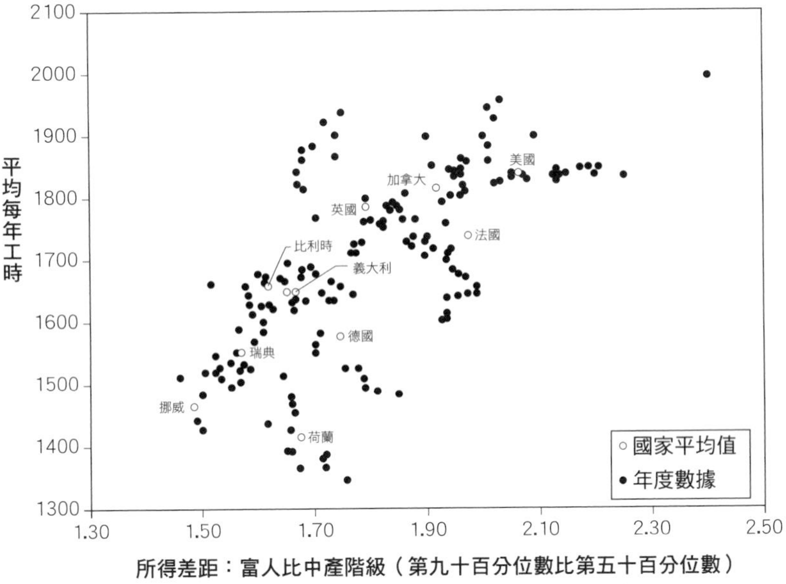

圖15.4：在越不平等國家，人民的工作時數越長[352]

凌駕於別人之上而希望得到更多錢，那麼每個人的財富欲望加總起來，並不等於社會的經濟成長欲望。一個小小的實驗可以證明在人們的財富欲望中，究竟有多多比例是對更高地位的渴望。研究人員提出這個問題：你寧願在富裕社會當個窮人；還是願意接受低得多的薪水，到貧窮社會當個富人？五十%的受訪者願意放棄一半的薪水，到他們比別人更富裕的社會生活[355]。這顯示我們多麼看重地位，並說明為什麼富裕社會內部的貧富差距，比富裕社會彼此之間的貧富差距重要得多（詳見第二章）。一旦擁有足夠的生活必需品，重要的就是人與人之間的比較。

當鮑爾斯與帕克（Park）首度提

出貧富差距與工作時數的關係（圖15.4），他們引述了托斯丹・韋布倫（Thorstein Veblen）的話：「一個人要使日常生活中遇到的那些漠不關心的旁觀者對他的財力留下深刻印象，唯一可行的辦法就是不斷展現他的支付能力」。韋布倫於一八九九年出版的《有閒階級論》（*Theory of the Leisure Class*），是探討消費與社會分層的關係的第一部重要著作；正是他提出了「炫耀性消費」這個詞彙，並強調「金錢競賽」與「互相攀比」的重要性[356]。由於廣告業操弄了我們對自我形象的不安全感，因而使我們對消費心理產生更多關注。韋布倫的著作遠在我們遭廣告轟炸之前即已成書。所以，與其完全把問題怪罪到廣告頭上，我們應該明白，廣告不過是放大並利用人類原本就存在的脆弱心理。經濟學家如今用「韋布倫效應」這個詞彙，指涉人們以社會價值而非實用性來選購商品的行為。研究也證實，對於比較容易被別人看見的地方，人們確實強烈地傾向選擇可以展現身分地位的商品。

消費主義經常被視為人類基本的物質私欲與占有欲的展現。然而事實絕非如此。我們對購物與消費近乎神經質的需求，其實反映出我們根深蒂固的社會性。當我們活在不平等且講求個人主義的社會，我們會用財產讓自己臉上增光、給人留下好印象，避免在別人眼中顯得無能或沒用。消費主義顯示我們多麼深受彼此影響。一旦掌握了足夠的基本必需品，我們擁有的東西本身越來越不重要，它們的價值越來越在於替擁有者製造形象。理想上，我們對彼此的印象應透過群體生活的面對面交流形成，而不該在真正了解彼此之前，靠外在的形象而定。這一點呼應了第四章提到的貧富不均會傷害群體生活的證據。消費主義的高漲跟群體生活的疏離脫不了關係。

如果我們必須為了減少碳排放量而大幅限制富裕國家的經濟成長，那麼我們有必要知道，這不代表在真正的生活品質（以健康、快樂、友誼和群體生活等真正重要議題來衡量）做出重大犧牲。然而，除了單純減少替代並阻止我們認清基本需求的種種奢侈品，我們也必須同時消弭貧富差距。我們需要創造能符合人類真正社會需求的平等社會。與其用直接對物質滿足設限的政策來應付目前的全球暖化問題，還需要搭配指引我們以更基本的新方法改善生活品質的平等政策。這項改變，是人類滿足感來源由經濟成長過度到更和諧社會的一項歷史性改革。

二〇〇七年的諾貝爾和平獎頒獎典禮上，拉金德拉·帕喬里（Rajendra Pachauri）代表他主持的跨政府氣候變遷小組（Intergovernmental Panel on Climate Change）發表獲獎感言時，說明了全球暖化如何削減了農產品、糧食及水的供給，影響幾億人的生存，因而導致越來越多衝突（他的演說發表在人類認清生物燃料導致全球糧食價格上漲的事實之前）。人類需要將充分回應全球暖化的威脅，視為高於我們每一個個人的神聖任務。但假如所有人（個人、企業、整個國家）都想方設法規避法規、尋找法律漏洞（正如稅收上行之有年的常規），這項任務將徒勞無功。在我們下筆之際，生物燃料運輸車正一車車橫越大西洋，往返於歐洲與美國之間，以便領取美國政府給予添加少量石油的生物燃料的補助；事實上，廠商在歐洲就可以添加石油，不必讓每公升的生物燃料都穿越大西洋兩趟。為了私利而讓法規產生反效果，顯現出人類之所以難以充分回應全球暖化威脅的主流態度。

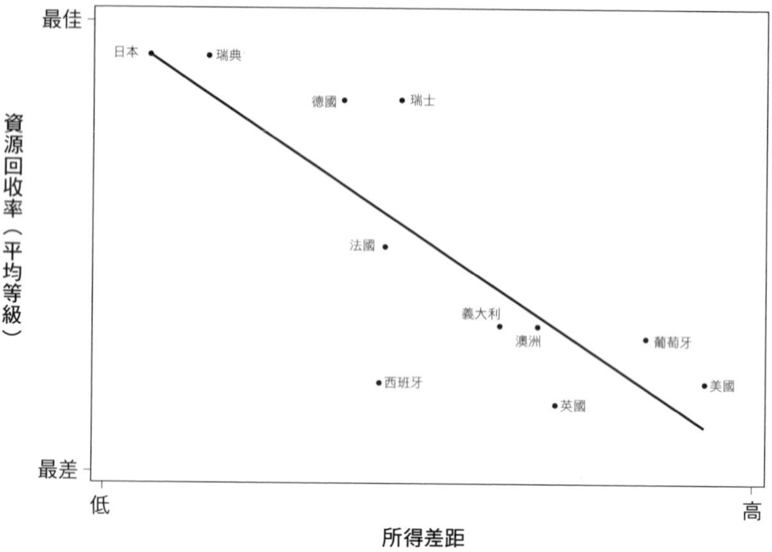

圖15.5：較平等的國家有較高的資源回收率

對抗氣候變遷，有賴前所未見的全球合作：如果每個人都想規避法規，我們絕對無法成功。鑽法規漏洞以追求短期私利的行為已不僅是反社會，更是違反人道的表現。降低碳排量的政策必須仰賴更廣泛的社會責任感、合作精神與公德心。在此，證據再度顯示越平等的社會表現越好。我們提過（第四章），平等社會具有能促進公德心的社會凝聚力和高互信度。我們也見證了這樣的精神如何延續到國際關係：比較平等的社會投入更多經費從事外援，得到更高的全球和平指數（Global Peace Index）分數。圖15.5顯示較平等的國家有較高的資源回收率，可見較強的社會責任感會影響社會對環境議題的回應。

這項數據來自澳洲的地球方舟基金信託（Planet Ark Foundation Trust）[357]，根據各國的資源回收率進行排名。較強社會責任感的另一個跡象，則來自一項針對企業領袖所做的國際調查。我們的同仁羅伯特・德沃格利（Robert De Vogli）和大衛・吉梅諾（David Gimeno）指出，在比較平等的國家，企業領袖更支持政府遵守國際環境協定，勝過不平等國家的企業領袖[404, 405]。

所以，與其假設我們陷入了自私自利的消費主義、個人主義與物質主義，而嘗試建立永續經濟制度的一切努力必定徒勞無功，我們反倒需要明白，這些都不是人性固有的表現。相反地，它們反映出我們置身的社會特質，而且每一個富裕市場民主社會的表現各不相同。追根究柢，縮小貧富差距的意義在於把重心從引發分裂的、自私自利的、受地位競爭驅策的消費主義，轉移到更團結和諧的社會。更高的平等能幫助我們建立團結合作所需的公共精神與使命感；若要解決威脅全體人類的問題，這樣的精神必不可缺。正如戰爭時期領袖的心得，若希望社會團結一心、通力合作，政策就必須公平、所得差距就必須消弭。

ME
MORRIS

第十六章

打造未來

放縱企業、聽憑盈利動機肆意橫行，並非打造宜居世界的良方。

——湯姆．斯爾茲（Tom Scholz）接受山巒俱樂部（Sierra Club）採訪時所言

在探討人類應該採取哪些行動來促進社會平等之前，我們有必要先表明立場：將焦點放在社會內部的貧富不均，不代表我們不在乎富國與窮國之間的國際差距。證據強烈顯示，縮小富裕國家內部的貧富差距，會讓富國更願意回應窮困國家的需求。我們曾在第四章闡述，比較平等的國家，對外援助的金額占國民所得的比例往往比較高（圖4.6）。最平等國家的外援金額占國民所得的比率，高達最不平等國家的四倍。在國際間，比較不平等的國家似乎也比較好戰；貧富不均與較低的全球和平指數息息相關。這項指數由人性視野機構（Visions of Humanity）與經濟學人智庫（Economist Intelligence Unit）聯手製作，結合了軍事化程度、國內與國際衝突，以及生活保障、人權與穩定等各種層面的度量[358]。

如果將話鋒轉向各國在國際貿易協定或減碳協商中的角色，我們發現平等國家比較可能採取對開發中國家有利的立場。

看來，貧富不均不僅影響社會內部的人際互動方式，也影響各國在國際議題上的常態與期望。在比較不平等的社會長大成人，會影響人們對人性的基本假設。我們已見證貧富不均如何影響信任、群體生活與暴力，以及它如何透過幼年生活品質，決定了人們是否友善、有同理心或富侵略性。這些議題顯然跟上一章探討的地位競爭與消費主義高漲密切相關。它暗示只要我們整頓好社會內部，就能對開發中國家寄予更多同理心。

轉型

但是，我們如何讓社會變得更平等？呼籲平等的言論會讓某些人憂心忡忡。在針對健康不平等議題而於華府召開的國家政策協會（National Policy Association）研討會上，我們其中一人為了消除人們的憂慮，特意指出一切數據都來自富裕的市場民主國家，而我們也只拿這些國家進行比較，肯定不需要發動革命也能糾正錯誤。可是當「不需要發動革命」這句話出現在國家政策協會手冊的標題上，我們很驚訝地發現，確實有些人以為革命無可避免。

正如平等信託基金會創辦人之一比爾．凱瑞（Bill Kerry）所言，如果要大幅縮小貧富差距，同時有效對抗全球暖化，我們的社會必須脫胎換骨；偏離和平的方法不會幫助推動社會轉型，但若只是在細微的政策選項上小打小鬧，必定無法達成轉型目的。關鍵是規畫好一份路線圖，讓新社會得以在它終將取代的舊社會中開始發展。那就是改變的真正意義。與其坐等政府為我們服務，我們必須立刻開始改變自己的生活和社會上的各種機構。我們需要的不是一場大型革命，而是持續不斷做出方向連貫的小改變。為了提高社會成功轉型的機會，我們需要記住，目標是要創造一個更和諧友善的社會，這表示必須避免會增加不安全感與恐懼、以至於往往以災難性反撲收場的破壞與動盪。我們的用意是要提高人民的安全感、降低恐懼，並且讓所有人知道，比起被階級與不平等主宰的社會，平等社會不僅有他們的容身之處，還能提供更充實的生活。

過去，當有關貧富不均的論點集中在窮人的困境以及何謂公平時，縮小貧富差距有賴規勸或威嚇富人以更具利他精神的態度對待窮人。然而如今，我們已知貧富不均會影響眾多層面、效力遍及整個社會，一切都有了不同。社會轉型是所有人休戚與共的行動。更高的平等是一個入口，帶領我們進入能幫助所有人改善生活品質的社會；它也是很重要的一步，帶領我們邁向可永續發展的經濟體系。

經常有人說更高的平等是天方夜譚，因為人人生而不同。這是個謬論：平等並不意味一模一樣。法律之前人人平等的原則確立後，人們並沒有因而變成同一副模樣。同樣地，縮小物質差距也不代表（如人們經常宣稱的）降低水準，或者所有人一致過上平庸的生活。財富（尤其是繼承的財富）並非判斷一個人功過的適切依據——蕭伯納（George Bernard Shaw）因此斷言：「唯有在金錢平等的情況下，人品的差異才能獲得彰顯」[359]。或許正因如此，瑞典才特別適合做諾貝爾獎的家鄉。

從我們的分析，看不出平等國家的智力、藝術或體育成就水準有較低的跡象。事實上，讓一大部分人口覺得受到貶低，肯定只會降低水準。儘管棒球隊並非社會的縮影，但一項控制嚴謹的研究以九年時間分析二十九支球隊的一千六百多名球員，發現球員年薪差異較小的大聯盟棒球隊，戰績遠遠凌駕於比較不平等的球隊之上[360]。我們在前面幾章也看到，比較平等的國家在各項領域都達到更高的整體水準。

政策失靈

政策一度被視為改善人民經濟條件、藉此提升社會與情緒福祉的辦法。但過去幾十年來，大方向已經失焦。如今，人們往往認為社會心理福祉有賴個人的努力，靠的是認知行為治療（一次解決一人的問題）、提供幼年支持，或重申宗教或「家庭」價值。不過，如今顯而易見的是，所得分配為政策制定者提供了改善全民社會心理福祉的方法。政治人物有機會實實在在為人民謀福利。

以專門業務各自處理健康與社會問題的方法，已證明所費不貲，而且頂多只有部分成效。研究人員評估某些重要服務（例如警察與醫療服務），表示它們並非決定暴力水準或人民健康狀況的最重要因素。其他服務（例如社工或毒品勒戒）的角色在於治療（或處理）五花八門的客戶群，而非降低社會問題的盛行。偶爾當政府機關確實頒布表面上旨在防範問題的政策──例如降低肥胖率、消弭健康不平等或設法打擊吸毒風氣；通常更像政治作秀，目的是展現善意，給人們留下政府勇於任事的印象。有時候，當政策顯然遠遠達不到目標，你不免懷疑是否就連當初制定政策或撰寫公文的人，也從不相信自己的提案會產生任何實質效果。

以健康不平等為例。十年來，英國政府一直致力於縮減富人與窮人的健康差距。某名荷蘭專家在一份檢討各國政策的獨立報告中指出，英國為了消弭健康不平等而實施的政策，領先於其他各國之上[361]。然而，英國的健康不平等問題毫無減輕跡象。這彷彿在說各領域的顧問和研究人員幾乎都下意識地知道，沒有什麼實際的解決方案值得被認真考慮。

相對於嘗試縮減貧富差距，以對抗健康或社會問題為目標的方案，幾乎總是試圖打破社經弱勢與這些問題的連結。這當中隱含著一個沒有明說的希望，那就是但願人們（尤其是窮人）維持同樣的社經條件，但基於某種緣故不再受精神疾病、未成年懷孕、教育失敗、過度肥胖或毒品之苦。

在政府眼中，每項問題都需要一套獨立的解決方法──彼此毫不相干。人們被鼓勵多運動、不要從事不安全性行為、向毒品說不、想辦法放輕鬆、在工作與生活間做好平衡，並且給予孩子「有品質」的親子時間。這些政策的唯一共通之處，就是它們似乎經常建立在窮人需要學得更聰明的理念上，忽略了這些問題皆源於貧富不均的明顯事實。

貧富差距趨勢

過去幾十年來，許多（但不是所有）已開發國家的貧富差距越來越大。圖16.1與16.2顯示英美兩國過去三十年間日益嚴重的經濟失衡狀況；圖上的數據是兩國頂層十％與底層十％人口的所得差距。兩國的貧富差距都曾急遽擴大，在一九九〇年代初期達到顛峰，然後就沒有太大變化。兩國的貧富差距維持在有紀錄以來的空前水準——無疑比過去幾世代都高。這段時期，沒有幾個已開發國家的貧富差距如此急遽擴大，但只有少數國家（例如荷蘭）似乎完全逃過這個問題。還有幾個國家（例如瑞典）起先避開了貧富不均問題，但狀況從一九九〇年初開始急速惡化。

這兩張圖沒留下任何懷疑的餘地；它們證明英美的貧富差距的確出現了大幅變化，而且如今比一九七〇年代中期高出了將近四十％。

如果情況可以如此迅速改變，那麼我們有理由相信，人類可以創造出生活品質與人際關係都遠比現在更美好的社會。

只要政府有心促進平等，不愁沒有這方面的政策。歷史證據確認了政治意願的至高地位。平等並非善意的政府等到自己禁得起折騰時所做的追求；平等政策通常是政府面臨存亡關頭的最後一招。世界銀行在一九九〇年代初發表的某份報告指出，許多東亞國家的經濟得以快速成長，背後是由越來越平等的所得分配支撐[366]。報告中說，這些政府之所以推行平等主義政

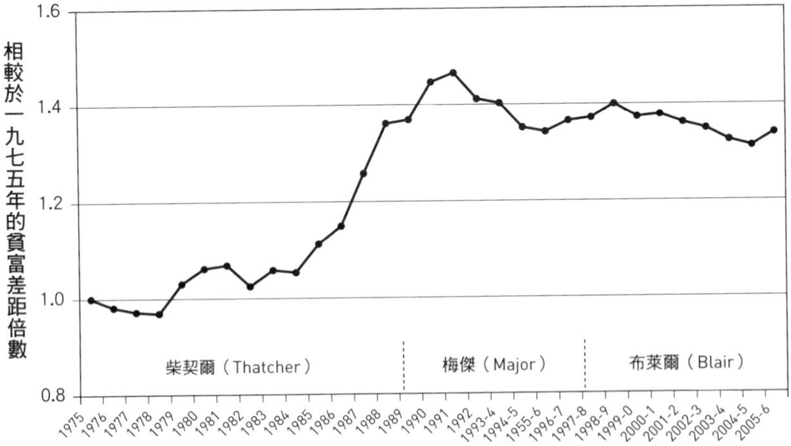

圖16.1：英國在一九七五(=1)到二○○五至二○○六年間，最富與最窮十%人口的所得差距越來越大

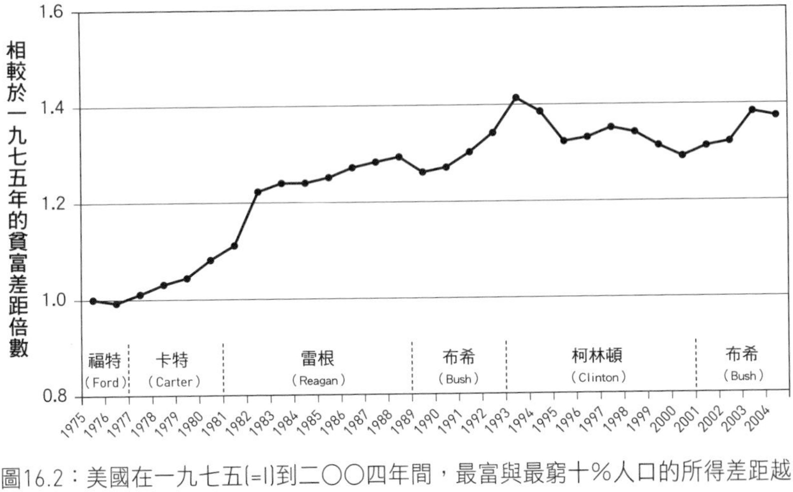

圖16.2：美國在一九七五(=1)到二○○四年間，最富與最窮十%人口的所得差距越來越大

策，是因為它們面臨正統性危機，亟欲爭取大眾支持。台灣及香港政府面臨中國共產黨政府的主權競爭，南韓面臨北韓，新加坡與菲律賓政府則面臨游擊部隊的挑戰。約翰・佩吉（John Page）一九九四年在世界銀行的一份刊物中描述這些國家的政策：

政府採用了非常明確的機制，展現讓所有人共享財富的決心。韓國與台灣推行全面的土地改革方案；印尼利用稻米與肥料價格政策提高鄉村收入；印尼頒布清楚的財富分享政策，提高馬來人相對於富裕華人的經濟狀況；香港與新加坡實施大規模的公共住宅計畫；在許多經濟體中，政府援助勞工合作社並推動計畫振興中小企業。無論什麼形式，這些政策顯示政府有意讓全民共享經濟成長帶來的利益[367]。

日本榮登最平等的已開發國家之首；這個地位一方面歸因於整個國家權力機構在二次大戰中戰敗受辱的事實，另一方面則歸因於麥克阿瑟將軍麾下那些毫無私心且極有遠見的美國顧問，在其政治與經濟重建過程中給予的協助——包括幫忙起草新憲法[95]。

關於促進平等的其他案例也有類似緣起。俾斯麥早期推動的社會保險模式，是他意圖爭取大眾支持他統一德意志各邦國的手段之一。在一次大戰與二次大戰戰爭期間，英國為了讓人民覺得戰爭負擔得到公平分攤、爭取人民對戰事的支持，大幅縮小了貧富差距。正如理查・提墨斯所言：「如果人民的合作是〔投入作戰行動〕不可或缺的一環，就必須縮減貧富差距、剷平社會階層的金字塔」[368]。

瑞典的社會平等，起源於社會民主黨（Social Democratic Party）的一九三二年勝選；這次選舉前，瑞典社會曾爆發勞資暴力糾紛，最終以軍隊朝鋸木廠工人開火收場。佩爾．阿爾賓．漢森（Per Albin Hansson）在一九三二到一九四六年間幾乎不間斷地連任瑞典首相，因而得以在瑞典重整與戰爭期間，實現把瑞典變成「無階級社會」與「人民之家」的夢想。

現在把焦點轉向貧富差距擴大而非縮減的案例；政治在這些國家扮演的核心角色同樣鮮明。從圖16.1與16.2，我們看見英美兩國的貧富不均日益嚴重，尤其在一九八〇年代到一九九〇年代初期。諾貝爾經濟學獎得主保羅．克魯曼（Paul Krugman）分析美國貧富差距擴大的原因。他說，傳統上認為這是由於資訊科技的流通導致企業對技術工人的需求上升，而廉價商品（如紡織品）的進口則使得非技術性工人遭到淘汰。然而，他駁斥這種解釋，表示計量經濟學的研究顯示這只是其中一小部分原因。他也指出，這類因素無法說明社會頂層（例如企業執行長）飆漲的所得，而這是貧富不均日益擴大的主要特色之一。他還補充，儘管這些因素在全體富裕國家行之有年，但只有一些國家擴大了貧富差距。沒有在一九八〇年代和一九九〇年代初期拉大貧富差距的國家，包括了加拿大、法國、日本、荷蘭、西班牙和瑞士[406, 407]。

克魯曼關注的範圍大體局限於美國，他認為導致貧富不均擴大的因素不是市場力量，而是「機關、規範與政治力量的改變」。其中，他特別強調工會的式微、生產力分享協議的廢除、政治右翼的影響，以及政府在稅法與福利上的改變。這份名單大可以再加上政府疏於推行適當的最低工資法。

儘管國與國的情況大不相同，但美國在二十世紀的所得分配趨勢，也可以在其他許多國家見到。貧富差距在一九二九年大崩盤前夕達到高峰，之後在一九三〇年代後期至一九四〇年代初大幅縮減，以至於這段期間偶爾被稱做「大緊縮」（Great Compression）時期。隨後，所得差距持續縮減，直到一九七〇年代尾聲或一九八〇年代中期結束。至此，貧富差距再度開始飆升，最近一次金融崩盤之前，達到一九二九年大崩盤以來沒出現過的懸殊差距。

大部分關於所得分配改變的研究，多半著力於細分整體趨勢的各項元素：有多大比例是基於擴大的薪資差異？多大比例是基於稅制與福利的改變？多大比例是基於失業與雙薪家庭的同步增長？然後繼續探究下一層的因果關係：有多大比例的薪資差異是基於工會衰微，又有多大比例是基於非技術性勞工的需求下滑？然而真相是，在任何一個國家，所得分配的重大改變從來無法簡單地歸因於影響工資水準的市場力量。相反地，我們目睹了機關、規範與政治權力運用的改變，正如克魯格對美國的描述。稅前的所得差異變大了、累進稅制變得比較和緩、新法削弱了工會權力，凡此等等。綜合來看，這些顯然是規範與政治觀點出現改變的跡象。倘若並非如此，而且擴大的所得差距成了一枚政治地雷，政府勢必會採取行動來縮小而非擴大差異。英國直到一九九七年政黨輪替，才開始致力於消弭貧富不均。

至於二戰之前與戰時的所得差距緊縮，其政治本質更無庸置疑。在大蕭條背景下，空前的失業率與社會動盪的上升跡象，大概再加上對共產主義蔓延的恐懼，迫使政府採取了行動。在美國，羅斯福總統於一九三〇年初推行新政；隨著戰爭降臨，許多政府紛紛大刀闊斧縮減所得差距。

如果「市場力量」是導致貧富不均的真正因子，那麼戰後不可能維持三、四十年的穩定，直到一九八〇年代才再度急速拉大貧富差距。原本的共識遭到推翻，顯然跟政治意見的右傾有關。新右派的勝利把自由市場的好處捧上了天，而貨幣學派成了經濟學顯學，被美國的雷根及英國的柴契爾等政治領袖奉為圭臬。共產主義不再是真實的威脅，許多政府紛紛把原有的國營事業私有化。

要明白政治態度如何席捲國際舞台，我們只需看看一八四八年的革命如何撼動一系列歐洲國家，或者想想一九六〇年代的激進主義，以及有多少共黨政權在一九八九年到九〇年間垮台。貧富差距在一九八〇年代急速擴大，也是源於類似的政治風向轉變；這項事實的另一個證據是，除了加拿大以外，英語系國家（英國、美國、紐西蘭和澳洲）是貧富差距擴大速度最快的國家；其中各國皆存在自由市場意識型態，並推行以創造更「靈活」的勞動力為目標的政策。更強的語言及意識型態連結，意味著英語系國家快速染上彼此的疾病，而且病得很重。

某項研究分析澳洲、加拿大、德國、日本、瑞典、英國和美國在一九八〇及一九九〇年代期間的貧富差距趨勢，發現工會的會員人數是其中最重要的單一因素[370]。儘管高失業率削弱了勞工的議價能力，然而在這項研究中，工會人數下滑與所得差距擴大的關係最為密切。

除了工會化程度，企業的勞方代表規定也會影響工資協議。歐盟委員會規定所有大型企業必須符合代表人數與諮商的最低標準，但各國的實踐程度還有待商榷。然而在日本，管理階層與工會往往建立了緊密關係。事實上，日本雇主協會委員會（Japanese Federation of Employers Association）發現，大企業的高階管理層中有十五%的人曾出任工會幹部[371]。在歐盟國家，就業人口的七成薪資受到集體合同保護，美國則只有十五%。英國的數字是三十五%，在歐盟國家名列最後。

通往平等的不同途徑

與其提出縮減貧富差距的一條特定途徑或一套政策，不如指出有許多不同方法可以達到同一目標。我們在第十三章說過，儘管平等國家通常透過稅收與福利的重分配或龐大的福利國制度來達到較高平等，但日本這類國家則是靠稅前所得的平均分配來縮減貧富差距。日本的（稅前）所得差距較小，所以不需要大規模重新分配。這就是日本遠比美國平等的原因，儘管其社會保障轉移支付（social security transfers）占ＧＤＰ的比例低於美國[362]。在我們分析的國家當中，美國與日本的平等程度恰好是兩個極端，但兩國政府的社會支出占ＧＤＰ的比例都很低：分別是我們分析範圍的倒數第二名和第三名。

平等確實可以靠許多不同途徑達成；美國國內也有類似證據[363]。各州總稅負占所得的百分比跟貧富不均完全無關。由於佛蒙特和新罕布夏是比鄰的兩州，同樣位於新英格蘭地區，兩者的對比特別耐人尋味。佛蒙特的稅項負擔為全美之冠，新罕布夏則是全美第二低——僅高於阿拉斯加。然而，新罕布夏的健康與社會問題指數表現最佳，佛蒙特緊跟在後，排名第三。兩者的均富水準也可圈可點：儘管稅制截然不同，但它們分別是全美排名第四與第六名最平等的州。是否需要進行重分配，取決於稅前所得的不平等程度。

各國及美國各州的比較傳達出相同訊息：要達到能提升健康、減少社會問題的平等，有許多不同的途徑。正如我們在第十三章所說，重要的是你最後達到怎樣的不平等程度，而不是你怎樣走到這個地步。然而，對於把降低社會支出及稅負視為當務之急的人，數據也提出明顯警訊。如果你無法躲開嚴重的貧富不均，就會需要更多監獄和更強的警力。你會需要處理更高的精神疾病盛行率、吸毒風氣，以及各式各樣的問題。如果壓低稅收導致貧富不均加劇，你恐怕不得不提高公共支出以應付貧富不均衍生出來的社會問題。

公共支出的運用可以有兩種選擇：在經濟嚴重失衡的地方用於對付社會問題，或在均富的地方用於真正的社會福利。貧富差距急速擴大的美國一九八〇年代，就是重心偏向錯誤方向的例子。那段時期，監獄經費的增長速度是教育經費的六倍，好幾個州花在監獄的公帑，不亞於政府對高等教育的投資[364]。

將經費投注教育而非監獄的社會是更適宜居住的地方，不僅如此，幼兒輔助政策更意味許多入獄服刑的人原本可以賺錢納稅，而不是成為公共經費的負擔。正如我們在第八章所見，學齡前兒童的教育服務是一項利潤豐厚的長期投資：受過學齡前教育的兒童比較不會需要特殊教育，長大成人後也可能擁有較高收入，比較不會依賴社會福利，或透過犯罪增加社會成本365。

我們很想說有兩條截然不同的道路可以通往平等，一條是以稅收和福利把財富從富人手上重新分配給窮人，另一條則是以差距較小的市場所得來達成目標，不須重新分配。但這兩種策略並非互不相容或彼此扞格。在追求平等的過程中，我們應該兩種策略並用：依賴其中一種策略而不使用另外一種，有如把一隻手綁在背後來打擊貧富不均。儘管如此，我們有必要記住，追求平等的主張並不盡然意味支持大政府。鑒於有許多方法可以消弭貧富差距，重要的是建立必要的政治意願來追求平等。

政治意願

如果事情的癥結終歸在政治，我們要如何激發縮減貧富差距的政治意願？若能證明更平等的社會是更美好的社會，證據的力道將是改變輿論的關鍵。許多人衷心信仰平等與公平，但這些價值觀還只是個人本能，他們擔心其他人沒有相同的信念。關於貧富不均引發的傷害，如今已出現越來越多的證據；這些證據的好處是將人們的本能轉變成可以公開論證的事實。這會讓始終保有這些價值觀的人大幅增強信心，並鼓舞他們採取行動。除此之外，某些人會受到新證據啟發而改變觀點。許多人因為我們的社會出現許多失靈跡象而憂心忡忡，渴望尋找解釋。

政治差異反映的是解決方法上的不同信念，而不是問題認定上的歧異。幾乎每個人（無論政治色彩）都偏愛居住在更安全、友善的社會。人人都同意，良好的社會比較不會出現本書所探討的種種健康與社會問題。因此，辯論的焦點在於用什麼方法解決。雖然人們已提出許多建議來協助個人面對特定困境，但本書呈現的證據顯示更高的平等可以幫助整個社會應付五花八門的問題。如果均富也是對抗全球暖化的政策要素，那就更值得推許。最近，英國研究人員透過焦點座談會發現，人們對貧富不均效應的理解，會強烈影響他們在這項議題上的態度[408]。研究人員將本書關於貧富不均如何影響信任、兒童衝突與精神疾病的證據，呈現在跨越整個社會與政治光譜的座談會參與者面前。參與者除了直覺地認為這些關係合乎邏輯，也深受證據觸動。許多原本反對均富的人改變了想法。當均富被視為改善全民生活品質的社會理念的一部分，就連當初反對追求平等的人，最後都轉而支持更高的平等。就激發必要的政治意願而言，證據被視為追求平等的最重要理由之一。

過去幾十年來，先進的政治思潮因為喪失了美好社會願景而嚴重受挫。人們針對不同的生活領域提出各種零碎的改進方案，包括呼籲對抗新的環境威脅或善待尋求政治庇護者，並示威抗議軍事干政。但似乎沒有任何一場群眾運動可以用更高理念鼓舞人民，告訴他們如何打造一個適合廣大群眾居住的更美好社會。缺乏願景的政治行動，激起的不過是幾聲呵欠。

然而，大多數人確實希望改變。在本書的第一章，我們提到一篇標題為〈渴望平衡〉的報告；這篇報告顯示超過四分之三的美國民眾認為社會已經脫離了真正重要的事物[1]。他們認為消費主義和物質主義已勝過與朋友、家庭、社會有關的更重要的價值觀。儘管政治人物意識到這個根深蒂固的隱患，因而表示他們代表「改變」，希望藉此吸引選票，但他們所謂的改變，很少比他們投射的個人形象差異更深刻。毫無跡象顯示他們知道如何讓日常生活變得更快樂、更充實。

民意調查顯示人民渴望縮小貧富差距。過去二十年來，英國的民意調查發現，認為貧富差距過大的民眾平均大約占總人口的八成，並且很少掉到七成五以下——儘管大多數人低估了實際的貧富差距。在美國，二〇〇五年的麥斯威爾公民參與度大調查（Maxwell Poll on Civic Engagement）指出，超過八成民眾認為經濟失衡已達嚴重程度，將近六成的人認為政府應設法縮減貧富差距。一九八四年到二〇〇三年間，蓋洛普調查詢問美國民眾是否認為所得與財富獲得公平分配，發現超過六成人口認為應該要有更平均的分配[369]。

企業力量——屋裡的大象

政治意願的部分問題在於我們覺得自己起不了任何作用。我們或許會同聲譴責超級富豪的驚人財富，但我們又能怎麼辦？證據顯示工會可以發揮些許影響力，但我們很難躲開這樣的結論：懸殊的貧富差距反映出經濟力量的高度集中。畢竟，我們受雇的經濟機構是拉大貧富差距的罪魁禍首。正是在那裡，價值被創造並分配給各個層級的員工。正是在那裡，建立了導致重新分配不得不然的不平等機制。也正是在那裡，我們被明明白白放進了階級分明的等級制度——強者與弱者、上司與下屬。

二〇〇七年，在全美規模最大的三百六十五家企業中，執行長的薪資比一般員工高出五百多倍，而且差距仍繼續擴大。在許多頂尖企業，執行長的日薪甚至比勞工的平均年薪還高。財星五百大企業二〇〇七年的薪資差距，比貧富差距正要開始連年擴大的一九八〇年高出了將近十倍。

由於執行長與一般勞工的薪資比因企業規模與行業別而各有不同，在進行跨國比較時，很難找到可以類比的數據。然而，一項試圖進行這項比較的研究（出於一個可信的單位）顯示，執行長與製造業作業員的薪資比例，在日本是十二比一，瑞典是二十一比一，英國是三十一比一，美國則是四十四比一[372]。

根據《衛報》（*Guardian*）所做的企業執行長薪資年度調查，在通貨膨脹率很少超過二%的期間，英國金融時報指數（Financial Times Stock Exchange Index）涵蓋的一百家企業的董事會薪資連年上漲了十六%、十三%、二十八%，最近期（二〇〇六到二〇〇七年）更漲了三十七%[373]。頂尖企業執行長的薪資（含紅利）只略低於兩百九十萬英鎊。國際勞工組織（International Labour Organization）審查了實證研究報告後，斷定毫無證據顯示執行長的薪資與企業績效有關，並表示這些極端薪資很可能反映出執行長的強勢談判地位[374]。

頂尖企業的薪資讓公共部門望塵莫及。在美國，最高薪的前二十名上市公司高階主管，薪資比非營利單位前二十名高薪人員的薪資高出將近四十倍，是前二十名高薪的軍事將領或聯邦政府閣員的兩百倍[375]。

看來，重大產業的去國營化，以及許許多多原本由會員掌控的互助會、合作社、房屋互助協會、工業福利協會與信用社的私有化，或許對圖16.1與圖16.2所呈現越來越懸殊的貧富差距，起了很大的推波助瀾之力。執行長與其他高階主管在民營化不久後獲取高薪，是司空見慣的事。這或許說明了英國為什麼在一九八〇年代中期大幅拉開貧富差距（如圖16.1）。英國電信（British Telecom）在一九八三年轉為民營，英國天然氣（British Gas）在一九八六年，一連串大型國營企業緊跟著在一九八七年完成私有化。其他國家擴大的貧富差距，也與民營化的腳步一致。

眾多企業的規模如今比許多國家還大。聯合國貿易與發展會議（United Nations Conference on Trade and Development；簡稱UNCTAD）的原話是[376]：

> 在UNCTAD根據附加價值所做的包含國家與跨國企業在內的最新排行榜上，全球的百大經濟體涵蓋了二十九家跨國企業。而在二〇〇〇年擁有最高海外資產的兩百大跨國企業中，以附加價值而言，埃克森（Exxon）規模最大（六百三十億美元），在最新排行榜中名列四十五，經濟規模與智利或巴基斯坦不相上下。奈及利亞的排名介於戴姆勒克萊斯勒（DaimlerChrysler）與通用電氣（General Electric）之間，菲利浦莫里斯（Philip Morris）則與突尼西亞、斯洛伐克和瓜地馬拉並駕齊驅。

以不同衡量方法所做的其他排名顯示，全球最大經濟體中有半數是跨國企業，其中通用汽車（General Motors）大於丹麥，戴姆勒克萊斯勒大於波蘭，荷蘭皇家蜆殼（Royal Dutch/Shell）大於委內瑞拉，索尼（Sony）大於巴基斯坦。正如一七九一年，湯姆·潘恩（Tom Paine）在他的《人權論》（*The Rights of Man*）[377]中抨擊封建地主擁有廣袤土地，這些生產性資產基本上仍掌握在非常少數、非常富有的人手上，讓我們的民主主張顯得非常空洞。

在湯姆·潘恩的年代，資本主義體制才剛剛誕生。身為平等與民主的倡議者，他集中心力攻擊封建地主、貴族、君主政體，以及皇室對大片土地的擁有權。他似乎假設市場體制（當時主要由小商人和工匠構成）會保持小規模與平等，因此與民主精神並行不悖。要是他預見大型跨國企業的發展會超越社會當年的財富集中度與非民主力量，他的砲口肯定也會瞄準跨國企業。要探討縮減貧富差距的辦法，就不能不探討我們應該對這些財富、力量與特權的堡壘採取怎樣的行動。

前蘇聯與東歐國家中央計畫經濟體制失敗的國營化實驗，其中一項用意，就是要解決生產力量越來越集中於私人之手的問題。但是把力量集中於國家之手，有時不僅高度缺乏效率，還會引來腐敗、剝奪重要的基本自由、傷害公共生活。那項實驗的失敗，似乎讓我們覺得沒有其他方案可以取代標準的資本市場模式，因而阻礙我們靈活思考其他更民主與平等的方法。我們自己蒙蔽了還有許多替代方案的事實，而其中許多方法早已存在我們的生活當中，在我們周遭蓬勃發展。

替代方案

在《跳脫資本主義的美國》（*America Beyond Capitalism: Reclaiming our Wealth, our Liberty and our Democracy*），馬里蘭大學政治經濟學教授加爾・艾爾柏羅維茨（Gar Alperovitz）彙整出現行於美國的各種替代制度及其規模[378]。他特別強調非營利部門的巨大規模。在美國前二十大城市中，四成的前兩百大事業單位屬於非營利組織，像是大學和醫療機構。他提到為四千萬美國人提供電力的兩千家市營電廠。基本上由於這些電廠不需要為股東創造利潤，它們的電費通常比營利企業低廉（照艾爾柏羅維茨所言，平均便宜了十一%），而且許多市營電廠特別注重永續經營及再生能源的開發。他也探討了同樣屬於地方層級的各式組織，例如全美的四千多家社區開發公司；這些公司透過低收入住房計畫支援地方社區，並為地方商業提供貸款（它們本身有時就是地方商業機構的業主）。全美有四萬八千個合作性組織，會員人數高達一億兩千多萬人。另外還有大約一萬家信用社，總資產達六千億美元，為八千三百萬美國人口提供金融服務。全美另有大約一千家由投保人持有的互助保險公司，有三成的農產品透過合作社行銷。

在英國，大學、醫院和地方政府等機構，通常也是最大的地方性雇主。由於醫療機構及大學（以及其他教育機關）幾乎完全仰賴公共經費資助，它們受到必須為全民負責的單位監管。牛津及劍橋大學的監管機構由所有研究員共同組成，非常民主。儘管出現一波賣掉互助會和互助保險公司以換取利潤的熱潮，英國如今仍有六十三家房屋互助協會（擁有超過兩千個分支機構與三萬八千名員工）、六百五十家信用社、七十家互助保險公司，以及兩百五十家互助會，分別為會員提供各式各樣的金融服務。另外有將近十七萬個慈善機構，年收入總額超過四百四十億英鎊。二〇〇七年，「社區商業」（Business in the Community，一個很有影響力的英國企業慈善協會）把資產總值四百億英鎊的合作銀行（Co-operative Bank），譽為全英國最具企業責任感的公司。前一陣子完成重組的六千三百家合作社，在整個食品零售業仍占有大約百分之五的市場，穩居英國「地方」零售業的龍頭老大地位，擁有將近八%的地方市占率。就連英國的國有產業（一度掌控電力、天然氣、自來水、電信及鐵路）也絕非一無是處。正如經濟學家兼記者威爾・赫頓（Will Hutton）指出，在整個一九五〇及一九六〇年代，國有產業的生產力足以媲美或甚至超越民營部門[379]。他說直到政府搜刮國營企業的利潤，並為了減緩國內經濟的通貨膨脹壓力而壓低它們的價格，才把它們的名聲搞壞。

這些組織的多樣化與大規模，無疑證明了營利事業並非人們攜手合作、提供重要服務的唯一有效辦法。我們羅列的這幾大類組織與營利企業的最大不同點，無非在於組織的主要目的是賺錢，還是以經濟上可行的方式提供服務（這個說法雖是陳腔濫調，卻意味深長）。儘管某些營利事業擁有高道德標準，但其組織架構（以及激烈的市場壓力）似乎誘使它們與社會建立剝削的關係——或許這就是我們需要「公平貿易」運動的原因。恐怕也因為動機不同，人們往往認為其他組織模式可以幫助機構建立道德風氣，並以推動環境與社區利益為使命。營利事業的最高薪水是政治、司法或軍事單位最高薪水的好幾百倍，毫無疑問，這項事實或多或少反映出企業的營利動機。

我們可以做些什麼？

那麼，我們應該如何阻止營利事業繼續擴大貧富差距，並使之民主化？它們應該如何調整，以符合社會對促進平等的需求？哪些方法不會被利益跟前人牴觸的新政府輕易抹煞？思考這些問題時，我們應謹記，我們已走到了人類歷史的關鍵轉捩點。正如第一章與第二章所述，提升生活品質已不再取決於經濟成長：如今的癥結在於社區，以及我們與彼此的關係。

要處理社會頂層失控的薪資水準，一個辦法就是堵住稅制漏洞、限制「營業費用」、提高最高級距的稅率，甚至立法限制企業最高薪資與平均或最低薪資的差距。這種辦法或許只能解決燃眉之急，非常容易因政府的變動而破局：即便修法改變稅制，政治立場截然不同的新政府仍可以輕易翻案。有鑑於消弭貧富差距的重要性，我們需要找到辦法確保平等更深植於社會肌理，比較不會因政黨輪替而不堪一擊。我們需要正視經濟體系核心的權力集中問題。

一個或許可以解決部分問題的辦法，就是民主化的員工持股。這不僅避免權力集中於國家之手，評估報告也顯示，與其替擁有並控制公司的外部投資人賣命，相形之下，這種辦法具有重大的經濟與社會優勢。

許多國家的政府以稅收優惠來鼓勵企業推行員工持股計畫。這是因為員工持股可以降低員工與雇主的利益衝突，因此照理可以提升企業績效。在英國，目前有大約十五％到二十％的企業實施員工持股制度，全國將近四分之一的就業人口受惠[380-81]。在美國，二〇〇一年的稅法提高了員工持股計畫的稅收利益，這項計畫如今遍及一萬家企業的八百萬員工，員工股份平均占十五％到二十％[382]。

然而，許多員工持股制度充其量只是激勵計畫，旨在讓員工更聽話、為員工準備退休後的養老金。正因如此，它們往往被當作表面功夫，而不是扭轉就業結構的關鍵。這就是研究發現員工持股計畫本身不足以大幅改善企業績效的原因。印第安納大學與普度大學的經濟學家派翠克・魯尼（Patrick Rooney）說，員工持股不盡然等同於員工更積極參與經營他們任職的企業[383]。他比較實行員工持股制度與沒有這項制度的企業，看看員工在各種決策上的參與程度。員工的參與度一般很低，但就連員工持股的公司也往往不會知會或諮詢職員的意見，而且這些公司多半沒有給員工在決策過程中提出重大意見的機會。

若要更穩當地提升企業績效，員工持股制度必須結合更著重參與的管理方法[384-5]。如今已有好幾項嚴謹的大型研究——包括運用好幾百家企業前後對比的數據進行分析的研究[386]——證實了結合員工持股與員工參與的經濟效益[385,387]。研究反覆顯示，唯有員工持股計畫與更高參與度的管理模式相輔相成，才能大幅提高企業績效[380, 383, 388-9]。某項以一九九〇年代諸多英國企業為分析對象的研究發現，員工持股、利潤分享與參與，分別對生產力的提升做出了獨立貢獻[380]。研究評論總結道：

> 我們可以肯定地表示，當擁有權與參與式管理相結合，就能創造龐大利益。然而，擁有權本身或參與式管理本身，頂多只有零星和短期的效應。
>
> ……少了（股份）擁有權，參與的效應將如曇花一現……擁有權似乎是一種文化黏著劑，讓員工的參與度維持不墜。

至於工作對健康的影響，研究也指向同一方向：正如第六章所述，當人們更能掌控自己的工作，做起事來似乎更帶勁。對工作的掌控，是最能解釋為什麼任職於同一個政府單位的英國高階與低階公務員的死亡率相差三倍的單一因素。實際上，這或許跟自主性的感受，以及不那麼直接覺得自己矮人一截有很大的關聯。對工作的掌控感，如今已知涉及了職場的民主[390]。除此之外，越來越多證據顯示在職場受到不公平待遇，是導致健康不良的重大危險因子[391]。

外部投資人擁有企業的概念，似乎越來越不符合時代精神。建築物、設備以及可銷售資產占企業價值的比例越來越小，重要的是員工的價值。當企業被買下和賣出，人們真正買賣的首先是企業的整體員工，包括他們合起來的技術、能力，以及對公司制度與生產方法的知識。唯有他們能讓企業運作下去。當然，一群人被買下和賣出、歸他們自己以外的人所有；這樣的概念非常違反民主。

員工難道不應該對他們的工作以及盈餘的分配有完全控制權？除了約定好的資本利息，外部股東難道真的有資格把不勞而獲的財富收進口袋？當企業百分之百為員工所有，參與、投入、控制和利潤分享都會最大化。企業可以透過借貸籌集資本，為自己保留控制權。此刻，股市裡的賭金只有一小部分真正幫助企業購買生產性資產。事實上，長期而言，企業付給外部股東的股息是企業利潤的一大缺口，耗掉原本可以用來改善技術與設備的資金。

羅伯特·歐克夏（Robert Oakeshott）是研究員工持股議題的英國權威。他說，員工持股「掀起了一場運動，使得企業在人們眼中，從一項商業資產轉變成一個工作社區」[388]。當員工擁有企業大多數股權，因而能掌控企業，企業就從財產變成了社區。屆時，管理階層負責的對象，就不是除了投資報酬以外對企業毫無興趣的外部投資人，而是全體員工。於是，企業會議成了管理階層向員工報告的場合，必須應付對前一季度的營運內情瞭若指掌的員工提出的問題與討論，並擬定解決方案。員工收購企業之後，可能需要一段漫長的轉型期，才能去除原本那種由上而下的心態，慢慢擺脫昔日有關階級與能力的假設；正是這些假設，讓較低職位的員工覺得自己低人一等。我們在第八章討論過，某些實驗運用種族與階級，證明被歸類為低等人會如何影響成績。

大衛·艾達爾（David Erdal）的《地方英雄》（*Local Heroes*）是一部記述蘇格蘭法恩灣牡蠣公司（Loch Fyne Oysters）員工收購案件的著作，書裡便描述了這樣的調適與解脫過程[392]。就某方面而言，這也是消弭階級差距造成的傷害的過程；由於這些假設在人們心中根深蒂固，終身揮之不去，這個過程因而難上加難。雖說如此，工作環境的結構確實事關重大。

合作型組織與員工收購，經常是傳統的所有權與管理制度失敗後，為因應危急狀況而產生的解決辦法。員工運用這些辦法，避免企業在市場環境最惡劣的時候關門大吉，導致他們失業。即便如此，他們偶爾得到超乎預期的成功——例如南威爾斯的陶爾煤礦（Tower Colliery）。一九九五年，當地礦工用他們的閒錢買下礦坑，並成功經營，直到礦藏在十三年後被開採完為止。許多完全由員工持有的公司也拿出傲人成績，包括倫敦交響樂團（London Symphony Orchestra）、蔡斯（Carl Zeiss）、聯合航空（United Airlines）、戈爾特斯（Core-tex）、寶麗來（Polaroid）和約翰路易斯百貨（John Lewis Partnership）；後者是英國最成功的零售商，總共有六萬八千名員工合夥人，年銷售額達六十四億英鎊。在美國，員工持有大多數股份的企業，最大規模的有大眾超市（Publix Supermarkets）、海維超市（Hy-vee Supermarkets）、科學應用國際公司（Science Applications International Corporation）、國際工程與建築公司西圖集團（CH2M Hill），以及旗下有《洛杉磯時報》（*Los Angeles Times*）和《芝加哥論壇報》（*Chicago Tribune*）等媒體的論壇公司（Tribune）。這些企業平均每家都有五萬五千名員工。

全球最著名的合作型集團之一，是西班牙巴斯克（Basque）地區的蒙德拉貢（Mondragon）公司。半世紀以來，它已發展成一個龐大集團，旗下有一百二十家由員工持有的合作社，共有四萬名員工老闆，銷售額達四十八億美元。蒙德拉貢合作社的利潤率是西班牙其他企業的兩倍，勞工生產力更高居全國之冠388。除了擁有權與員工參與的結合確實降低了利益衝突，因而提高了生產力，否則很難解釋這樣的成功。

對絕大多數就業人口來說，職場是他們跟家庭以外的人互動最密切，因此有可能產生群體歸屬感的地方。我們在第三章提出證據，過去五十多年來，隨著地域及社會階級流動性越來越強，群體生活已逐漸淡化，人們的焦慮感日益攀升。由於更融洽的群體生活和更高的互信度，都跟更高的平等密不可分（見第四章），平等或許有助於提升住宅區生活，因此，在不久的未來，我們恐怕無法重享過去那種關係緊密的社區所帶來的種種好處。不過，人們可以在職場上找到友誼的核心、獲得重視。然而，這種可能性往往被職場的階級制度破壞；職場階級把人區分成各種層級的發令者與受令者，確保員工無法形成群體，而是做為公司資產，為了替別人的資本賺取利潤而聚在一起。我們其中一人最近拜訪了兩家剛剛被員工收購的公司。當員工被問到情況有什麼不同，兩家公司的辦公室職員脫口而出的第一句話都是，當他們走進工廠車間，「人們直視你的雙眼」。在舊制度下，人們會迴避彼此眼神。

員工持股有助於促進平等，特別是透過自由與民主的力量。這是由下而上，而不是由上而下的精神。我們不知道人們認為怎樣的所得差距才算公平，他們似乎有可能同意，執行長的所得應該比他們的薪水高出好幾倍——或許三倍，或許甚至十倍。但他們大概無法接受好幾百倍的差距。事實上，這麼大的差距，恐怕只有靠否決任何經濟民主措施才得以維持。

只要員工持有的企業只占整體經濟的一小部分，這類企業就無法採用與其他企業截然不同的薪資結構。若是員工持有的企業付給低階員工的薪水高於其他公司、付較少的薪水給高階人員，那麼低階員工永遠不會離開公司，公司也比較難招聘高階人員。然而，只要員工持股占總體經濟的比例越來越大，人們就會改變他們對不同職位合理薪資的標準與價值觀，以及可接受的所得差距。我們至少可能朝更接近公共事業及非營利事業的標準傾斜。而且，假如不再有一群腰纏萬貫的民營單位老闆引來比較，並讓人們覺得這樣的薪水有其道理，非營利單位本身也可能變得更平等。或許，我們是時候遠離把追求個人最大利益當作值得讚許的人生目標的世界。

圖麗氏羅素集團（Tullis Russell Group）卸任總裁、八喜合夥有限公司（Baxi Partnership）董事大衛・艾達爾，曾經研究合作社的就業情形對當地社區的影響[393]。他比較義大利北部三座小城：伊莫拉（Imola）有二十五%的就業人口受雇於合作社；法恩札（Faenza）有十六%；薩索羅（Sassuolo）則沒有任何合作型組織。根據一項規模很小且回覆率很低的調查，他斷言有較高比例人口受雇於合作社的城鎮，在健康、教育、犯罪和社會參與等層面的表現都比較好。

作為促進社會平等的辦法之一，員工持股與控制擁有多項優勢。首先，這種做法有助於解放社會，因為人們逐漸覺得自己是群體的一分子。其次，這種做法讓薪資差異最終得到民主化控制：如果全體員工願意接受較大幅度的所得差距，他們可以選擇保留原來的薪資結構。第三，這種做法牽涉將財富從外部股東轉移給員工的大規模重分配，並因而造成所得的重新分配；就此而言，這是特別重要的一項優勢。第四，這種做法提高了生產力，進而提高了競爭力。第五，這種做法增加人們重新感受群體歸屬感的機會。第六，它可能也提升了廣大社會的和諧。然而，重點不僅是在仍由階級意識型態和追求地位的精神主宰的社會，出現幾家由員工持股的公司，真正的獎賞，在於擁有一個讓人們免於分化的社會。那只能靠數十年持續不斷的努力達成。

員工所有制極有彈性，並非只適用一種管理制度或工作組織。它只是將最高權力交到員工手上，由員工制定他們認為最合適的制度。這使得制度可以因應任何情況而調適。關於工作小組、每隔較長或較短的期間遴選董事、部門代表、公司受託人、公司的周會與年會等等各種制度，都可以因時因地制宜。權力可以下放，或者直接由可以投票的全體員工行使。人們將逐漸明白各種結構的優缺點、哪種形式的民主最適合公共與民營部門，以及如何代表消費者與地方團體的利益。

然而，為了確保越來越多企業由員工持有，其結構必須防止員工把企業賣回給外部股東。儘管大多數員工所有制都受到充分保護，但也有幾個回購案例，致使企業不再由員工持有與控制。

作為社會轉型的途徑，員工所有制具有可與傳統商業結構並存的優勢。新舊商業模式可以和平共存：只要有合適的法律支持與稅務誘因，社會可以立刻展開轉型。它讓我們得以透過有序的過度期推動社會的基本轉型，讓新社會從舊社會內部萌生。政府可以給予額外的誘因與支持，藉此鼓勵推行員工所有制。企業或許需要每年轉讓一部分股權，退休的業主有時或許也願意把企業交棒給員工。

雖然由員工持有與控制的產業不需要邀請地方社群與消費者代表參與監管單位，但這是可以輕易修正的錯誤。為了反對員工所有制，或許有人說這種制度完全無益於矯正不道德的市場行為。無論企業有怎樣的控制結構，賺取更高利潤的欲望仍會促使企業做出違反社會的行為。除了某些具有高道德標準的企業在市場上支持公平交易、保護環境、回饋地方社區，在此同時，也有企業想盡辦法拓展開發中國家的菸草市場，明知這麼做會導致數百萬人喪命。儘管開發中國家欠缺乾淨飲水或基本衛生條件，仍有企業鼓勵開發中國家的母親購買嬰兒奶粉，取代親餵母乳，以致許多小生命無辜犧牲。有些企業利用當地政府太軟弱或腐敗以致無法反對他們開採礦藏，因而持續地破壞生態系統、土地以及水資源。還有一些企業利用他們的專利，阻止可以救命的藥物以合理價格在較貧窮的國家販賣。

我們有理由相信，員工持股的企業即便在利潤動機之下，仍能維持較高的道德標準。在傳統的雇傭關係中，人們明確地被聘來為不屬於他們的目標而服務；他們拿人錢財發揮所長，替雇主選擇的任何目標賣命。你或許不認同你的工作目標，甚至不清楚目標究竟是什麼，但你不是被聘請在這類事情上存有意見，當然更不是被聘請來發表意見。這類議題不是你該關心的事。如果你的工作是指導企業如何拓展市場、提高利潤、避開媒體關注，企業要求你建議的，恐怕不是某種道德意見。你被雇來發揮專長，替別人的目標服務。你不僅沒有制訂目標的責任，身為員工，你很可能覺得不需要為這些目標負責。這就是人們經常說他們「只是聽命行事」，藉此為自己的所做所為卸責的原因。著名的米爾格倫（Milgram）實驗顯示，我們有服從權威的強烈傾向，有可能因此做出很可怕的事情。米蘭格倫以「學習」實驗為名義，顯示在學習夥伴答題錯誤時，人們願意給予夥伴他們認為不僅非常痛苦、甚至能威脅生命的強力電擊。他們是應一位穿著白袍的實驗指揮員的要求這麼做的，儘管會聽到他們以為是自己傳出的電流引發的尖叫聲[394]。

然而，在員工持股與控制的架構下，人們重新掌握了工作目標的所有權與控制權。舉例而言，如果你得知設計或製造流程的某個層面會傷害兒童健康，你會希望加以改變，並且開始徵詢同事的想法。你不再面對把懷疑埋在心裡的同一種壓力。你也無法繼續一笑置之、作壁上觀，彷彿事不關己。你也不必害怕因為提出棘手問題而丟掉飯碗。儘管員工持股的企業無法完全擺脫反社會行為，但它們至少會成功地盡可能克制這類行為。

自由與平等

自由與平等無法兼得的概念，似乎起源於冷戰期間。東歐與蘇聯的國有經濟彷彿證明，唯有犧牲了自由，人民才可能獲得更高的平等。冷戰所付出的意識型態成本，就是美國放棄了該國傳統上的平等承諾。對湯姆．潘恩等第一代美國人來說，若缺少平等，就不可能有真正的自由。兩者缺一不可。同時否決兩者的奴隸制度是這條規則的明證。平等是對抗專斷強權的堡壘；這顯示在「無代表，不納稅」與「無代表，不立法」等歷史性主張上。「美國獨立宣言」說，人人生而平等，並享有自由等不可剝奪的權利，正如法國革命家要求的自由、平等與博愛。許多民主思想家都曾撰文宣揚自由與平等的互補關係，其中包括社會哲學家霍布豪斯（L.T. Hobhouse）；他相信各種領域的自由都取決於平等——法律之前的平等、機會的平等、契約雙方的平等[395]。

今日存在的貧富不均問題，與其說是自由與民主的表現，不如說是兩者的付之闕如。畢竟，除了超級富豪外，誰會投票贊成發給企業與金融菁英數百萬美元的紅利，同時剝奪了眾多基層工作者足以養家糊口的收入？這些基層工作者承擔的是必要但有時很不愉快的任務，例如照顧老人、收垃圾，或者負責緊急救援。真相是，現代的貧富不均之所以存在，是因為民主被驅除於經濟領域之外。因此，我們需要將民主之手伸入職場，藉此解決這個問題。我們需要嘗試各種模式的經濟民主——員工所有制、生產者與消費者合作社、企業董事會的員工代表，諸如此類。

順應科技潮流

黛安．科伊爾（Diane Coyle）在其著作《無重量世界》（*The Weightless World*）中指出，儘管大多數工業化國家的人民，實質所得在二十世紀成長了二十倍，但世紀末製造出的產品總重量，跟世紀初相差無幾[396]。她也表示在一九九〇到一九九六年間，價值一美元（按通貨膨脹率調整後）的美國出口商品，平均重量減少了一半。儘管「無重量」趨勢一部分反映出服務業與「知識」經濟的成長，但也反映出科技的改變和微型化的潮流。現代消費耗用的物資遠低於以往的事實，照理是環境的一大福音。但導致世界走向無重量化的改變本質，或許也對平等產生了重大衝擊。

經濟學入門課程教導學生區分生產的「固定」成本與「邊際」（也就是變動）成本。固定成本是廠房和設備等成本，變動成本則是每一單位產出所需的額外成本——傳統上主要由額外所需的勞動及原物料成本構成，前提是廠房與設備原已存在。經濟理論表示，在競爭市場上，商品價格應該不斷往下跌，直到等同於邊際（即變動）成本。高於邊際成本的價格表示製造商仍然可以透過生產與銷售賺取些微利潤，而當價格低於邊際成本，每生產一單位所引發的成本，就會高於銷售賺取的所得。

日新月異的科技，正迅速降低現代經濟的一大塊變動成本。任何可以數位化複製的商品，其額外複製品的生產成本或透過網際網路的分銷成本，幾乎都聊勝於無。這適用於音樂、電腦軟體、電玩、影片、書本及任何一種書寫形式、所有資訊和圖片，涵蓋了一大部分的娛樂業、各種層級的教育服務，以及電腦軟體的許多經濟與專業應用——無論是存貨控制、統計分析或電腦輔助設計。

數位商品的邊際成本微乎其微，導致「免費」產業欣欣向榮。人們費勁地保護專利與著作財產權，設法限制盜用，讓企業能保住利潤；但科技進步的威力很難抵抗。複製保護碼系統被破解，商品遭到「解放」。有些案例的免費使用是以廣告為後盾；還有些案例則是真正免費，例如電腦程式的「免費軟體」或「共享軟體」。網際網路免費提供了堪稱無窮的資訊，不僅有書籍、百科、字典、報紙，還包括越來越多的線上雜誌。姑且不論合法與否，人們也可以免費下載音樂與影片。某些服務供應商如今提供無限量的免費儲存空間。電話費是從前的九牛一毛，而且有越來越多免費的網路電話服務。電子郵件和即時訊息也有效地提供了免費通訊。

其他科技領域（包括奈米技術、生物科技、電子印刷術和基因工程）雖然不像數位經濟那般驚天動地，但也正快速地降低生產的變動成本。這些新科技為更有效率的太陽能、更低廉的藥品以及更具經濟效應的新原料提供了各種可能性。

從許多製造數位化商品的企業角度來看，這些改變並非提升人類生活與享受的新契機，而是對利潤的莫大威脅。相對於盡可能實現新科技的好處，我們發現自己置身於奮力限制這項新潛力的體制結構。變動成本的大幅縮減，在利潤最大化與公共利益最大化之間畫下一道迅速擴大的鴻溝。在此情況下，政府有必要運用權力協助發展新的體制結構，而非為充滿局限的舊體制撐腰。

人們以往認為，邊際成本趨近於零的商品本質上屬於公共財，應該屬於眾人所有。數位化時代之前，橋樑與道路是最常被引用的範例。社會一旦付出了建造橋樑與道路的資本成本，那麼要獲得這項初期投資的最大利益，就是不收取費用，以免限制民眾的使用。也就是說，民眾應該獲准免費進出。提供無限制的免費使用以使得公共利益最大化，為橋樑與道路為什麼應該屬於公眾所有提供了一個經濟上的解釋——直到政府開始設置收費站，企圖收回建造道路的成本。

一旦投入了資本成本，越多人分享，利益越高。當市府的投資為當地民眾提供上網服務，就不需要限制民眾使用。維多利亞時代的人興建了免費的公共圖書館後，也發現了同樣的道理：一本書可以反覆閱讀，不會有額外成本。或許，靠公帑營運的政府機構與非營利組織必須有議價能力，為國家購買使用權或著作權。或許，國際機構必須有談判能力，為全世界爭取免費的教育與商業資源。從社會整體的角度觀之，科技的改變降低邊際成本的趨勢，正迅速導致天平傾斜，讓允許追求利潤最大化的企業控制商品流向的優勢迅速消失。很快地，它們只能靠受專利或著作權保護的壟斷力量吃剩的零頭殘渣維生。我們需要找到新方法來酬庸組織或個人進行重大研究、創造和創新（會下金蛋的鵝）而不限制民眾的使用。或許，我們需要慈善團體贊助發展軟體，供全世界免費使用。我們無疑需要徹底修改著作權法與專利法，好讓生產出有價值商品與服務的人能得到適當回饋，同時不限制人們使用他們的商品。

政治人物與大眾要面對的問題是，是否可能找到方法酬庸企業的研發，同時不試圖干預會限制民眾享用商品利益的定價制度——這些商品利益可能包括救命的良藥、可以餵飽饑民的農業創新，以及讓開發中國家的大學使用科學與學術期刊的權利。如果新科技會逐漸降低變動成本的思維正確無誤，這項問題會變得越來越緊迫。

或許，這樣的邏輯會帶領我們走向一個理想的社會，越來越多商品的取得不以所得進行分配，我們擁有的財富也不再扮演社會分層的重要角色。我們或許有望開始覺得自己是同一社會中不分高下的一分子，不同成分的人因共同利益而凝聚在一起。

平等觀的未來

人們每天為日常瑣事煩心，很容易忘記從長遠來看，歷史往更高平等發展的趨勢幾乎銳不可擋。那就像人類進步的一條長流，從最初立憲限制「神聖」（與專斷）的君權，一直到民主的緩慢發展，以及法律之前人人平等原則的確立。奴隸制度的廢除讓這條河流澎拜洶湧，並因將權利延伸到非地主與女人身上而高漲。免費教育、醫療服務，以及涵蓋補助失業期與生病期的基本薪資制度，讓這條河加快了流速。它繼續流淌，推動了保護就業者與租屋者權利的立法，也推動了防止種族歧視的立法。它推翻各種形式的階級服從，也幫忙廢除死刑與體罰。同樣的，要求機會平等（不分種族、階級、性別、性取向和宗教）的浪潮也越來越洶湧。過去五十年來，我們也見到遊說團體、社會研究者和政府統計單位越來越關注貧窮與貧富不均問題；人們最近更試圖建立相互尊重的文化。

這一切在在體現了平等的發展。回顧歷史，就算人們的政治意見不同，很少有人不歡迎上述種種發展。它們背後的歷史力量，讓它們成為絕大多數人希望持續下去的改變。人類進步的長河偶爾會被築壩攔水，偶爾會出現渦流，但這不應該阻礙我們看見它的存在。

照前面幾章所述，貧富不均與健康與社會問題盛行率的關係，顯示如果美國將貧富差距縮減到四個最平等的富裕國家（日本、挪威、瑞典和芬蘭）的平均水準，覺得能信任他人的人口比例將提高七十五%——群體生活品質照理也能相應提升；精神疾病與肥胖率分別能降低將近三分之二，未成年生育率可以降低一半以上，監獄人口或許能減少七十五%，人們會更長壽，同時每年縮短等同於兩個月的工作時數。

同樣的，如果英國變得跟那四國一樣平等，人們的互信度預期能提高三分之二，精神疾病盛行率降低一半以上，人人的壽命都能延長一年，未成年生育率會降到目前的三分之一，兇殺率則會下降七十五%，每人每年能額外獲得幾乎等同於七周的假期，政府也可以關閉全國各地的監獄。

要實現一個更美好的社會，就必須推動持續不墜的運動，決心達成這個目標。政策的改變必須前後連貫，數十年不間斷地投入這項目標，而這有賴一個知道自己希望往哪裡走的社會。為了盡一份力量，我們在平等信託基金會的網站（www.equalitytrust.org.uk）將持續提供我們的研究成果、圖表及其他資訊。

一開始的任務，是要讓民眾廣泛得知哪些層面已到了危急關頭。然而，與其炒出三分鐘熱度，然後被另一項流行議題奪走民眾的關注，我們需要推動致力於實現平等的社會運動。各地的平等團體必須結合起來，建立一個網絡，到處開會分享觀念並展開行動，無論在家裡或辦公室、在工會或政黨集會、在教堂或學校。這項運動也需要關注與平等有關的各種問題（無論是健康或未成年生育、監獄人口或精神疾病、吸毒風氣或教育水準）的壓力團體及慈善組織的投入。這項運動更需要與對抗全球暖化的緊急任務相結合。無論如何，我們都需要大聲疾呼，說明平等社會能帶來什麼好處。

我們不應該被「更高的富人稅會導致他們集體出走，因而造成經濟災難」的想法嚇倒。我們知道更著重平等主義的國家過得很好，有更高的生活水準和更優越的社會環境。我們也知道經濟成長不是衡量一切的準繩。事實上，我們知道經濟成長不再有助於提升真正的生活品質，而消費主義更是對地球的一大威脅。我們也不應該允許自己相信富人屬於一個較優越、較聰明的人種，是社會上稀少而珍貴的族群，我們其餘人等都得靠他們生活。這純粹是財富與權力創造出的假象。

相較於對富人感恩戴德，我們需要認清他們對社會肌理的破壞性影響。二〇〇八年底的金融崩盤及緊接而來的景氣蕭條，證明了頂層人士的巨額薪水與紅利有多麼危險。超級富豪的存在，除了誘使金融機構主管採用把全民福祉置於危險的政策，還提高其餘民眾為了趕上頂層社會的生活水準而產生的消費壓力。金融垮台之前，消費性支出的成長為漫長的投機熱潮提供了大量燃料。越來越失衡的經濟導致人們為了消費而減少儲蓄、提高銀行透支金額與信用卡卡債，並申請二胎貸款。嚴重的貧富不均問題增強了經濟景氣循環的投機成分，分散了我們對緊迫的環境與社會問題的關注，並讓我們開始擔心失業、不安全感，以及「如何讓經濟再度動起來」。縮減貧富差距不僅能讓經濟體系更穩固，也能對社會與環境的永續性做出重大貢獻。

現代社會將越來越仰賴有創意、有調適力、別出心裁、消息靈通又有彈性的社群，有能力在必要時候慷慨地回應彼此的需求。這些特質，不屬於對富人卑躬屈膝、人人的行動都以地位不安全感為出發點的社會，而是屬於全民齊心合作、互敬互重的社會。而且，由於我們試圖從舊社會中發展出新社會，我們的價值觀及工作方式，必定會在我們落實新社會的過程中起一定作用。但我們也必須設法扭轉社會價值觀，好讓人們免去羨慕與忌妒，將炫耀性消費視為問題的一環，並且視為貪婪與不公平的象徵，會傷害社會與地球。

馬丁・路德・金恩（Martin Luther King）說過，「宇宙的道德弧線雖長，但終歸彎向正義」。鑒於史前人類活在某些人稱為「原始富饒社會」[324]的高度平等社會，生活型態維持在穩定（或者說可永續發展）的狀態，我們或許可以想像一道弧線，彎回到人類最基本的公平與平等原則；在任何正常的社會互動中，我們至今仍認為這些原則是合宜的禮貌[349]。但是無論任何階段，創造平等社會皆須人們坦率直言、提出論點、組織起來大力鼓吹。

對於貧富差距，政府不可能完全置身事外。它們不僅是許多國家中的最大雇主，而且經濟與社會政策的每一個面向，幾乎都會影響所得的分配。稅收與福利政策的作用自不待言。其他有影響力的政策層面包括最低工資法、教育政策、國家經濟的管理、失業率是否維持在低水準、是否對必需品與奢侈品課徵不同的加值稅與營業稅稅率、公共服務的提供、養老金政策、遺產稅、負所得稅、基本所得政策、兒童撫養費、累進消費稅[351]、產業政策、再培訓計畫，諸如此類。但在這一章，我們也提議做出更根本的改變，以確保貧富差距受到民主控制，讓平等更深植於社會肌理。

在此階段，創造出促進社會平等的政治意願，比選定立場支持某一套縮減貧富差距的政策更重要。要激發政治意願，則必須先勾勒出一個可實現且鼓舞人心的美好社會願景。但願我們證明了確實有一個值得追求的更美好社會：一個更平等的社會，人們比較不會因為地位與階級而產生分化，我們可以在其中恢復社群意識、克服全球暖化的威脅，並且成為工作團隊的一員，民主地擁有並控制我們的工作，共享非貨幣化經濟的利益。這不是一個烏托邦式的夢想：證據顯示，只要稍微縮減貧富差距（這在某些富裕的市場民主國家已成現實），就能大幅提升生活品質。現在的任務，是要認清我們需要創造哪一種社會，以此作為政策的基礎，並下定決心善用體制與科技上的機會來實現願景。

無論我們是否付出努力，美好社會不會自然而然出現。我們可能阻擋不了災難性的全球暖化，可能聽任社會變得越來越反社會化，並且無法理解中間的變化過程。我們可能無力對抗僅占人口極小比例的富人；他們錯誤的自利觀念，讓他們把更民主與平等的世界視為威脅。過程中會有問題與歧見（這在奮力進步的過程中在所難免），然而，只要掌握了前進的大方向，就能完成必要的改變。

數十年來，我們活在對當代的社會失靈與環境問題束手無策的沉重感中，如今得知問題可以解決，應該要恢復樂觀。我們知道平等有助於抑制消費主義，讓對抗全球暖化的政策更容易推行。我們明白了現代科技的發展，如何讓營利機構變得越來越反社會化，因為新科技為公共財提供了快速擴展的潛力，讓它們深感威脅。我們正站在改變的邊緣，即將創造出對全民而言更美好、確實更適合群居的社會。

為了維持必要的政治意願，我們必須記得，人類歷史上最大規模的轉型，責任落在我們這一代肩上。我們看見富裕國家已走到經濟成長能對生活品質產生真正貢獻的盡頭，也看見我們的未來有賴提升社會環境的品質。這本書的角色，就是指出要建立更美好的社會關係，必須以較高的平等作為其實質基礎。

後記

研究與政治的衝撞

《社會不平等》引發的爭議

這本書最早出版於二〇〇九年三月；那是二戰以來最大型金融危機爆發後的六個月左右。輿論大致將這次危機的責任，合理地歸咎於金融業人士的瘋狂冒險行為；這些人冒險時的肆無忌憚，只有他們高得嚇人的薪水差可比擬。儘管我們的研究比這次金融風暴早了許多年，但研究的有效性未受此次危機影響，而本書之所以廣受好評，顯然與時機脫不了關係。金融崩盤以前，許多人以為高額的薪水與紅利反映出受薪者的獨特貢獻與傑出成就，不過當他們得知績效與獎賞之間並沒有什麼關聯，已紛紛改變了想法[408]。

誰的時代降臨了？

不過，本書激起的迴響，不能說完全拜出版時機之賜。這本書問世後，我們兩人在各國發表了逾三百五十場演說，演說對象及場合，包括公務員、醫療衛生主管機關、學界、慈善團體、信仰組織、智庫、職業協會、藝術與文學節、工會、高階企業領袖、社區團體、皇家學會、國際機構，以及橫跨整道意識型態光譜的各個政黨。儘管我們經常受邀對原本就抱持較高平等觀念的群眾演講，但情況並非總是如此。然而，聽眾始終給予一致的好評，讓我們感到似乎有一個知識真空地帶，對我們呈現的證據如飢似渴——彷彿在表層底下，這個世界充滿了未公開身分的平等主義者。

這種現象背後可能有三大類原因。第一是對解釋的渴求；人們希望得知為什麼在如此空前的富裕繁榮下，我們的社會卻深受林林總總的問題困擾：為什麼有如此高比例人口被憂鬱與焦慮折磨？為什麼有那麼多人依賴毒品與酒精？為什麼暴力犯罪如此氾濫？第二項元素，則是最初激發我們寫下這本書的一個情況——儘管大多數人覺得「消費主義」或「物質主義」有違我們的價值觀，並且跟我們希望多花時間與親朋好友相處的願望背道而馳，卻仍深陷追求物質與消費的泥淖。第三，我們的研究似乎證實了人們的直覺想法，也就是貧富不均會分化並腐蝕社會。不斷有人告訴我們，他們覺得從本書得到一個既新鮮卻又似曾相識的世界藍圖；這是他們等待已久的藍圖，改變了他們對生活周遭的看法。

某份最新報告以實驗證明了我們得到的一個強烈印象——一般大眾對不平等國家的高度貧富不均深感嫌惡。杜克大學與哈佛大學研究人員隨機抽樣調查五千五百多名美國民眾，意圖了解民眾對社會上的財富（而非所得）分配的看法[409]。受訪者看到三張圓餅圖，分別代表三種財富分配型態：其中一張顯示財富分成五等分，另一張顯示美國的財富分配模式（未標明國家），還有一張則顯示瑞典的財富分配模式（同樣未標明國家）。九十二％受訪者表示他們願意居住在呈現瑞典財富分配模式的社會（百分比的變化範圍僅從八十九％到九十三％，視受訪者為富人或窮人、共和黨員或民主黨員而定）。當問到他們認為美國有怎樣的財富分配狀況，一般受訪者估計最富裕的二十％美國人掌控了五十九％的財富。但事實上，這群富人掌握了全國八十四％的財富。若請受訪者描述理想的財富分配狀況，人們偏好最頂層的二十％人口掌控全體財富的三十二％。

無論如何，儘管本書得到相當正面的迴響，卻也招來了深刻的批評和尖銳的政治攻擊。這一章的目的，就是在說明我們的最新研究發現之前，先回應人們的批評與攻擊。不過，我們首先想談談許多評論者似乎基於誤解而發出的批判。

誰能從較高的平等獲益？

本書的許多批評者並不認為我們證明了絕大多數民眾都能因更高的平等而受益。他們似乎認為書中的證據，只不過確認了不平等國家的全民平均表現比較差的事實而已。410

我們在第十三章提出不下五組數據（並引用第一三六頁的另一項數據），顯示無論以教育背景、社會階級或所得區分，平等國家的人民，都比不平等國家同一所得、教育或階級級別的人更健康（或者得到更高的識字分數）。我們也引述運用統計模型得到相同結論的其他研究；這些統計模型讓研究人員得以控制全體人口個別所得的效用，分析貧富不均的影響。

我們不認為在平等程度較高的社會，每個人都能比不平等社會的民眾過得更好。我們並沒有說平等社會中最低階級、最低工資或最低學歷的人，都比不平等社會的頂層民眾更健康快樂。相反地，我們證明的是，當針對不同國家的同一社會地位、所得或教育水準級別進行比較，生活在平等社會的人過得比較好。所以，就任何級別的所得或教育水準而言，平等社會民眾的生活品質較高。這就是圖8.4、13.2、13.3、13.4和圖13.5所顯現的。結論是，較高的平等通常對社會底層影響最深，但也會為富裕人口帶來部分好處。

正如我們在第十三章指出，在其他社會問題（包括心理健康、未成年生育、信任度、兇殺和監禁）的盛行率上，平等與不平等國家也呈現巨大差異，顯示這項概念並不僅限於健康和教育領域。假如較高的平等只利於最貧窮人口，兩者間的差距通常還會比實際情況更懸殊。

貧富不均、階級與地位

偶有社會學家表示驚訝，因為本書的焦點完全集中在所得差距，忽略了如今可以取得的大量有關社會階級分層的嚴謹研究[411]。我們給予這類研究高度評價，但本書之所以沒有大篇幅介紹，是因為對本書進行的這類分析而言，社會階級分層有兩項缺點。第一，由於幾乎每一個國家採用的社會經濟分層制度都不相同，我們很難進行國與國的比較。舉例來說，瑞典研究人員早期在比較瑞典與英格蘭及威爾斯各社會階層民眾的健康差異時，必須根據英格蘭的職業類別，重新為數千名瑞典人分類。我們已將這項成果顯示於圖13.3和圖13.4。但就算我們可以在許多不同國家之間進行一致的社會比較，還有第二項更根本的問題：幾乎沒有一種社會階級分層法可以供我們在各國之間，比較族群與族群的差距大小。相反地，所得差距能讓我們簡單地把民眾分成幾個類別，並且評估全民之間的差距有多大。對比於地位分層法的種種缺陷，貧富差距透露出大量社會訊息。

我們發表本書時經常被問到的其他幾個問題（包括種族、移民、國家大小、地方性的貧富不均等種種問題），答案都列在平等信託基金會網站的常見問題集，網址是www.equalitytrust.org.uk。

公正的批評與不實的攻訐

以流行病學為核心的公共衛生議題，有一段漫長的政治鬥爭歷史：從十九世紀的下水道興建工程與乾淨飲水之爭，到現代為了避免民眾在職場或更廣泛環境中接觸到危險物質而推行的法案。當科學證據與各式各樣（包括產業、社會與經濟）的既得利益相衝突，就會出現政治鬥爭。

如今，公衛領域的學者與從業人員幾乎一致認定，社會與經濟條件是決定健康狀態的最重大因素。二十世紀下半葉最有影響力也最受推崇的流行病學家傑佛瑞・羅斯（Geoffrey Rose）說過，「醫療與政治不能也不應該分離」。我們越來越認清人類的健康與福祉深受社會結構影響，這就無可避免地讓科學與政治產生衝撞。

各學術領域的學者總是無時無刻批評彼此的研究：這是科學進展正常過程的一環。然而，明擺著基於意識型態而發出的攻訐，則不可同日而語。相較於同儕之間針對研究方法與證據解讀而產生的爭議，突然之間，對廣泛的研究文獻既不了解也無貢獻的人試圖操作媒體，讓民眾相信這些研究發現都是騙人的玩意兒。

設法推翻似乎具有重大政治意義的大量科學證據，如今已是司空見慣的現象。兩位美國學者——娜歐蜜・歐蕾斯柯斯（Naomi Oreskes）與艾瑞克・康威（Erik Conway），最近透過他們的著作《販賣懷疑的人》（*Merchants of Doubt: How a Handful of Scientists Obscured the*

Truth on Issues from Tobacco Smoke to Global Warming），描述了這樣的把戲[412]。他們說人們（通常是遊走於許多不同領域的同一群人）使用的伎倆，就是讓人以為影響公共政策的重大科學領域都是有爭議的，即便這些科學知識的意義早已非常明確。正因如此，對於殺蟲劑、菸草市場、酸雨、臭氧層破洞、二手菸的危害，當然還有全球暖化，公眾的反應才會慢了好幾拍。一如這些「販賣懷疑的人」的一貫作風，本書的眾多批評者之一最近也撰文反對香菸管制，並質疑如今已證據確鑿的二手菸對健康的危害。幸好，公共場所禁菸令（如今在蘇格蘭、美國與加拿大部分地區、羅馬、愛爾蘭和英格蘭實施）已在上述各地降低了死亡率、挽救了數千條性命，政府似乎不可能因他的文章而廢止這項禁令。

攻擊失敗的原因

我們在平等信託基金會的網站上，逐條反駁了納稅人協會（The Tax Payers' Association）、民主研究所（The Democracy Institute）及政策交流委員會（Policy Exchange）提出的種種批評[413]。由於內容相當繁瑣，本章僅概略陳述這些批評以及我們的回應。

抨擊本書者的最重要策略，無非表示在書中描述的貧富不均與社會問題的關聯性上，我們是唯一做出此類連結的人。然後他們開始針對書中圖表呈現的關係逐一散播懷疑，暗示這些關聯性不外乎統計巧合、巧妙挑選國家的詐術，或挑選符合書中論點的問題而得到的結果。舉例來說，他們聲稱美國應該排除在某項分析之外，日本或北歐國家則應排除在另一項分析外，或者表示如果加入貧窮國家，某一項統計關係就會消失無蹤，凡此等等。

姑且不論這些批評對我們的研究有什麼益處，這樣的策略意味這些批評基本上毫無章法、零碎片段，而且無法擴及其他研究人員以不同設定得到類似關聯性，並發表於學術期刊的研究成果。如今在同儕審查的學術期刊上，已有大約兩百篇論文以不同設定驗證所得差距與健康的關係[10]，超過五十篇論文觸及暴力與貧富不均[210, 211, 414]，以及相當數量的論文探討貧富差距與信任度和社會資本的關聯性[400, 415]，若要聲稱這些關係並不存在，已很難令人信服。事實上，說出這些話的人，幾乎總是在做政治攻擊，而非某種學術批判。

熟讀文獻的學者之間所做的學術討論，如今大致局限在應該如何解讀這些關聯性。這就是我們為什麼先探討各種解讀法的優缺點（見第十三章），然後才推斷這些關係必定反映出貧富不均造成的傷害。除了少數例外，本書的內容幾乎都曾接受同儕審閱，並發表於學術期刊。那麼，究竟曾有哪些抨擊，我們又是如何回應？

從優挑揀？

某些評論暗示，我們只挑選有利於論證的健康與社會問題進行檢驗[416]。《社會不平等》並未宣稱對所有類型的社會問題都提出了解釋：確切地說，本書是為具有社會梯度的問題（即越往社會階級底層越常見的問題）提出的一套理論。好比說，我們不預期飲酒量會因為貧富差距而提高，因為在大多數國家，飲酒量不會隨著社會階級往下而上升。相反地，酒精濫用（例如拚酒與酗酒）則的確呈現社會梯度；酒精性肝病致死的案例在比較不平等的美國各州比較常見[8]。我們也證明了，社會階級底層並未比較常見的死亡原因，例如乳癌與攝護腺癌，其死亡率與貧富不均沒有關聯[8]。這跟具有強烈社會梯度的死亡因素，例如心臟病，形成了鮮明對比。

我們將富裕國家的UNICEF兒童福利指數與貧富差距的關係納入分析（見第二章），目的就是為了呈現我們得到的結果，並非靠特別挑選符合論點的問題而來。UNICEF指數結合了兒童福利的四十種面向，我們無從挑選；然而它的表現跟我們的健康與社會問題指數一模一樣——與所得差距呈強烈相關，和平均國民所得則毫無關聯。

哪些國家？

抨擊者也暗示我們主觀地挑選符合我們論點的國家，應該將更多國家和更窮的國家納入分析[416-7]。

我們是以一套嚴格標準，挑選國家納入我們的分析；其中沒有任何國家背離標準，也沒有破例的狀況。我們的資料源自世界銀行於二〇〇四年四月公布的「世界發展指標資料庫」

（World Development Indicators Database）。我們取人均國民所得毛額最高的五十個國家，並以世界銀行用來替各國區分低、中、高所得的「圖表集法」（Atlas method），為這五十個國家排名。從這份名單，我們剔除了沒有可供跨國比較的貧富差距數據的國家，以及人口少於三百萬的國家（以排除避稅天堂），得到最終二十五個富裕國家的數據集。我們只分析最富裕的國家，並非因為書中呈現的關係只存在於這些國家，而是由於它們落在圖1.1右上方的曲線平緩區，表示平均壽命已不再與人均國民所得毛額相關，因而比較容易區分相對與絕對所得水準的效用。

如果我們也把比較貧窮的國家納入研究，恐怕會出現兩個問題。第一，貧窮國家往往沒有可供比較的未成年生育率、精神疾病、社會流動性、社會凝聚力等等的數據。第二，如果我們把人民依然沒有足夠物質資源、以致提高人均國民所得毛額仍很重要的國家納入考量，就需要進行對數變換以控制統計分析，藉此顯示貧富不均的作用。在我們希望被大眾讀懂的書中，這麼做會大幅增加複雜度，沒有太大好處。無論如何，就算納入較貧窮的國家，結果也不會有所不同。有關平均壽命、嬰兒死亡率與兇殺率的研究（貧窮國家通常可以提供這幾方面的數據），呈現無論處於怎樣的經濟發展階段，較高的平等都能讓整個國家受益[10,418]。

根據一個國家在這個或那個社會問題上的數據是否吻合我們的主題，來「挑選對我們有利的」國家（正如抨擊者所暗示）會讓這本書變得毫無意義。相反地，我們嚴格採用最權威的資料來源，並盡可能取得這二十五個國家的所有數據——毫不掩飾缺點。舉例來說，我們將新加坡納入嬰兒死亡率的分析中，儘管該國是個顯著的異常值：雖然它是我們的數據集中最不平等的國家，卻擁有全球最低的嬰兒死亡率（見圖6.4）。

如果我們運用其他研究人員蒐集的資料繪製圖表，往往能呈現比本書圖表更強烈、更戲劇化的關聯性[207, 419]。但是這麼做的話，我們就必須參考一群不同的國家、以不同方法計算所得差距，而這就合理地引來可比性的問題。相反地，我們希望顯示在同一組數據中，各種南轅北轍的問題呈現出一致的模式。我們的目的是運用相同的貧富不均計算法分析同一組國家，然後針對美國五十州重複同樣的過程，再次確認我們的發現。

因此，本書試圖以盡可能簡單而透明的方法，證實貧富不均與各種健康和社會問題的關係。散布圖（scatter graphs）簡單易懂，不需要任何數學或統計知識。我們在每一章都特意指出，我們的發現不可能是基於偶然。大多數讀者不應覺得書中有任何神祕難解的地方，但對於有興趣深入鑽研的人，我們在www.equalitytrust.org.uk提供了更多詳細的數據與統計方法。

文化差異？

某些人表示，書中呈現的關係反映的是國家文化的差異，而非貧富不均的作用[416]。

這類批評以兩種形式出現。一是暗指所得差距是文化差異的表徵，後者才是健康與社會問題的真正決定因子。另一種則說某些國家應該排除在某項分析之外，因為它們的文化和其他國家不同。

國家文化不像貧富差距可以在同一個尺度上評斷高低，它會有數不盡的質和量的差異。第十三章提到，儘管瑞典和日本在我們的各項分析中表現優異，但兩國有巨大的文化差異，在許多方面迥然不同——包括女性對勞動力與政治的參與程度，核心家庭是否占主要地位，以及較小的貧富差距是源於所得再分配，還是源於比較均等的稅前所得。

對照之下，西班牙和葡萄牙有許多文化共通點；兩國直到一九七〇年代中期前，皆受到獨裁統治。然而，正如本書通篇顯示的，如今，葡萄牙的平等程度遠遜於西班牙，而且在我們探討的健康與社會問題上，葡萄牙的狀況一致顯得比較嚴重。如此看來，在我們的分析中，文化不同（瑞典與日本）不盡然會讓社會呈現不同的表現，而文化相似（西班牙與葡萄牙）也不盡然讓它們表現相似。重要的是所得差距的幅度，文化的其他層面幾乎都可以不顧。

除此之外，我們知道在二十世紀下半葉，美國和日本在平均壽命與所得差距的國際排行榜上互換了位置。一九五〇年代，美國比日本更平等、更健康。但隨著美國越來越不平等，而日本縮小了貧富差距，日本的平均壽命逐漸超越美國，成為世界第一。如果重要的是文化而非貧富差距，那麼這兩國的文化變化，為什麼沒有改變兩國各自的健康及社會問題與該國所得差距的關係？

越深入思考，「呈現的關聯性純粹是某種文化差異層面創造的幻象」這種說法越站不住腳。這個未知的文化層面不僅要能導致身體與心理疾病、校園霸凌、更嚴厲的刑罰、肥胖、未成年生子等等，還必須讓這些問題的嚴重性跟貧富不均的程度相對應。

運用文化差異概念的第二類批評，是以某些國家與其他國家「文化不同」為理由，要求去除我們的分析中較平等或不平等的一群國家。舉例來說，某些人提出排除北歐或英語系國家，甚至有人提議兩者盡皆排除[416]。這種大批刪除法，有可能剔除那些能說明為什麼某些英語系國家在某個社會層面上比另一個英語系國家表現更好的關鍵資訊——例如，為什麼美國的精神疾病與未成年懷孕問題比英國嚴重，而英國又比紐西蘭嚴重（當然，美國各州都講英語）。然而更重要的是，由於貧富差距會腐蝕信任、社會凝聚力與群體生活，國家文化本身就受到貧富差距的強烈影響。

異類、該死的異類和統計方法

某些批評指出，我們是靠「異常值」才得到本書呈現的關係[416]。除了以文化差異為由排除國家，還有人建議刪除某些國家，純粹因為它們是統計上的「異常值」。在本書圖表中，所謂異常值是指距離最佳配適線非常遠的國家或美國某州。圖6.4（顯示所得差距與嬰兒死亡率關聯性）的新加坡，或圖5.1（顯示精神疾病盛行率）的義大利，都是很好的例子。目前已有既定方法計算單一資料點對最佳配適線的影響力，至於何時該剔除異常值，則沒有任何硬性規定。我們決定在分析中保留所有國家和美國各州，原因有三：第一，它們代表健康與社會問題人口數的真正變異；第二，刪除偶發的數據點，會引來我們專挑有利數據的指控；最後，正如前述，我們希望針對同一群國家，呈現出貧富差距對不同問題的一致效用。

我們的抨擊者除了不實地指控我們針對各項分析挑揀國家，也試圖以異常值為理由，選擇性地刪除特定國家，削弱書中某些關聯性的可信度。舉例來說，一名批評者表示北歐國家是我們的貧富不均與對外金援的分析中的異常值，但他並未提議刪除那張圖上（圖4.6）其實更為異常的日本[416]。刪除北歐國家會讓那項關係不再具有統計顯著性，但若同時刪除日本，則會恢復其顯著性。

同樣情況也發生在肥胖症的案例中。一名批評者以異常值為由，建議我們將美國從該項分析中刪除，但這麼做會讓該關聯性失去統計顯著性[416]。希臘才是距離最佳配適線更遠的異常值：若同時刪除希臘，則會恢復貧富差距與肥胖症之間的統計顯著性。至於過重兒童，同一名批評者要求刪除美國，但保留同樣距離最佳配適線更遠的加拿大。若同時刪除兩者，這項關聯性就能恢復統計顯著性。

當然，純粹因為我們分析的國家數量有限，分析結果偶爾對排除動作極其敏感。但儘管資料有限，那麼多問題與貧富差距的關係具有統計顯著性的事實，表明了現象背後的關係究竟多麼強大。

針對貧富不均影響人類福祉的證據，批評者之所以抨擊無效，有兩個層面的原因：這些批評無法削弱數百篇關於健康與所得差距的論文，和我們針對美國各州的分析；而且就算照批評者的提議剔除某些樣本點，也不影響本書呈現的關聯性。在圖13.1，我們把各種健康與社會問題結合成一個指數，總結我們找到的跨國證據。就算一口氣剔除瑞典、挪威、芬蘭、日本、美國和英國——最平等與最不平等的國家；在剩餘國家之間，社會健康與貧富不均仍然存在極為顯著的關係。

簡而言之，我們相信我們的數據非常穩健，況且，正如前面說過，在我們之前，已有其他研究人員在極其不同的設定下，多次證實了本書呈現的某些統計關係。舉例來說，研究報告已顯示所得差距與健康有關，無論研究範圍是俄羅斯各地區[420]、中國[421]或日本[422]各省、智利各縣市[423]，或結合了富裕與貧窮國家[418]。不喜歡我們的結論的人，無疑也會希望剔除這些報告中的某些省分、縣市或國家。

其他因素？

曾有人建議，我們應該控制（或考慮）其他因素；這些因素（例如人均國民所得、貧窮、種族或社會福利）或許能解釋貧富不均與健康或社會問題的關聯性[416]。

我們基於許多原因而未把其他因素納入考量。第一，我們希望以最簡單、最容易理解的方式，呈現所得差距與健康和社會問題之間的相關性，好讓讀者自行判斷這些關係的強度。第二，根據流行病學分析的基本方法原理，你不應該控制因果鏈上的任何一個因子——在此，指的是說明貧富不均如何導致特定問題的因果鏈。舉例來說，如果我們認為（而我們的確認為）貧富差距較大的社會，會因為社會關係的惡化而提高慢性壓力，以致傷害了健康，那麼，我們必須謹慎分析這中間的因果順序。不假思索地把信任度與社會凝聚力的評估放進統計模型，會去除貧富不均與健康的關聯性[400]，儘管貧富不均很可能基於其社會分化力，確實是導致健康不良的元兇。第三，納入與貧富不均（或其他特定問題）無關的因素，只會製造不必要的「噪音」，犯下了方法上的錯誤。

無論如何，許多關於健康與貧富不均的其他研究，確實對貧窮、平均所得，或每個人的個人所得等因素進行控制。還有某些研究仔細分析了貧富不均與公共支出、社會資本和人口族裔組合的交互作用。我們曾在第十三章談過這些，下面會再說說研究的最新進展。

一個必須再三強調的重點是，貧富不均與各種健康和社會問題的關係，不能被簡化為物質生活水準的直接作用，而與貧富差距無關。當貧窮國家絕大多數人口欠缺基本必需品，其健康狀況難免受損；這是沒有人會質疑的事實。但若要解釋從底層一路到頂層的人民通通變得更健康的趨勢，即便富裕國家也是如此（見圖1.4），箇中原因就比較不明朗。人們發明了「新物質主義」（neomaterialism）的概念，以反駁這個模式的社會心理學解釋。這項概念認為對從下到上的社會階級而言，較舒適與奢華的生活水準仍然有益健康。就算真的如此，這項概念仍無法說明為什麼平等社會比較健康。不過，圖1.3顯示，在富裕國家，平均壽命已不再受生活水準影響；同樣結論也顯現在圖2.3的健康與社會問題指數，以及圖2.7的UNICEF兒童福利指數。第六章提到的一項研究在檢驗貧富不均的效力之前，不僅控制了貧窮，也控制了個人所得對健康的影響。雖然人們很容易退回傳統觀念，認為物質水準至關重要，而且必然可以解釋我們歸因於貧富差距的種種現象，但我們必須記住，這種說法有違已出現的大量證據。

空談不如實證

本書提出的種種證據，最大的長處在於呈現驚人的一致性，提供了一個前後連貫的概念。這可以分成兩個層面來說。首先，幾乎所有與社會地位有關的健康與社會問題，都出現貧富差距越大、問題越嚴重的傾向；不僅如此，我們分析的每一個健康與社會問題，也同樣呈現了內部一致性。好比說，當我們發現不平等社會的肥胖盛行率比較高（第七章），我們認為在那些社會，平均每人的卡路里攝取量應該也會比較高；而證據的確證實了我們的想法[114]。同樣地，當我們發現不平等社會的教育分數比較低，我們也同時看見那些社會有比較多年輕人輟學、失業、沒機會接受進一步訓練的狀況[424]。

我們在第十一章說過，不平等社會的監禁率之所以比較高，最主要是因為刑罰比較嚴厲。本書出版後，我們曾深入探索這項說法是否適用於兒童。我們發現在比較不平等的社會，刑事責任年齡往往比較低，所以兒童更有可能以成年人身分受審。

要檢驗科學理論（或任何一種理論）的有效性，最好的辦法就是看看它能否預測目前未知、但日後可以驗證的現象。我們的理論已成功預測貧富不均會導致具社會梯度的問題日益惡化；關於這一點，書中曾提過好幾個例子（見第十三章）。我們可以再列出兩個案例；兩者都關於我們一開始非常缺乏數據的關聯性。二〇〇六年，當我們首度分析貧富差距與精神疾病盛行率的關係，世界衛生組織只有八個富裕開發國家的精神病數據，可以供我們進行跨國比較[425]。在學術期刊發表初步分析後，批評者表示我們的發現過於依賴美國的高度貧富不均與精神病盛行率。但等到本書初版問世，又出現另外四個國家的精神病數據可供比較。新的數據跟我們提出的趨勢（社會越不平等，心理健康狀態越糟）不僅毫無牴觸，還幫忙填補缺口，證實了那項關係——見圖17.1與圖17.2。另外四國的精神病盛行率，接近它們的貧富不均程度所預期的水準。

同樣的情形，也發生在社會流動性與貧富不均的關係上。《社會不平等》一開始出版時，我們有八個國家的社會流動性數據可進行比較，某些批評家聲稱我們的國家樣本數太小，不足以證明這項分析的有效性，因此，我們呈現的有關貧富不均與低社會流動性的關係，根本站不住腳。儘管一開始只有八個國家的數據，我們仍把這項關係放入書中，不僅因為它具有統計顯著性，也因為研究報告顯示，當所得差距變大，社會流動速度也趨緩，因此擴大貧富差距會降低社會流動性的說法完全合理。本書出版後，關於社會流動性的新數據陸續出爐，包括另外三個國家的資料[426]。如圖17.3及17.4所示，另外幾個國家的數據，為貧富差距對社會流動性的衝擊，

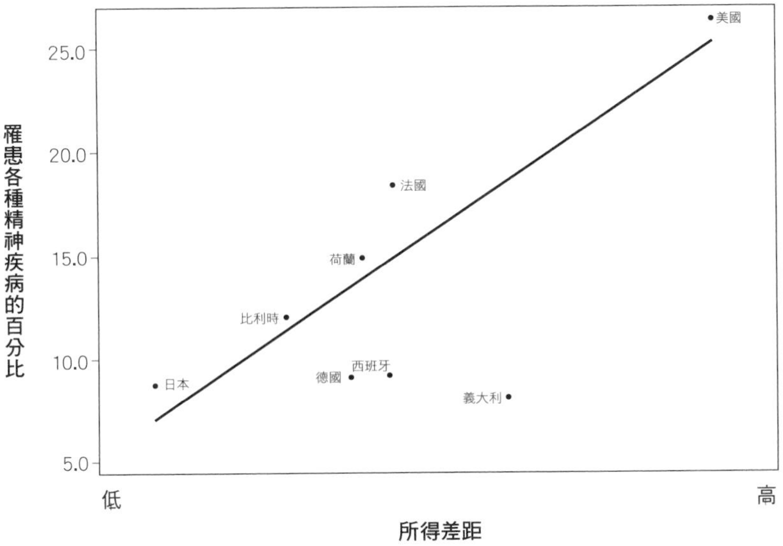

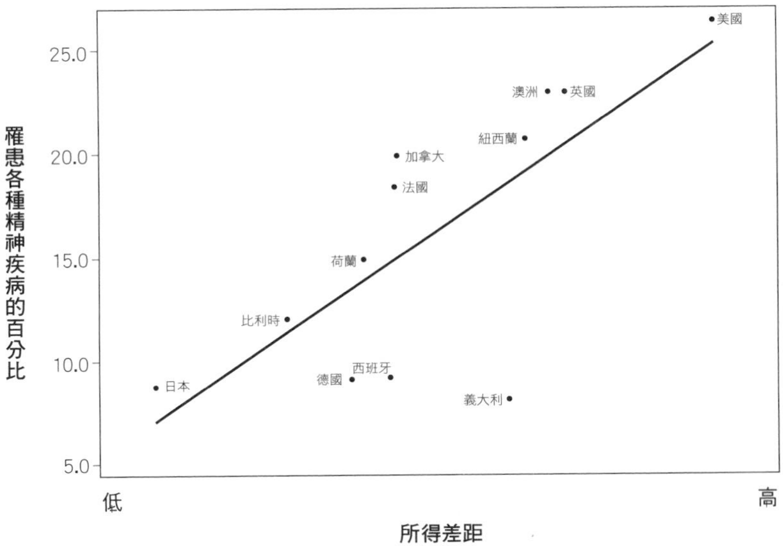

圖17.1與17.2：八個富裕國家的貧富不均與精神疾病的關係（圖17.1），在我們取得另外四個國家的新數據後（圖17.2），得到了確認

提供了更完整、更健全的評估，並確認了我們最初的結論。

新證據

死亡率與自報健康狀況

自從《社會不平等》在二〇〇八年春季完稿，又有許多研究陸續發表了貧富不均與健康的關係。其中九項新研究，特別針對富裕的已開發國家進行分析[427-435]。七項研究和我們一樣，發現越不平等的社會健康狀況越差。另外兩項得出不同結論的研究，都和貧富不均與「自報健康狀況」之間的關係有關——也就是詢問民眾最近的健康狀況是「非常好」、「好」、「還可以」或是「不良」[432-3]，以此取代死亡率數據。儘管我們可以透過民眾的自報健康狀況預測一國國內的壽命長短，但在跨國比較中，平均壽命較短的國家，民眾自報的健康狀況反而更好：所以說，相對於跟貧富差距導致健康惡化的結論牴觸，以自報健康狀況進行的研究，透露的是民眾對自己的健康狀況的認知。

但是，在跨國比較中，為什麼自行評估的健康狀況跟實際健康狀況無關？有沒有可能，在社會地位競爭激烈的不平等社會，聲稱自己健康狀況極好或非常好，是維持強悍形象的一部分？或是說，平等社會的民眾，比較不會替自己打高分？答案只能用猜的。這類問題顯示，在進行健康與社會問題的跨國比較時，採用客觀的評估方法有多麼重要。

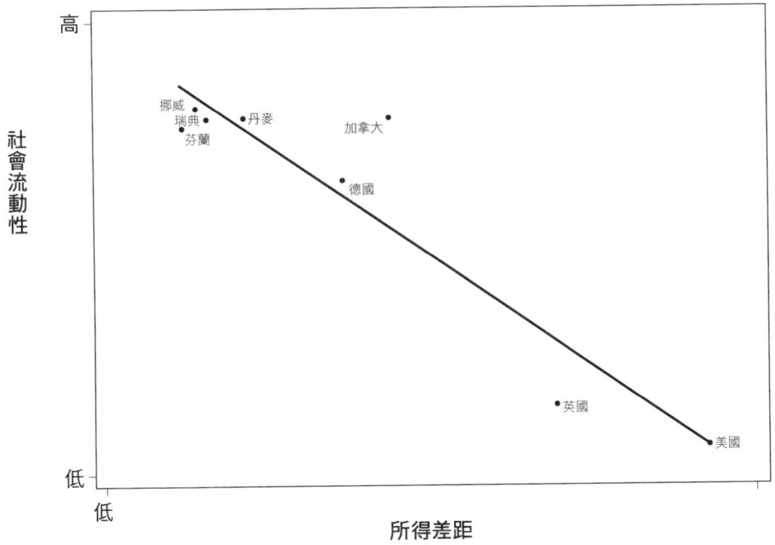

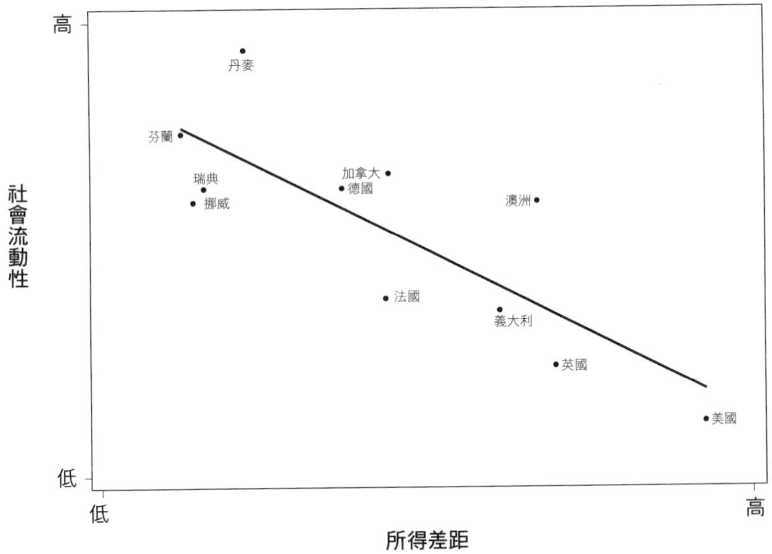

圖17.3與17.4：八個富裕國家的貧富不均與社會流動性的關係（圖17.3），在我們取得另外三個國家的新數據後（圖17.4），得到了確認

因果路徑

最近出現三項新的重大證據，進一步揭露貧富不均如何影響健康。其中之一是一篇針對所謂「多層次研究」（multi-level study）所做的評論，發表於《英國醫學期刊》[438]。這些多層次研究把所得與健康的關係分成兩階段分析：首先看看民眾的個人所得與健康的關聯性，接著看看整體而言，各個社會的貧富不均程度是否產生額外作用。這篇評論結合二十六項多層次研究的數據，樣本數超過六千萬人。它明確顯示貧富不均會對健康產生破壞性影響，而這些傷害不能歸因於人民所得的絕對水準；這篇評論總結，即便控制了個人的所得（包括貧窮）或教育水準，光縮減OECD國家的貧富差距，每年最高就能防止一百五十萬人死亡（幾乎是十五到六十歲成年人死亡案例的十分之一）。這個估算很可能過於保守，因為控制個人所得也等於控制了個人的社會地位；後者會影響健康，同時也是貧富差距的重要元素。

第二項新證據發表於《社會科學與醫學》（*Social Science and Medicine*）期刊，是分析貧富不均與健康長期變化的眾多小型研究之一。世界各國的平均壽命持續延長，但這項研究顯示，一九七〇到二〇〇〇年間所得差距擴大最多的美國幾州，平均壽命的提升小於其他各州[439]。

第三項證據則是發表於《美國公共衛生期刊》（*The American Journal of Public Health*）的一項研究，其目的在於檢驗貧富不均與健康之間的連結，有多大程度源於不同的信任度，或政府對公共醫療衛生服務的不同支出水準[415]。這項研究確認了本書第六章的說法：信任度確實是解釋的一部分，而政府對公共醫療衛生服務的支出則否。日益擴大的貧富差距會腐蝕信任，進而犧牲了民眾老化過程的健康。

友誼與健康

本書通篇不斷強調社會關係對人類健康與福祉的重要，並顯示較大的貧富差距會傷害社會肌理，嚴重破壞社會的健康。最近，某篇剛出爐的重要報告評論了將近一百五十項研究所提出的證據，證實社會關係會對健康產生重大影響[440]。在某項研究的後續追蹤期間，社會關係較強的民眾，死亡率是社會連結較弱者的一半。這篇報告的作者發現，社會關係對生存健康的影響性至少跟抽菸一樣高，而且遠遠超過酗酒、活動量和肥胖。當研究人員針對各種不同關係（例如婚姻狀態、孤獨感、社交網絡的大小、社會活動的參與度等等）進行綜合評估，其作用最為強烈。

暴力

正如我們在第十章所述，如今已有大量前後一致的證據，證明貧富差距與暴力存在連帶關係。最近出現了更多研究，不斷證實兩者之間的連結。某項發表於二〇一〇年、涵蓋三十三國的研究，也顯示社會凝聚力（以信任度衡量）似乎提供了貧富差距與兇殺率之間的因果聯繫，而政府在醫療及教育等方面的公共支出則與此無關[415]。

加拿大麥克馬斯特大學（McMaster University）的馬丁・戴利發表了一項研究，分析美國五十州的貧富差距與暴力的關係，是否可以（一如某些人暗示的）歸因於「南方文化」或族裔，而非貧富不均。他證明答案正好相反；當分別分析南方與北方各州，暴力都與貧富不均相關，而且無論犯罪者是白人或黑人，暴力犯罪率都隨著貧富差距而升高[414]。

在寫《社會不平等》的時候，我們找不到任何有關貧富不均與兒童衝突的其他研究，但最近某項涵蓋三十七國的研究發現，在越不平等的國家，兒童的霸凌問題越嚴重。家人與朋友的支持會減少霸凌事件，但這一點和家庭財富的差異，都無法凌駕於貧富不均的作用之上[402]。

平等與永續

平等、社會正義、永續發展與經濟平衡等交互影響的議題，如今受到全世界高度關注。地球之友（Friends of the Earth）與世界自然基金會之類的環保組織，大聲疾呼包括人權與公平分配自然資源在內的平等議題；英國的綠黨（Green Party）更是以經濟平等，作為二〇一〇年的選舉宣言主軸。

不斷累積的證據顯示，平等社會似乎有較低的碳足跡，而且站在更有利的地位，準備好迎接氣候變遷的挑戰。不平等社會則有較高的生態足跡、製造較多垃圾、消耗較多水資源，而且平均每人的飛行里程數較高[441]。這或許是因為平等社會似乎能培育出較高的集體責任感，而這是對氣候變遷採取政治行動時不可或缺的要素。比起不平等國家，平等國家的企業領袖比較有可能同意政府遵守國際環境協議[442]。權威的政治專家表示，全球的不平等，如今已成了各國合作對抗氣候變遷的絆腳石[443]。

貧富不均、市場與民主

證據的分量（包括我們自己和其他許多人的），以及證據的持續快速累積，讓人無法否認貧富不均與社會失能之間的重要連結。但是，毫無證據、以政治為出發點的批評，有可能混淆視聽，讓民眾誤以為證據不如實際明顯。想像一下，假如有人（毫無根據地）宣稱大氣科學沒有把——好比說——各大洋的鹽分濃度變化納入考量。外行聽眾沒有能力評估這項說詞，或許會假設這是一個重要因素，而且沒有被研究人員仔細思考過。

看似「平衡」的媒體報導，往往可能傳達出誘導性訊息。這甚至可能發生在大量證據讓人毫無懷疑餘地的科學領域。舉例來說，假如九十八%的氣候變遷科學家在某項議題上達成共識，另外二%持不同意見，那麼邀請雙方陣營各派出一人在新聞節目或公開場合中辯論，會讓民眾以為這項議題遠比實際上更具爭議性。唯有特別勤奮或積極的觀眾或讀者，才有能力深究議題的始末。與其琢磨我們對政治攻擊的答覆，我們希望原本反對平等的人可以滿足於想像這項議題「深具爭議」，如今不妨放心忽略它。

面對這種情況，最好的戰術或許是直接對付促使人們展開攻擊的背後信仰。歐蕾斯柯斯與康威在《販賣懷疑的人》一書中表示，同一群人或機構為什麼往往也對從菸草管制到氣候變遷等五花八門的研究領域投入攻擊，最合理的解釋，或許是出於對自由市場基本教義的防衛。正如捍衛自由市場，他們把自己視為大政府的反對勢力，負責保衛民主[412]。同樣的信念，很可能也引導他們攻擊有關貧富不均對社會產生傷害的證據。

如果那就是背後動機，那麼他們的攻擊是建立在嚴重的誤解之上——一個幾乎與事實恰恰相反的誤解。較高的不平等，事實上提高了對大政府的需求——更多警力、更多監獄、更多各式各樣的健康與社會服務。這些服務大多成本高昂，而且效果不彰；但假如我們繼續維持嚴重貧富不均、製造出要靠它們應付的問題，我們將永遠需要這些服務。美國許多州如今投入監獄的經費，已超越了對高等教育的投資。事實上，要達到小政府，最好也最人道的辦法之一就是縮減貧富差距。同樣地，較高平等只能透過提高稅收來達成的假設（這很可能是導致納稅人協會抨擊《社會不平等》的原因），也是個誤解。我們曾不厭其煩地指出，某些社會以超乎尋常的低稅負達到平等（見第十三章），因為它們的稅前所得差距較小。

對民主與市場傷害最大的，莫過於腐敗和失控的貪婪。儘管國際間目前可得的貪腐數據，主要是用來評估貧窮國家的貪腐程度，但數據強烈顯示貧富不均的代價之一，很可能是提高政府與社會整體的貪腐風氣[444]。在第四章，我們見到貧富不均削弱了信任度與群體生活的強度；

這裡指的不只是人與人之間的信任，還包括對政府的信任——眾所周知，美國人和北歐人對其政府的態度截然不同。除此之外，各國與美國各州的數據顯示，社會越不平等，民眾對政府的信任度越低[401,445]。未強制要求民眾投票的社會（例如澳洲），也證明了越不平等的國家，民眾的投票率越低[446]。無論這是否反應出較高的利益區隔，以及社會階級兩端的民眾越來越強烈的「我們和他們」感受，這種情況確實顯示，嚴重的貧富不均是對民主的一大威脅。

經濟學家偶爾表示，市場就像個民主的投票制度：事實上，我們的花錢模式就是我們投下的一票，決定了生產性資源應該如何在彼此競爭的需求之間分配。若真是如此，那麼所得比別人高出二十倍的人，等於握有二十倍的選票。正因如此，貧富不均嚴重扭曲了經濟體系滿足人類需求的能力：由於窮人買不起更好的房子，他們對住家的需求就「不起作用」；而富人的消費，則確保稀有的生產性資源轉而投入奢侈品的製造。

貧富不均、負債與金融崩盤

除了這些一般性效應，如今證據顯示，在一九二九年及二〇〇八年金融崩盤的背後成因中，龐大的所得差距扮演了核心角色。

我們曾表示貧富不均會導致負債增加。事實證明兩者密切相關。任職於聯邦儲備局與波士頓學院（Boston College）的經濟學家馬蒂歐・伊卡維洛（Matteo Iacoviello），運用一九六三到

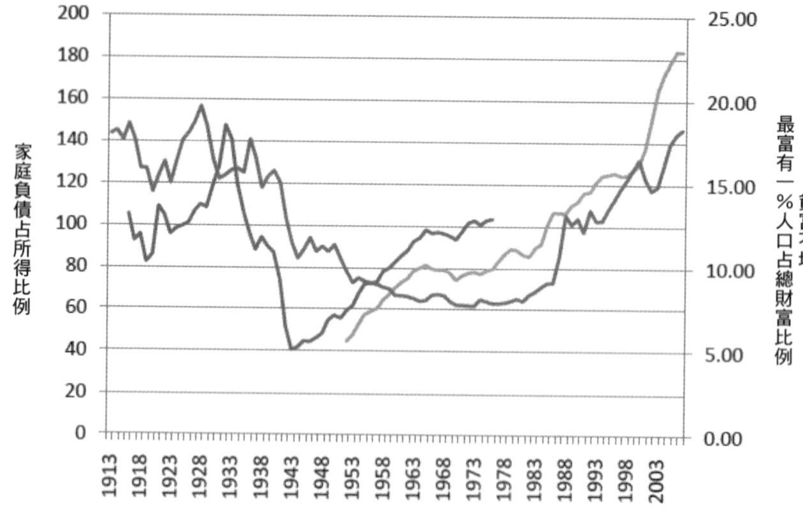

圖17.5：一九二九及二〇〇八年的金融崩盤，雙雙發生在貧富差距（圖上連續線條）與負債水準（圖上兩截線條）的高點

二〇〇三年間的四十年數據，證明了美國的負債增加與貧富差距擴大強烈相關，並斷言負債水準的長期增長，只能以貧富不均的惡化來解釋[447]。我們運用OECD最新的國際負債數據，也發現短期家庭負債占家庭資產的比例，以及國債占GDP的比例，在比較不平等的國家都比較高[448]。

在全球最受推崇的幾位經濟學家協助下，一部名為《資本主義的陷阱》（*The Flaw*）的紀錄片，訴說了日益攀升的貧富差距與負債水準，如何引發一九二九年及二〇〇八年的金融風暴[449]。在貧富差距持續擴大，以致負債水準飛漲的漫長時期之後，兩次崩盤都發生在過去百年間貧富差距最大的高峰點[450-1]。如圖17.5所示，兩者的長期趨勢驚人地相似。倫敦經濟學院政治經濟學教授羅伯特・韋德（Robert Wade）

估計，越來越大的貧富差距意味著在二〇〇八年崩盤以前，美國最頂層十%的人口，每年從底層九十%的人口抽走大約一點五兆美元的財富[449]。正因如此，最富裕的人有越來越多錢進行投資與放貸，但這群富豪以外的人，卻越來越難維持相對所得，或實現他們的理想。無論對投機客或一般自住者而言，房價的攀升使得投資房地產成了人人都想趕上的熱潮。民眾一有能力就跳進房市，並隨著房價飆漲不顧風險地重新貸款。經營這些債務並設法做投機買賣的金融機構，發現它們占全美企業總利潤的比例從一九八〇年的十五%，提高到二〇〇三年的四十%。隨著泡沫越吹越大，最終不可避免的破裂就顯得越發嚴重。

讓民主順利運作

相對於成為民主與市場的威脅，縮減貧富差距無疑在捍衛這兩者的過程中扮演了重要角色。較高的平等對所有人都有益處，就連否認這項證據的人也不例外。

我們在本章剛開頭時提到，研究顯示九十%的美國人表示寧可生活在瑞典的所得分配模式下，不願居住在呈現美國所得分配模式的社會。英國的研究也顯示民眾希望所得差距再小一點，即便他們已嚴重低估所得差距的實際情況。事實上，這世界上充滿具有更高平等觀與正義感的人，人數遠超過我們的想像。關於這一點，部分原因是過去幾十年來，全球最富裕社會的大多數民眾被灌輸對平等價值觀的合理性與實用性存疑的想法。新自由派的政治與經濟思維在一九八〇年代及九〇年代崛起，意味著平等觀念從公共辯論舞台上消失，而那些具有強烈正義感的人，成了名符其實的祕密平等主義者。

如今是平等主義回到公共舞台的時候了。我們深信我們的直觀已獲得證實，而且比大多數人想像的更加真實。由於證據顯示很少人明白社會上的貧富差距與不公不義的真正幅度，也沒有認清這會對大多數人產生怎樣的傷害，我們的第一項任務，就是提供教育與資訊。

深入了解這些議題，已經改變了許多政治人物對貧富不均的態度。在英國，《社會不平等》得到跨越整道政治光譜的政客背書。現任的保守黨首相大衛・卡麥隆（David Cameron）在二〇〇九年年終的某次重大演說中，表示《社會不平等》證明「全球最富裕的國家當中，比較不平等的國家幾乎在各項生活品質指標的表現都比較差……相對於一國的平均壽命、治安、文化與健康水準，人均GDP的重要性，遠遠不如最富裕與最貧窮族群的差距大小……我們每個人心裡都知道，只要赤貧與巨富一起生活在同一個體制下，我們所有人都會為此付出代價」[453]。二〇一〇年九月，當艾德・米勒班（Ed Miliband）首度以工黨黨魁身分發表重要談話，他說，「我確實認為這個國家太不平等，而富人與窮人的差距不僅傷害窮人，更傷害了我們每一個人」[454]，而且，「放眼世界，看看那些更健康、更快樂、更安全的地方——它們全是更平等的國家」[455]。作為聯合政府的自民黨首相，文斯・凱布爾（Vince Cable）和琳恩・費瑟斯東（Lynne Featherstone）簽署了一份公約，宣誓致力於消弭貧富差距[456]。

發言是個開始，但要想改變政策、政治及我們的社會結構，有賴讓更多人看到本書提到的種種證據。沒有什麼任務比這更有價值：正如我們認為《社會不平等》所展現的：民主、社會及民眾的健康，的確取決於更高的平等。

致謝

感謝丹尼・杜林、Stuart Proffitt和Alison Quick；承蒙他們細細閱讀，對我們的原稿提出許多精闢建言。我們也感謝Molly Scott Cato針對第十五章提出的評論；謝謝馬吉・艾札提熱心寄來修正過的美國各州身體質量指數數值；也謝謝Stephen Bezruchka發人深省的討論。

我們還要感謝Joseph Rowntree慈善基金會，尤其是Stephen Pittam；謝謝他們支持，讓我們得以透過平等信託基金會傳播這項研究。謝謝Kathryn Busby與比爾・凱瑞；他們的努力讓這項研究持續受人關注。

理查・威金森要對諾丁漢大學（University of Nottingham）以及他在流行病學與公共衛生學系的老同事表達謝意；謝謝他們給予自由，讓他得以投入時間專注於研究，得到本書描述的成果。凱特・皮凱特則感謝約克大學與她的同僚給予的慷慨支持。

圖3.1與圖3.2承蒙珍・圖溫吉慨然應允轉載。感謝劍橋大學出版社允許我們複製圖4.3和圖10.1。許多圖表得到各方應允轉載：圖6.1來自BMJ出版集團；圖6.7來自Bryan Christie Design, LLC；圖15.3則取自《經濟學雜誌》（*Economic Journal*）。其他圖表皆出自我們之手，歡迎隨

意轉載，但請註明出處。

第三二、五〇、八六、一三〇、一四六、一五八、一七六、一九〇、二〇六、二三二、二五四及二七二頁的漫畫，都源自www.CartoonStock.com。我們要對他們及以下諸位表達謝意，感謝他們允許轉載：p.18, copyright © Andy Singer, 2007, politicalcartoons.com；p.68, copyright © The New Yorker collection, 1996, Peter Steiner, cartoonbank.com；p.96, copyright © Joseph Farris, cartoonbank.com；p.114, copyright © The New Yorker collection, 2005, Lee Lorenz, cartoonbank.com。

平等信託基金會

如果閱讀本書激發你為縮減貧富差距貢獻一份心力的意願，請上平等信託基金會的網站，網址是www.equalitytrust.org.uk。你可以在那裡下載我們希望你有機會使用的投影片、演說影片，並找到各項證據的簡短摘要、常見問題的答案，以及關於如何發起行動的建議。

我們發現嚴重的貧富不均會對社會產生多大的危害後，便覺得有必要盡一切力量讓更多人看到證據。這個信託基金會是一個非營利組織，旨在教育並推廣平等社會的好處。它的運作，有賴與我們有志一同的個人與組織給予的捐助。

我們希望你能在「平等憲章」（Equality Charter）上簽名；留下你的大名以便收到電子報、捐款、提供你的意見，並加入或組織地方性的平等團隊。最重要的，我們希望你運用我們已開始蒐集的證據來散播訊息，讓其他人明白縮減貧富差距的必要性。在政治上，言語就是行動。

平等信託基金會不是一個有能力實施政策、發起運動，或替你策畫行動的大型組織。相反地，它的宗旨是要幫助民眾得到更充分的訊息，並提供資源來激發或強化他們自己的政治或教育活動——無論是透過說服朋友與同事、分享我們的網址、寫部落格、推動地方運動、寫信給報社與政治人物，或在大眾傳媒暢談這些議題。

我們的目標是製造一股支持平等的輿論聲浪。若沒有輿論為後盾，政治人物能做的事情非常有限。平等觀深埋在廣大民眾的內心深處，無論他們認同哪種政治色彩。許多人知道我們為消費主義犧牲了多少，也知道最美好的事情，莫過於跟朋友和同類人在一起放鬆心情。他們還知道真正能帶來幸福的是家人、朋友與群體，也知道我們目前的生活方式是在毀滅地球。過去幾十年來的文化，讓我們不得不變成衣櫃裡的平等主義者：現在時機到了，讓我們走出衣櫃，邁上一條明智的道路。

448. OECD StatExtracts 2008, 2009 http://stats.oecd.org/Index.aspx?DataSetCode=SNA http://www.oecdwash.org/PUBS/ELECTRONIC/SAMPLES/natac_vol3_guide.pdf
449. D. Sington, *The Flaw*: Dartmouth Films, 2010.
450. B. Milanovic, 'Income inequality and speculative investment by the rich and poor in America led to the financial meltdown', Two Views on the Cause of the Global Crisis – Part I. *YaleGlobal Online*, 4 May 2009.
451. D. Moss, 'An Ounce of Prevention: Financial Regulation, Moral Hazard, and the End of "Too Big to Fail"', *Harvard Magazine*, 2009; September–October 2009.
452. P. Krugman, 'Inequality and crises: coincidence or causation?' http://www.princeton.edu/~pkrugman/inequality_crises.pdf
453. D. Cameron, the *Guardian* Hugo Young Lecture, 10 November 2009.
454. E. Miliband, Victory speech, Labour Party Conference, Manchester 25 September 2010.
455. E. Miliband, BBC Radio 4, *Today*, 12 July 2010.
456. The Equality Trust. http://www.equalitytrust.org.uk/pledge/signatories

432. M. H. Jen, K. Jones, R. Johnston, 'Compositional and contextual approaches to the study of health behaviour and outcomes: using multilevel modelling to evaluate Wilkinson's income inequality hypothesis', *Health & Place* 2009; 15(1):198–203.

433. M. H. Jen, K. Jones, R. Johnston, 'Global variations in health: evaluating Wilkinson's income inequality hypothesis using the World Values Survey', *Social Science & Medicine* 2009; 68(4): 643–53.

434. M. Karlsson, T. Nilsson, C. H. Lyttkens, G. Leeson, 'Income inequality and health: importance of a cross-country perspective', *Social Science & Medicine* 2010; 70(6): 875–85.

435. D. Kim, I. Kawachi, S. V. Hoorn, M. Ezzati, 'Is inequality at the heart of it? Cross-country associations of income inequality with cardiovascular diseases and risk factors', *Social Science & Medicine* 2008; 66(8): 1719–32.

436. A. Barford, D. Dorling, K. E. Pickett, 'Re-evaluating self-evaluation: A commentary on Jen, Jones, and Johnston (68: 4, 2009). *Social Science & Medicine* 2010; 70(4): 496–7.

437. D. Dorling, A. Barford, 'The inequality hypothesis: thesis, antithesis, and a synthesis?' *Health & Place* 2009; 15(4): 1166–9.

438. N. Kondo, G. Sembajwe, I. Kawachi, R. M. van Dam, S. V. Subramanian, Z. Yamagata, 'Income inequality, mortality, and self rated health: meta-analysis of multilevel studies', *British Medical Journal* 2009; 339:b4471.

439. A. Clarkwest, 'Neo-materialist theory and the temporal relationship between income inequality and longevity change', *Social Science & Medicine* 2008; 66 (9): 1871–81.

440. J. Holt-Lunstad, T. B. Smith, J. B. Layton, 'Social relationships and mortality risk: a meta-analytic review'. *PLoS Medicine* 2010; 7(7):e1000316.

441. D. Dorling, 'Is more equal more green?' Lecture to the Royal Geographical Society; 2010; London. http://sasi.group.shef.ac.uk/presentations/rgs/.

442. R. G. Wilkinson, K. E. Pickett, R. De Vogli, 'A convenient truth', *British Medical Journal* in press.

443. J. T. Roberts, B. C. Parks, *Climate of Injustice: Global Inequality, North-South Politics and Climate Policy*. Boston: The MIT Press, 2006.

444. J-S. You, S. Khagram, 'Comparative study of inequality and corruption', *American Sociological Review* 2005; 70: 136–57.

445. I. Kawachi, B. P. Kennedy, 'Socioeconomic determinants of health : Health and social cohesion: why care about income inequality?' *British Medical Journal* 1997; 314: 1037.

446. B. Geysa, 'Explaining voter turnout: A review of aggregate-level research' Electoral Studies, 2006; 25(4): 637–663.

447. M. Iacoviello, 'Household debt and income inequality 1963 to 2003', *Journal of Money*, Credit and Banking 2008; 40:929–65.

of Public Health 2010; doi:10.1093/ eurpub/ckq068.

416. P. Saunders, *Beware of False Profits*, Policy Exchange, London 2010.

417. C. J. Snowdon, *'The Spirit Level Delusion'*, Democracy Institute / Little Dice, London 2010.

418. S. Hales, P. Howden-Chapman, C. Salmond, A. Woodward, J. Mackenbach, 'National infant mortality rates in relation to gross national product and distribution of income', *Lancet* 1999; 354:2047.

419. N. A. Ross, M. C. Wolfson, J. R. Dunn, J. M. Berthelot, G. A. Kaplan, J. W. Lynch, 'Relation between income inequality and mortality in Canada and in the United States: cross sectional assessment using census data and vital statistics', *British Medical Journal* 2000; 320: 898–902.

420. P. Walberg, M. McKee, V. Shkolnikov, L. Chenet, D. A. Leon, 'Economic change, crime, and mortality crisis in Russia: regional analysis', *British Medical Journal* 1998; 317 (7154) : 312–8.

421. X. Pei , E. Rodriguez, 'Provincial income inequality and self-reported health status in China during 1991–7, *Journal of Epidemiology and Community Health* 2006; 60:1065–9.

422. Y. Ichida, K. Kondo, H. Hirai, T. Hanibuchi, G. Yoshikawa, C. Murata, 'Social capital, income inequality and self-rated health in Chita peninsula, Japan: a multilevel analysis of older people in 25 communities', *Social Science & Medicine* 2009; 69(4):489–99.

423. S. V. Subramanian, I. Delgado, L. Jadue, J. Vega, I. Kawachi, 'Income inequality and health: multilevel analysis of Chilean communities', *Journal of Epidemiology and Community Health* 2003;57(11):844–8.

424. K. E. Pickett, R. G. Wilkinson, 'Child wellbeing and income inequality in rich societies: ecological cross sectional study', *British Medical Journal* 2007; 335 (7629):1080.

425. K. E. Pickett, O. W. James, R. G. Wilkinson. Income inequality and the prevalence of mental illness: a preliminary international analysis. *J Epidemiol Community Health* 2006; 60(7): 646–7.

426. J. Blanden, 'How much can we learn from international comparisons of intergenerational mobility', London: Centre for the Economics of Education, London School of Economics, 2009.

427. S. J. Babones, 'Income inequality and population health: Correlation and causality', *Social Science & Medicine* 2008; 66(7): 1614–26.

428. D. Collison, C. Dey, G. Hannah, L. Stevenson, 'Income inequality and child mortality in wealthy nations', *Journal of Public Health* 2007; 29(2): 114–7.

429. F. J. Elgar, 'Income Inequality, trust, and population health in 33 countries', *American Journal of Public Health*, doi: 10.2105/ AJPH.2009.189134.

430. V. Hildebrand, P. Van Kerm, 'Income inequality and self-rated health status: evidence from the European Community Household Panel', *Demography* 2009; 46(4): 805–25.

431. A. J. Idrovo, M. Ruiz-Rodriguez, A. P. Manzano-Patino, 'Beyond the income inequality hypothesis and human health: a worldwide exploration', *Revista Salude Publica* 2010; 44(4): 695–702.

397. K. E. Kiernan, F. K. Mensah. 'Poverty, maternal depression, family status and children's cognitive and behavioural development in early childhood: A longitudinal study'. *Journal of Social Policy 2009*; doi: 10.1017/S0047279409003250: 1–20.
398. J. Bradshaw, N. Finch. *A Comparison of Child Benefit Packages in 22 Countries*. Table 2.2. London: Department for Work and Pensions, 2002.
399. OECD. *Society at a glance 2009: OECD Social Indicators*. OECD 2009.
400. I. Kawachi, B. P. Kennedy, K. Lochner, D. Prothrow-Stith. 'Social capital, income inequality, and mortality'. *Am J Public Health* 1997; 87(9): 1491–8.
401. E. Uslaner. *The moral foundations of trust*. Cambridge: Cambridge University Press, 2002.
402. F. J. Elgar, W. Craig, W. Boyce, A. Morgan, R. Vella-Zarb. 'Income inequality and school bullying: Multilevel study of adolescents in 37 countries'. *Journal of Adolescent Health* 2009; 45(4): 351–9.
403. World Intellectual Property Organization. *Intellectual property statistics, Publication A*. Geneva: WIPO, 2001.
404. Personal communication, R. De Vogli, D. Gimeno 2009.
405. R. G. Wilkinson, K. E. Pickett. *Equality and sustainability*. London: London Sustainable Development Commission, 2009.
406. J. Hills, T. Sefton, K. Stewart (eds). *Towards a more equal society? Poverty, inequality and policy since 1997*. Bristol: Policy Press, 2009.
407. P. Krugman. *The Conscience of a Liberal: Reclaiming America from the right*. London: Penguin, 2009.
408. L. Bamfield, T. Horton. *Understanding attitudes to tackling economic inequality*. York: Joseph Rowntree Foundation, 2009.
409. M. I. Norton, D. Ariely, 'Building a better America – one wealth quintile at a time', *Perspectives on Psychological Science*: in press.
410. D. Runciman, *London Review of Books* 2009, No. 29; 22 Oct. 2009.
411. J. H. Goldthorpe, 'Analysing Social Inequality: A Critique of Two Recent Contributions from Economics and Epidemiology', *European Sociological Review*, 2009; doi: 10.1093/esr/jcp046
412. N. Oreskes, E. M. Conway, *Merchants of Doubt: How a Handful of Scientists Obscured the Truth on Issues from Tobacco Smoke to Global Warming*. New York: Bloomsbury, 2010.
413. The Equality Trust. The authors respond to questions about *The Spirit Level*'s analysis. http://www.equalitytrust.org.uk/resources/response-to-questions 2010.
414. M. Daly and M. Wilson, 'Cultural inertia, economic incentives, and the persistence of "southern violence"', in *Evolution, culture, and the human mind*. Edited by M. Schaller, A. Norenzayan, S. Heine, T. Yamagishi and T. Kameda. New York: Psychology Press. (2010) Pp. 229–241.
415. F. J. Elgar, N. Aitken, 'Income inequality, trust and homicide in 33 countries', *European Journal*

Development, 2002.

377. T. Paine, *The Rights of Man*. London: Penguin, 1984.

378. G. Alperovitz, *America beyond Capitalism*. Hoboken, NJ: Wiley, 2004.

379. W. Hutton. 'Let's get rid of our silly fears of public ownership', *Observer*, 6 April 2008.

380. M. J. Conyon and R. B. Freeman, *Shared Modes of Compensation and Firm Performance: UK Evidence*. NBER Working Paper W8448. Cambridge, MA: National Bureau of Economic Research, 2001.

381. A. Pendleton and C. Brewster, 'Portfolio workforce', *People Management* (2001) July: 38–40.

382. G. Gates, 'Holding your own: the case for employee capitalism', *Demos Quarterly* (1996) 8: 8–10.

383. P. M. Rooney, 'Worker participation in employee owned firms', *Journal of Economic Issues* (1988) XXII (2): 451–8.

384. J. L. Cotton, *Employee Involvement: Methods for improving performance and work attitudes*. Newbury Park, CA: Sage, 1993.

385. National Center for Employee Ownership, *Employee Ownership and Corporate Performance: A comprehensive review of the evidence*. Oakland, CA: National Center for Employee Ownership, 2004.

386. J. Blasi, D. Kruse and A. Bernstein, *In the Company of Owners*. New York: Basic Books, 2003.

387. P. A. Kardas, A. Scharf and J. Keogh, *Wealth and Income Consequences of Employee Ownership*. Olympia, WA: Washington State Department of Community, Trade and Economic Development, 1998.

388. R. Oakeshott, *Jobs and Fairness: The logic and experience of employee ownership*. Norwich: Michael Russell, 2000.

389. M. Quarrey and C. Rosen, 'How well is employee ownership working?' *Harvard Business Review* (1987) Sep.–Oct.: 126–32.

390. T. Theorell, 'Democracy at work and its relationship to health', in P. Perrewe and D. E. Ganster (eds), *Emotional and Physiological Processes and Intervention Strategies: Research in occupational stress and well being*, Volume 3. Greenwich, CT: JAI Press, 2003.

391. R. de Vogli, J. E. Ferrie, T. Chandola, M. Kivimaki and M. G. Marmot, 'Unfairness and health: evidence from the Whitehall II Study', *Journal of Epidemiology and Community Health* (2007) 61 (6): 513–18.

392. D. Erdal, *Local Heroes*. London: Viking, 2008.

393. D. Erdal, 'The Psychology of Sharing: An evolutionary approach'. Unpublished PhD thesis, St Andrews, 2000.

394. S. Milgram, *Obedience to Authority*. New York: Harper, 1969.

395. L. T. Hobhouse, *Liberalism*. London: Williams & Norgate, 1911.

396. D. Coyle, *The Weightless World*. Oxford: Capstone, 1997.

2004.
358. Vision of Humanity, *Global Peace Index: Methodology, results and findings*. Cammeray, NSW: Vision of Humanity, 2007.
359. G. B. Shaw, *The Intelligent Woman's Guide to Socialism and Capitalism*. Edison, N J: Transaction Publishers, 2007.
360. M. Bloom, 'The performance effects of pay dispersion on individuals and organizations', *Academy of Management Journal* (1991) 42: 25–40.
361. J. P. Mackenbach, 'Socio-economic inequalities in health in Western Europe', in J. Siegrist and M. Marmot (eds), *Social Inequalities in Health*. Oxford: Oxford University Press, 2006.
362. OECD, *Social Expenditure – Aggregated Data*. Vol. 2008, OECD. Stat, 2001.
363. Tax Foundation, *State and Local Tax Burdens Compared to Other US States, 1970–2007*. Washington, DC: Tax Foundation, 2007.
364. Justice Policy Institute, *Cellblocks or Classrooms?* Washington, DC: Justice Policy Institute, 2002.
365. L. J. Schweinhart and D. P. Weikart, 'Success by empowerment: the High/Scope Perry Preschool Study through age 27', *Young Children* (1993) 49: 54–8.
366. World Bank, *The East Asian Miracle*. Oxford: Oxford University Press, 1993.
367. J. M. Page, 'The East Asian miracle: an introduction', *World Development* (1994) 22 (4): 615–25.
368. R. M. Titmuss, 'War and social policy', in R. M. Titmuss (ed.), *Essays on the Welfare State* (3rd edition). London: Unwin, 1976.
369. L. McCall and J. Brash, *What do Americans Think about Inequality?* Working Paper. New York: Demos, 2004.
370. J. Weeks, *Inequality Trends in Some Developed OECD Countries*. Working Paper No. 6. New York: United Nations Department of Economic and Social Affairs, 2005.
371. J. Benson, 'A typology of Japanese enterprise unions', *British Journal of Industrial Relations* (1996) 34: 371–86.
372. L. Osberg and T. Smeeding, '"Fair" inequality? Attitudes to pay differentials: The United States in comparative perspective', *American Sociological Review* (2006) 71: 450–73.
373. J. Finch, 'The boardroom bonanza', *Guardian*, 29 August 2007.
374. International Labour Organization, 'Income inequalities in the age of financial globalization', *World of Work Report 2008*. Geneva: ILO, 2008.
375. Institute for Policy Studies, *Annual CEO Compensation Survey*. Washington, DC: Institute for Policy Studies, 2007.
376. United Nations Conference on Trade and Development, 'Are transnationals bigger than countries?' Press release: TAD/INF/PR/47. Geneva: United Nations Conference on Trade and

337. S. Morris, 'Women laughed as they forced toddlers to take part in "dog fight"', *Guardian*, 21 April 2007.

338. G. Rizzolatti and L. Craighero, 'The mirror-neuron system', *Annual Review of Neuroscience* (2004) 27: 169–72.

339. M. Kosfeld, M. Heinrichs, P. J. Zak, U. Fischbacher and E. Fehr, 'Oxytocin increases trust in humans', *Nature* (2005) 435: 673–6.

340. P. J. Zak, R. Kurzban and W. Matzner, 'The neurobiology of trust', *Annals of the New York Academy of Sciences* (2004) 1032: 224–7.

341. J. K. Rilling, G. A. Gutman, T. R. Zeh, G. Pagnoni, G. S. Berns and C. D. Kilts, 'A neural basis for social cooperation', *Neuron* (2002) 35: 395–405.

342. N. I. Eisenberger and M. D. Lieberman, 'Why rejection hurts', *Trends in Cognitive Science* (2004) 8: 294–300.

343. J. W. Ouwerkerk, P. A. M. van Lange and M. Gallucci, 'Avoiding the social death penalty: ostracism and cooperation in social dilemmas', in K. D. Williams, J. P. Forgas and W. von Hippel (eds), *The Social Outcast: Ostracism, social exclusion, rejection and bullying*. New York: Psychology Press, 2005.

344. World Bank, *World Development Indicators (WDI) September 2006*. Economic and Social Data Service International, Manchester: Mimas.

345. World Wildlife Fund, *Living Planet Report 2006*. Gland, Switzerland: WWF International, 2007.

346. R. M. Titmuss, *Essays on the Welfare State*. London: Unwin, 1958.

347. H. Daly, *Steady-state Economics*. Washington, DC: Island Press, 1991.

348. M. Bookchin, *The Ecology of Freedom*. Oakland, CA: AK Press, 2005.

349. R. G. Wilkinson, *Poverty and Progress*. London: Methuen, 1973.

350. H. C. Wallich, 'Zero growth', *Newsweek*, 24 January 1972.

351. R. H. Frank, *Falling Behind: How rising inequality harms the middle class*. Berkeley, CA: University of California Press, 2007.

352. S. Bowles and Y. Park, 'Emulation, inequality, and work hours: was Thorsten Veblen right?' *Economic Journal* (2005) 115: F397–F412.

353. D. Neumark and A. Postlethwaite, 'Relative income concerns and the rise in married women's employment', *Journal of Public Economics* (1998) 70: 157–83.

354. Y. Park, *Veblen Effects on Labor Supply: Male earnings inequality increases women's labor force participation*. New London, CT: Department of Economics, Connecticut College, 2004.

355. S. J. Solnick and D. Hemenway, 'Is more always better? A survey on positional concerns', *Journal of Economic Behavior & Organization* (1998) 37: 373–83.

356. T. Veblen, *The Theory of the Leisure Class*. Oxford: Oxford University Press, 2007.

357. Planet Ark, *The Recycling Olympic Report*. Sydney: Planet Ark Environmental Foundation,

individual self-rated health in the United States', *Health and Place* (2006) 12 (2): 141–56.
320. M. Wolfson, G. Kaplan, J. Lynch, N. Ross and E. Backlund, 'Relation between income inequality and mortality: empirical demonstration', *British Medical Journal* (1999) 319 (7215): 953–5.
321. S. J. Babones, 'Income inequality and population health: correlation and causality', *Social Science and Medicine* (2008) 66 (7): 1614–26.
322. C. A. Shively and T. B. Clarkson, 'Social status and coronary artery atherosclerosis in female monkeys', *Arteriosclerosis and Thrombosis* (1994) 14 (5): 721–6.
323. C. A. Shively and T. B. Clarkson, 'Regional obesity and coronary artery atherosclerosis in females: a non-human primate model', *Acta Medica Scandinavica*, Supplement (1988) 723: 71–8.
324. M. Sahlins, *Stone Age Economics*. London: Routledge, 2003.
325. T. Hobbes, *Leviathan*. Oxford: Oxford University Press, 1998.
326. K. Jensen, J. Call and M. Tomasello, 'Chimpanzees are rational maximisers in an ultimatum game', *Science* (2007) 318 (5847): 107–9.
327. J. Henrich, R. Boyd, S. Bowles, C. F. Camerer, E. Fehr, H. Gintis and R. McElreath, 'Overview and synthesis', in J. Henrich, R. Boyd, S. Bowles, C. F. Camerer, E. Fehr and H. Gintis (eds), *Foundations of Human Sociality*. Oxford: Oxford University Press, 2004.
328. F. B. de Waal and F. Lanting, *Bonobo: The forgotten ape*. Berkeley: University of California Press, 1997.
329. E. A. D. Hammock, L. J. Young, 'Microsatellite instability generates diversity in brain and sociobehavioral traits', *Science* (2005) 308 (5728): 1630–34.
330. J. B. Lassner, K. A. Matthews and C. M. Stoney, 'Are cardiovascular reactors to asocial stress also reactors to social stress?' *Journal of Personality and Social Psychology* (1994) 66 (1): 69–77.
331. R. I. M. Dunbar, 'Brains on two legs: group size and the evolution of intelligence', in F. B. de Waal (ed.), *Tree of Origin: What primate behavior can tell us about human social evolution*. Cambridge, MA: Harvard University Press, 2001.
332. C. Boehm, *Hierarchy in the Forest: The evolution of egalitarian behavior*. Cambridge, MA: Harvard University Press, 1999.
333. D. Erdal and A. Whiten, 'Egalitarianism and Machiavellian intelligence in human evolution', in P. Mellars and K. Gibson K. (eds), *Modelling the Early Human Mind*. Cambridge: McDonald Institute Monographs, 1996.
334. R. G. Wilkinson, *The Impact of Inequality*. New York: New Press, 2005.
335. J. Woodburn, 'Egalitarian societies', *Man* (1982) 17: 431–51.
336. I. C. G. Weaver, N. Cervoni, F. A. Champagne, A. C. d'Alessio, S. Sharma, J. R. Seckl, S. Dymov, M. Szyf and M. J. Meaney, 'Epigenetic programming by maternal behaviour', *Nature Neuroscience* (2004) 7: 847–54.

population', *Social Science and Medicine* (2007) 65 (12): 2440–57.

305. K. E. Pickett, J. W. Collins, Jr., C. M. Masi and R. G. Wilkinson, 'The effects of racial density and income incongruity on pregnancy outcomes', *Social Science and Medicine* (2005) 60 (10): 2229–38.

306. E. M. Roberts, 'Neighborhood social environments and the distribution of low birthweight in Chicago', *American Journal of Public Health* (1997) 87 (4): 597–603.

307. L. C. Vinikoor, J. S. Kaufman, R. F. MacLehose and B. A. Laraia, 'Effects of racial density and income incongruity on pregnancy outcomes in less segregated communities', *Social Science and Medicine* (2008) 66 (2): 255–9.

308. A. M. Jenny, K. C. Schoendorf and J. D. Parker, 'The association between community context and mortality among Mexican-American infants', *Ethnicity and Disease* (2001) 11 (4): 722–31.

309. J. R. Dunn, B. Burgess and N. A. Ross, 'Income distribution, public services expenditures, and all cause mortality in US States', *Journal of Epidemiology and Community Health* (2005) 59 (9): 768–74.

310. A. Deaton and D. Lubotsky, 'Mortality, inequality and race in American cities and states', *Social Science and Medicine* (2003) 56 (6): 1139–53.

311. D. K. McLaughlin and C. S. Stokes, 'Income inequality and mortality in US counties: does minority racial concentration matter?' *American Journal of Public Health* (2002) 92 (1): 99–104.

312. R. Ram, 'Income inequality, poverty, and population health: evidence from recent data for the United States', *Social Science and Medicine* (2005) 61 (12): 2568–76.

313. S. V. Subramanian and I. Kawachi, 'The association between state income inequality and worse health is not confounded by race', *International Journal of Epidemiology* (2003) 32 (6): 1022–8.

314. R. Ram, 'Further examination of the cross-country association between income inequality and population health', *Social Science and Medicine* (2006) 62 (3): 779–91.

315. J. Banks, M. Marmot, Z. Oldfield and J. P. Smith, 'Disease and disadvantage in the United States and in England', *Journal of the American Medical Association* (2006) 295 (17): 2037–45.

316. J. Banks, M. Marmot, Z. Oldfield and J. P. Smith, 'The SES Health Gradient on Both Sides of the Atlantic'. NBER Working Paper 12674. Cambridge, MA: National Bureau of Economic Research, 2007.

317. D. Vagero and O. Lundberg, 'Health inequalities in Britain and Sweden', *Lancet* (1989) 2 (8653): 35–6.

318. D. A. Leon, D. Vagero and P. O. Olausson, 'Social class differences in infant mortality in Sweden: comparison with England and Wales', *British Medical Journal* (1992) 305 (6855): 687–91.

319. S. V. Subramanian and I. Kawachi, 'Whose health is affected by income inequality? A multilevel interaction analysis of contemporaneous and lagged effects of state income inequality on

Stoughton, 2004.
288. J. Epstein, *Snobbery: The American version*. New York: Houghton Mifflin Company, 2002.
289. R. Sennett and J. Cobb, *The Hidden Injuries of Class*. New York: Alfred A. Knopf, 1972.
290. S. J. Charlesworth, P. Gilfillan and R. G. Wilkinson, 'Living inferiority', *British Medical Bulletin* (2004) 69: 49–60.
291. A. Marcus-Newhall, W. C. Pedersen, M. Carlson and N. Miller, 'Displaced aggression is alive and well: a meta-analytic review', *Journal of Personality and Social Psychology* (2000) 78 (4): 670–89.
292. R. A. Baron, J. H. Neumann and A. Geddes, 'Social and personal determinants of workplace aggression: evidence for the impact of perceived injustice and the Type A behavior pattern', *Aggressive Behavior* (1999) 25 (4): 281–96.
293. D. L. Horowitz, 'Direct, displaced and cumulative ethnic aggression', *Comparative Politics* (1973): 6 (1): 1–16.
294. H. Crawley, *Evidence on Attitudes to Asylum and Immigration: What we know, don't know and need to know*. Working Paper No. 23. Oxford: Centre on Migration, Policy and Society, University of Oxford, 2005.
295. J. L. Ireland, *Bullying among Prisoners: Evidence, research and intervention strategies*. Hove: Brunner-Routledge, 2002.
296. P. Earley, *The Hot House: Life inside Leavenworth prison*. New York: Bantam, 1992.
297. J. Sidanius and F. Pratto, *Social Dominance*. Cambridge: Cambridge University Press, 1999.
298. K. E. Pickett and R. G. Wilkinson, 'People like us: ethnic group density effects on health', *Ethnicity and Health* (2008) 13 (4): 321–34.
299. J. Boydell, J. van Os, K. McKenzie, J. Allardyce, R. Goel, R. G. McCreadie and R. M. Murray, 'Incidence of schizophrenia in ethnic minorities in London: ecological study into interactions with environment', *British Medical Journal* (2001) 323 (7325): 1336–8.
300. J. Neeleman and S. Wessely, 'Ethnic minority suicide: a small area geographical study in south London', *Psychological Medicine* (1999): 29 (2): 429–36.
301. J. Neeleman, C. Wilson-Jones and S. Wessely, 'Ethnic density and deliberate self-harm: a small area study in south east London', *Journal of Epidemiology and Community Health* (2001) 55: 85–90.
302. J. Fang, S. Madhavan, W. Bosworth and M. H. Alderman, 'Residential segregation and mortality in New York City', *Social Science and Medicine* (1998) 47 (4): 469–76.
303. L. Franzini and W. Spears, 'Contributions of social context to inequalities in years of life lost to heart disease in Texas, USA', *Social Science and Medicine* (2003) 57 (10): 1847–61.
304. C. M. Masi, L. C. Hawkley, Z. H. Piotrowski and K. E. Pickett, 'Neighborhood economic disadvantage, violent crime, group density, and pregnancy outcomes in a diverse, urban

268. D. Downes and K. Hansen, *Welfare and Punishment: The relationship between welfare spending and imprisonment*. London: Crime and Society Foundation, 2006.
269. J. Silverman, 'Does prison work?' ESRC Society Today: Spotlights. http://www.esrc.ac.uk/ESRCInfoCentre/about/CI/CP/Our_Society_Today/Spotlights-2006/prison.aspx?ComponentId=16448&SourcePageId=16475 (accessed 9 September 2008).
270. M. Tonry, 'Why are US incarceration rates so high?' *Crime and Delinquency* (1999) 45: 419–37.
271. J. Blanden, P. Gregg and S. Machin, *Intergenerational mobility in Europe and North America*. London: Centre for Economic Performance, London School of Economics, 2005.
272. L. Mishel, J. Bernstein and S. Allegretto, *The State of Working America 2006/7*. An Economic Policy Institute Book. Ithaca, NY: ILR Press, an imprint of Cornell University Press, 2007.
273. OECD, *Education at a Glance 2003. OECD Indicators*. Paris: OECD, 2004.
274. D. S. Massey, 'The age of extremes: concentrated affluence and poverty in the twenty-first century', *Demography* (1996) 33: 395–412.
275. P. A. Jargowsky, 'Take the money and run: economic segregation in U.S. metropolitan areas', *American Sociological Review* (1996) 61 (6): 984–8.
276. P. A. Jargowsky, *Poverty and Place: Ghettos, barrios and the American city*. New York: Russell Sage Foundation, 1997.
277. P. A. Jargowsky, *Stunning Progress, Hidden Problems: The dramatic decline of concentrated poverty in the 1990s*. The Living Cities Census Series. Washington, DC: Brookings Institution Press, 2003.
278. D. Dorling, 'Why Trevor is wrong about race ghettos', *Observer*, 25 September 2005.
279. D. Dorling, *Human Geography of the UK*. London: Sage Publications, 2005.
280. D. Dorling and P. Rees, 'A nation still dividing: the British census and social polarization', *Environment and Planning* (2003) 35: 1287–313.
281. A. Berube, *Mixed Communities in England*. York: Joseph Rowntree Foundation, 2005.
282. I. Kawachi, 'Income inequality and economic residential segregation', *Journal of Epidemiology and Community Health* (2002) 56 (3): 165–6.
283. S. Mayer, *How the Growth in Income Inequality Increased Economic Segregation*. The Joint Center for Poverty Research Working Paper 235. Chicago: NorthWestern University/University of Chicago, 2001.
284. P. Lobmayer and R. G. Wilkinson, 'Inequality, residential segregation by income, and mortality in US cities', *Journal of Epidemiology and Community Health* (2002) 56 (3): 183–7.
285. N. J. Waitzman and K. R. Smith, 'Separate but lethal: the effects of economic segregation on mortality in metropolitan America', *Milbank Quarterly* (1998) 76 (3): 341–73.
286. P. Bourdieu, *Distinction: A social critique of the judgement of taste*. London: Routledge, 1984.
287. K. Fox, *Watching the English: The hidden rules of English behaviour*. London: Hodder &

penology. Amsterdam: Gordon & Breach Publishers, 1998.

250. J. O. Haley, 'Confession, repentence and absolution', in: M. Wright and B. Galoway (eds), *Mediation and Criminal Justice*. Newbury Park, CA: Sage, 1989.

251. Amnesty International, *Annual Report – United States of America*. London: Amnesty International, 2004.

252. Human Rights Watch and Amnesty International, *The Rest of Their Lives: Life without parole for child offenders in the United States*. New York: Human Rights Watch, 2005.

253. Human Rights Watch, *Cold Storage: Super-maximum security confinement in Indiana*. New York: Human Rights Watch, 1997.

254. Human Rights Watch, *Red Onion State Prison: Super-maximum security confinement in Virginia*. New York: Human Rights Watch, 1999.

255. United Nations Committee against Torture, *Conclusions and Recommendations of the Committee against Torture: United States of America*. Geneva: United Nations, 2006.

256. J. Irwin, *The Warehouse Prison: Disposal of the new dangerous class*. Cary, NC: Roxbury Publishing Company, 2005.

257. Amnesty International, *Ill-treatment of Inmates in Maricopa County Jails, Arizona*. London: Amnesty International, 1997.

258. E. James, 'A life again', *Guardian*, 5 September 2005.

259. L. A. Rhodes. 'Can there be "best practices" in supermax?' in D. Jones (ed.), *Humane Prisons*. Oxford: Radcliffe Publishing, 2006.

260. The Commission on Safety and Abuse in America's Prisons, *Confronting Confinement*. New York: Vera Institute of Justice, 2006.

261. P. Carter. *Managing Offenders, Reducing Crime. Correctional Services Review*. London: Prime Minister's Strategy Unit, 2003.

262. Home Office, *Explaining Reconviction Rates: A critical analysis*. Home Office Research Study 136. London: Home Office, 1995.

263. S. Henry, 'On the Effectiveness of Prison as Punishment. Incarceration Nation: The warehousing of America's poor'. Ivy Tech State College, South Bend, Indiana: http://www.is.wayne.edu/stuarthenry/Effectiveness_of_Punishment.htm, 2003.

264. E. Currie, *Crime and Punishment in America*. New York: Henry Holt & Co, 1998.

265. Youth Justice Board, *Anti-social Behaviour Orders* (B289). London: Youth Justice Board for England and Wales, 2006.

266. NCH, *Tackling Anti-social Behaviour: Have we got it right?* London: NCH Children's Charities, 2006.

267. K. Beckett and B. Western, 'Governing social marginality', in D. Garland (ed.), *Mass Imprisonment: Social causes and consequences*. London: Sage, 2001.

63 (6): 1531–45.
235. D. Dorling, 'Prime suspect: murder in Britain', in P. Hillyard, C. Pantazis, S. Tombs, D. Gordon and D. Dorling (eds), *Criminal Obsessions: Why harm matters more than crime*. London: Crime and Society Foundation, 2005.
236. R. Walmsley. 'An overview of world imprisonment: global prison populations, trends and solutions', United Nations Programme Network Institutes Technical Assistance Workshop. Vienna, 2001.
237. R. Walmsley, *World Prison Population List* (6th and 7th editions). London: International Centre for Prison Studies, King's College, 2005 and 2006.
238. A. Blumstein and A. J. Beck, 'Population growth in US prisons, 1980–1996', *Crime and Justice* (1999) 26: 17–61.
239. E. Chemerinsky, 'Life in prison for shoplifting: cruel and unusual punishment', *Human Rights* (2004) 31: 11–13.
240. M. Hough, J. Jacobson and A. Millie, *The Decision to Imprison: Sentencing and the prison population. Rethinking crime and punishment*. London: Prison Reform Trust, 2003.
241. D. Downes, 'The buckling of the shields: Dutch penal policy 1985–1995', in R. P. Weiss and N. South (eds), *Comparing Prison Systems: Towards a comparative and international penology*. Amsterdam: Gordon & Breach Publishers, 1998.
242. M. Mauer, *Comparative International Rates of Incarceration: An examination of causes and trends*. Washington, DC: Sentencing Project, 2003.
243. US Department of Justice, Bureau of Justice Statistics, 'Incarceration rates for prisoners under State or Federal jurisdiction', File: corpop25.wk1. http://www.ojp.usdoj.gov/bjs/data/corpop25.wk1 (accessed 30 March 2006).
244. W. S. Wooden and A. O. Ballan, 'Adaptation strategies and transient niches of one middle-class inmate in prison', *Psychological Reports* (1996) 78 (3, Pt 1): 870.
245. The Sentencing Project, *State Rates of Incarceration by Race*. Washington, DC: Sentencing Project, 2004.
246. R. Councell and J. Olagundoye. *The Prison Population in 2001: A statistical review*. Home Office Findings 195. London: Home Office, 2003.
247. Annie E. Casey Foundation, *KidsCount Databook*. Baltimore, MD: Annie E. Casey Foundation, 2008.
248. Leadership Conference on Civil Rights and Leadership Conference on Civil Rights Education Fund, *Justice on Trial: Racial disparities in the American criminal justice system*. Washington, DC: LCCR/LCCREF, 2000.
249. E. H. Johnson. 'The Japanese experience: effects of decreasing resort to imprisonment', in R. P. Weiss and N. South (eds.), *Comparing Prison Systems: Towards a comparative and international*

us/firearm3.html (accessed 9 September 2008).

218. D. Popenoe, *Life Without Father*. New York: Free Press, 1996.

219. H. B. Biller, *Fathers and Families: Paternal factors in child development*. Westport, CT: Auburn House, 1993.

220. S. R. Jaffee, T. E. Moffitt, A. Caspi and A. Taylor, 'Life with (or without) father: the benefits of living with two biological parents depend on the father's antisocial behavior', *Child Development* (2003) *74*(1): 109–26.

221. M. Anderson, J. Kaufman, T. R. Simon, L. Barrios, L. Paulozzi, G. Ryan, R. Hammond, W. Modzeleski, T. Feucht and L. Potter, 'Schoolassociated violent deaths in the United States, 1994–1999', *Journal of the American Medical Association* (2001) 286 (21): 2695–702.

222. M. R. Leary, R. M. Kowalski, L. Smith and S. Phillips, 'Teasing, rejection, and violence: case studies of the school shootings', *Aggressive Behavior* (2003) 29: 202–14.

223. C. Shaw and H. McKay, *Juvenile Delinquency and Urban Areas*. Chicago: University of Chicago Press, 1942.

224. R. Sampson, S. Raudenbush and F. Earls, 'Neighborhoods and violent crime: a multilevel study of collective efficacy', *Science* (1997) 277: 918–24.

225. W. J. Wilson, *The Truly Disadvantaged: The inner city, the underclass, and public policy*. Chicago: University of Chicago Press, 1987.

226. Federal Bureau of Investigation, *Crime in the United States 2006*. Washington, DC: US Government Printing Office, 2006.

227. H. Boonstra, *Teen Pregnancy: Trends and lessons learned. Guttmacher Report on Public Policy*. Washington, DC: Alan Guttmacher Institute, 2002.

228. B. E. Hamilton, J. A. Martin and S. J. Ventura, 'Births: preliminary data for 2006', *National Vital Statistics Report* (2007) 56 (7).

229. x to Measure US Inequality Trends with Current Population Survey Data: A View from Inside the Census Bureau Vaults', IZA Discussion Paper No. 2839, available at Social Science Research Network: http://ssrn.com/abstract=998222 (accessed 9 September 2008).

230. C. Cantave, M. Vanouse and R. Harrison, *Trends in Poverty*. Washington, DC: Center for Political and Economic Studies, 1999.

231. Child Trends DataBank, *Children in Poverty*. Washington, DC: Child Trends, 2003.

232. A. Blumstein, F. P. Rivara and R. Rosenfeld, 'The rise and decline of homicide – and why', *Annual Review of Public Health* (2000) 21: 505–41.

233. Annie E. Casey Foundation, *KidsCount Databook*. Baltimore, MD. Annie E. Casey Foundation, 1995.

234. C. G. Colen, A. T. Geronimus and M. G. Phipps, 'Getting a piece of the pie? The economic boom of the 1990s and declining teen birth rates in the United States', *Social Science and Medicine* (2006)

79–150.

200. H. Cronin, *The Ant and the Peacock*. Cambridge: Cambridge University Press, 1991.

201. J. Gilligan, *Preventing Violence*. New York: Thames & Hudson, 2001.

202. J. Gilligan, *Violence: Our deadly epidemic and its causes*. New York: G. P. Putnam, 1996.

203. R. Wilkinson, 'Why is violence more common where inequality is greater?' *Annals of the New York Academy of Sciences* (2004) 1036: 1–12.

204. M. Wilson and M. Daly, *Homicide*. Piscataway, NJ: Aldine Transaction, 1988.

205. M. Daly and M. Wilson, 'Crime and conflict: homicide in evolutionary psychological perspective', *Crime and Justice* (1997) 22: 51–100.

206. M. Daly and M. Wilson, 'Risk-taking, intrasexual competition, and homicide', *Nebraska Symposium on Motivation* (2001) 47: 1–36.

207. M. Daly, M. Wilson and S. Vasdev, 'Income inequality and homicide rates in Canada and the United States', *Canadian Journal of Public Health – Revue canadienne de criminologie* (2001) 43 (2): 219–36.

208. M. Wilson and M. Daly, 'Competitiveness, risk-taking and violence: the young male syndrome', *Ethology and Sociobiology* (1985) 6: 59–73.

208. D. M. Buss, *The Evolution of Desire: Strategies of human mating.* New York: Basic Books, 1994.

210. P. Fajnzylber, D. Lederman and N. Loayza, 'Inequality and violent crime', *Journal of Law and Economics* (2002) 45: 1–40.

211. C.-C. Hsieh and M. D. Pugh, 'Poverty, income inequality, and violent crime: A meta-analysis of recent aggregate data studies', *Criminal Justice Review* (1993) 18: 182–202.

212. United Nations Crime and Justice Information Network, *Survey on Crime Trends and the Operations of Criminal Justice Systems (Fifth, Sixth, Seventh, Eighth)*. New York: United Nations, 2000.

213. Federal Bureau of Investigation, *Crime in the United States*. Washington, DC: US Government Printing Office, 1990–2000.

214. M. Killias, J. van Kesteren and M. Rindlisbacher, 'Guns, violent crime, and suicide in 21 countries', *Canadian Journal of Criminology* (2001) 43: 429–48.

215. UN Commission on Crime Prevention and Criminal Justice, 'Criminal justice reform and strengthening of legal institutions measures to regulate firearms', in Secretary-General Report E/CN.15/1997/4. Vienna: United Nations, 1997.

216. M. Miller, D. Hemenway and D. Azrael, 'State-level homicide victimization rates in the US in relation to survey measures of household firearm ownership, 2001–2003', *Social Science and Medicine* (2007) 64 (3): 656–64.

210. 'Behavioural Risk Factor Surveillance Survey. Survey Results 2001 for Nationwide: Firearms'. North Carolina State Center for Health Statistics. http://www.schs.state.nc.us/SCHS/brfss/2001/

1991–2000, an update', *National Vital Statistics Reports* (2002) 50 (9).

184. Alan Guttmacher Institute, *US Teenage Pregnancy Statistics Overall Trends, Trends by Race and Ethnicity and State-by-state Information*. New York: AGI, 2004.

185. K. E. Pickett, J. Mookherjee and R. G. Wilkinson, 'Adolescent birth rates, total homicides, and income inequality in rich countries', *American Journal of Public Health* (2005) 95 (7): 1181–3.

186. R. Gold, I. Kawachi, B. P. Kennedy, J. W. Lynch and F. A. Connell, 'Ecological analysis of teen birth rates: association with community income and income inequality', *Maternal and Child Health Journal* (2001) 5 (3): 161–7.

187. S. Ryan, K. Franzetta and J. Manlove, *Hispanic Teen Pregnancy and Birth Rates: Looking behind the numbers*. Washington, DC: Child Trends, 2005.

188. M. Dickson, *Latina Teen Pregnancy: Problems and prevention. Executive summary*. Washington, DC: Population Resource Center, 2001.

189. J. Bynner, P. Elias, A. McKnight, H. Pan and G. Pierre, *Young People's Changing Routes to Independence*. York: Joseph Rowntree Foundation, 2002.

190. H. Graham and E. McDermott, 'Qualitative research and the evidence base of policy: insights from studies of teenage mothers in the UK', *Journal of Social Policy* (2005) 35: 21–37.

191. J. Belsky, L. Steinberg and P. Draper, 'Childhood experience, interpersonal development, and reproductive strategy: an evolutionary theory of socialization', *Child Development* (1991) 62 (4): 647–70.

192. R. Gold, B. Kennedy, F. Connell and I. Kawachi, 'Teen births, income inequality, and social capital: developing an understanding of the causal pathway', *Health and Place* (2002) 8 (2): 77–83.

193. D. A. Coall and J. S. Chisholm, 'Evolutionary perspectives on pregnancy: maternal age at menarche and infant birth weight', *Social Science and Medicine* (2003) 57 (10): 1771–81.

194. T. E. Moffitt, A. Caspi, J. Belsky and P. A. Silva, 'Childhood experience and the onset of menarche: a test of a sociobiological model', *Child Development* (1992) 63 (1): 47–58.

195. 'American Academy of Pediatrics Committee on Adolescence: Adolescent pregnancy', *Pediatrics* (1989) 83 (1): 132–4.

196. B. J. Ellis, J. E. Bates, K. A. Dodge, D. M. Fergusson, L. J. Horwood, G. S. Pettit and L. Woodward, 'Does father absence place daughters at special risk for early sexual activity and teenage pregnancy?' *Child Development* (2003) 74 (3): 801–21.

197. J. Borger, 'Gunned down: the teenager who dared to walk across his neighbour's prized lawn', *Guardian*, 22 March 2006.

198. J. Allen, *Worry about Crime in England and Wales: Findings from the 2003/04 and 2004/05 British Crime Survey*. London: Research Development and Statistics Directorate, Home Office, 2006.

199. C. Hale, 'Fear of crime: a review of the literature', *International Review of Victimology* (1996) 4:

164. C. M. Steele and J. Aronson, 'Stereotype threat and the intellectual test performance of African-Americans', *Journal of Personality and Social Psychology* (1995) 69: 797–811.
165. S. J. Spencer, C. M. Steele and D. M. Quinn, 'Stereotype threat and women's math performance', *Journal of Experimental Social Psychology* (1999) 35 (1): 4–28.
166. W. Peters, *A Class Divided: Then and now*. New Haven: Yale University Press, 1987.
167. J. Zull, *The Art of Changing the Brain: Enriching the practice of teaching by exploring the biology of learning*. Sterling: Stylus Publishing, 2002.
168. G. Evans. *Educational Failure and Working Class White Children in Britain*. Basingstoke: Palgrave, 2006.
169. L. Atkinson, 'Sorry, Mum, we're all pregnant!' *Sneak* (2005) Issue no. 162.
170. J. Askill, 'Meet the kid sisters', *Sun*, 23 May 2005.
171. S. Carroll, 'These girls' babies are the real victims', *Daily Mirror*, 25 May, 2005.
172. Committee on Adolescence AAoP, 'Adolescent pregnancy – current trends and issues', *Pediatrics* (1998) 103: 516–20.
173. Social Exclusion Unit, *Teenage Pregnancy*. London: HMSO, 1999.
174. D. A. Lawlor and M. Shaw, 'Too much too young? Teenage pregnancy is not a public health problem', *International Journal of Epidemiology* (2002) 31 (3): 552–4.
175. A. T. Geronimus, 'The weathering hypothesis and the health of African-American women and infants: evidence and speculations', *Ethnicity and Disease* (1992) 2 (3): 207–21.
176. A. T. Geronimus, 'Black/white differences in the relationship of maternal age to birthweight: a population-based test of the weathering hypothesis', *Social Science and Medicine* (1996) 42 (4): 589–97.
177. J. Hobcraft and K. Kiernan, 'Childhood poverty, early motherhood and adult social exclusion', *British Journal of Sociology* (2001) 52 (3): 495–517.
178. J. Rich-Edwards, 'Teen pregnancy is not a public health crisis in the United States. It is time we made it one', *International Journal of Epidemiology* (2002) 31 (3): 555–6.
179. S. Cater and L. Coleman, *'Planned' Teenage Pregnancy: Views and experiences of young people from poor and disadvantaged backgrounds*. Bristol: Policy Press for the Joseph Rowntree Foundation, 2006.
180. K. Luker, *Dubious Conception*. The politics of teenage pregnancy. Cambridge, MA: Harvard University Press, 1996.
181. J. Ermisch and D. Pevalin, *Who Has a Child as a Teenager?* ISER Working Papers, Number 2003–30. Institute for Economic and Social Research, University of Essex, 2003.
182. UNICEF Innocenti Research Centre, *A League Table of Teenage Births in Rich Nations.* Florence: Innocenti Report Card, 2001.
183. S. J. Ventura, T. J. Mathews and B. E. Hamilton, 'Teenage births in the United States: trends,

Adult Literacy Survey. Paris: Organization for Economic Co-Operation and Development, 2000.

148. R. Wilkinson and K. E. Pickett, 'Health inequalities and the UK Presidency of the EU', *Lancet* (2006) 367 (9517): 1126–8.

149. R. G. Wilkinson and K. E. Pickett, 'The problems of relative deprivation: why some societies do better than others', *Social Science and Medicine* (2007) 65 (9): 1965–78.

150. J. D. Willms, 'Quality and inequality in children's literacy: the effects of families, schools, and communities', in D. P. Keating and C. Hertzman (eds), *Developmental Health and the Wealth of Nations*. New York: Guilford Press, 1999.

151. J. D. Willms, 'Literacy proficiency of youth: evidence of converging socioeconomic gradients', *International Journal of Educational Research* (2003) 39: 247–52.

152. A. Siddiqi, I. Kawachi, L. Berkman, S. V. Subramanian and C. Hertzman, 'Variation of socioeconomic gradients in children's developmental health across advanced capitalist societies: analysis of 22 OECD nations', *International Journal of Health Services* (2007) 37 (1): 63–87.

153. Centre for Longitudinal Studies, *Disadvantaged Children up to a Year Behind by the Age of Three*. London: Institute of Education, 2007.

154. R. H. Frank and A. S. Levine, *Expenditure Cascades*. Cornell University mimeograph. Ithaca: Cornell University, 2005.

155. G. W. Evans and K. English, 'The environment of poverty: multiple stressor exposure, psychophysiological stress, and socioemotional adjustment', *Child Development* (2002) 73 (4): 1238–48.

156. P. Garrett, N. Ng'andu and J. Ferron, 'Poverty experiences of young children and the quality of their home environments', *Child Development* (1994) 65 (2, Spec. no.): 331–45.

157. V. C. McLoyd, 'The impact of economic hardship on black families and children: psychological distress, parenting, and socioemotional development', *Child Development* (1990) 61 (2): 311–46.

158. V. C. McLoyd and L. Wilson, 'Maternal behavior, social support, and economic conditions as predictors of distress in children', *New Directions for Child and Adolescent Development* (1990) 46: 49–69.

159. A. Lareau, 'Invisible inequality: social class and childrearing in black families and white families', *American Sociological Review* (2002) 67: 747–76.

160. J. Currie, *Welfare and the Well-being of Children*. Reading: Harwood Academic Publishers, 1995.

161. L. G. Irwin, A. Siddiqi and C. Hertzman, *Early Childhood Development: A powerful equalizer*. Geneva: World Health Organization Commission on Social Determinants of Health, 2007.

162. UNICEF Innocenti Research Centre, *A League Table of Educational Disadvantage in Rich Nations*. Florence: Innocenti Report Card, 2002.

163. K. Hoff and P. Pandey, *Belief Systems and Durable Inequalities: An experimental investigation of Indian caste*. Policy Research Working Paper. Washington, DC: World Bank, 2004.

young adulthood. Analysis of a British birth cohort', *Archives of Pediatric and Adolescent Medicine* (1994) 148 (7): 681–7.

133. D. Thomas, 'Fattism is the last bastion of employee discrimination', *Personnel Today*, 25 October 2005.

134. J. Wardle and J. Griffith, 'Socioeconomic status and weight control practices in British adults', *Journal of Epidemiology and Community Health* (2001) 55 (3): 185–90.

135. J. Sobal, B. Rauschenbach and E. A. Frongillo, 'Marital status changes and body weight changes: a US longitudinal analysis', *Social Science and Medicine* (2003) 56 (7): 1543–55.

136. T. Smith, C. Stoddard and M. Barnes, 'Why the Poor Get Fat: Weight Gain and Economic Insecurity', School of Economic Sciences Working Paper, Washington State University: http://ideas.repec.org/p/wsu/wpaper/tgsmith-2.html (accessed 15 September 2008).

137. B. Fisher, D. Dowding, K. E. Pickett and F. Fylan, 'Health promotion at NHS breast cancer screening clinics in the UK', *Health Promotion International* (2007) 22 (2): 137–45.

138. J. R. Speakman, H. Walker, L. Walker and D. M. Jackson, 'Associations between BMI, social strata and the estimated energy content of foods', *Journal of Obesity and Related Metabolic Disorders* (2005) 29 (10): 1281–8.

139. N. E. Adler, E. S. Epel, G. Castellazzo and J. R. Ickovics, 'Relationship of subjective and objective social status with psychological and physiological functioning: preliminary data in healthy white women', *Health Psychology* (2000) 19 (6): 586–92.

140. E. Goodman, N. E. Adler, S. R. Daniels, J. A. Morrison, G. B. Slap and L. M. Dolan, 'Impact of objective and subjective social status on obesity in a biracial cohort of adolescents', *Obesity Reviews* (2003) 11 (8): 1018–26.

141. B. Martin, 'Income inequality in Germany during the 1980s and 1990s', *Review of Income and Wealth* (2000) 46 (1): 1–19.

142. V. Hesse, M. Voigt, A. Salzler, S. Steinberg, K. Friese, E. Keller, R. Gausche and R. Eisele, 'Alterations in height, weight, and body mass index of newborns, children, and young adults in eastern Germany after German reunification', *Journal of Pediatrics* (2003) 142 (3): 259–62.

143. S. Baum and K. Payea, *Education Pays: The benefits of higher education for individuals and society*. Washington, DC: College Board, 2004.

144. Bureau of Labor Statistics, *Weekly and Hourly Earnings Data from the Current Population Survey*. Washington, DC: US Department of Labor, 2007.

145. M. Benn and F. Millar, *A Comprehensive Future: Quality and equality for all our children*. London: Compass, 2006.

146. J. D. Teachman, 'Family background, educational resources, and educational attainment', *American Sociological Review* (1987) 52: 548–57.

147. OECD and Statistics Canada, *Literacy in the Information Age: Final report of the International*

117. L. R. Purslow, E. H. Young, N. J. Wareham, N. Forouhi, E. J. Brunner, R. N. Luben, A. A. Welch, K. T. Khaw, S. A. Bingham and M. S. Sandhu, 'Socioeconomic position and risk of short-term weight gain: prospective study of 14,619 middle-aged men and women', *BioMed Central Public Health* (2008) 8: 112.
118. S. P. Wamala, A. Wolk and K. Orth-Gomer, 'Determinants of obesity in relation to socioeconomic status among middle-aged Swedish women', *Preventive Medicine* (1997) 26 (5 Pt 1): 734–44.
119. P. Bjorntorp, 'Do stress reactions cause abdominal obesity and comorbidities?' *Obesity Reviews* (2001) 2 (2): 73–86.
120. V. Drapeau, F. Therrien, D. Richard and A. Tremblay, 'Is visceral obesity a physiological adaptation to stress?' *Panminerva Medica* (2003) 45 (3): 189–95.
121. J. Laitinen, E. Ek and U. Sovio, 'Stress-related eating and drinking behavior and body mass index and predictors of this behavior', *Preventive Medicine* (2002) 34 (1): 29–39.
122. M. F. Dallman, N. Pecoraro, S. F. Akana, S. E. La Fleur, F. Gomez, H. Houshyar, M. E. Bell, S. Bhatnagar, K. D. Laugero and S. Manalo, 'Chronic stress and obesity: a new view of "comfort food"', *Proceedings of the National Academy of Sciences USA* (2003) 100 (20): 11696–701.
123. A. M. Freedman, 'Deadly diet', *Wall Street Journal*, 18–20 December 1990.
124. C. C. Hodgkins, K. S. Cahill, A. E. Seraphine, K. Frost-Pineda and M. S. Gold, 'Adolescent drug addiction treatment and weight gain', *Journal of Addictive Diseases* (2004) 23 (3): 55–65.
125. G. A. James, M. S. Gold and Y. Liu, 'Interaction of satiety and reward response to food stimulation', *Journal of Addictive Diseases* (2004) 23 (3): 23–37.
126. K. D. Kleiner, M. S. Gold, K. Frost-Pineda, B. Lenz-Brunsman, M. G. Perri and W. S. Jacobs, 'Body mass index and alcohol use', *Journal of Addictive Diseases* (2004) 23 (3): 105–18.
127. J. H. Gao, 'Neuroimaging and obesity', *Obesity Reviews* (2001) 9 (11): 729–30.
128. K. Sproston and P. Primatesta (eds), *Health Survey for England 2003. Vol. 2: Risk Factors for Cardiovascular Disease*. London: HMSO, 2004.
129. C. Langenberg, R. Hardy, D. Kuh, E. Brunner and M. Wadsworth, 'Central and total obesity in middle aged men and women in relation to lifetime socioeconomic status: evidence from a national birth cohort', *Journal of Epidemiology and Community Health* (2003) 57 (10): 816–22.
130. R. M. Viner and T. J. Cole, 'Adult socioeconomic, educational, social, and psychological outcomes of childhood obesity: a national birth cohort study', *British Medical Journal* (2005) 330 (7504): 1354.
131. S. L. Gortmaker, A. Must, J. M. Perrin, A. M. Sobol and W. H. Dietz, 'Social and economic consequences of overweight in adolescence and young adulthood', *New England Journal of Medicine* (1993) 329 (14): 1008–12.
132. J. D. Sargent and D. G. Blanchflower, 'Obesity and stature in adolescence and earnings in

101. S. J. Olshansky, D. J. Passaro, R. C. Hershow, J. Layden, B. A. Carnes, J. Brody, L. Hayflick, R. N. Butler, D. B. Allison and D. S. Ludwig, 'A potential decline in life expectancy in the United States in the 21st century', *New England Journal of Medicine* (2005) 352 (11): 1138–45.
102. CBS News, 'Teen slims down with gastric bypass: Surgery a growing trend among obese teenagers', CBS Broadcasting Inc. http://www.cbsnews.com/stories/2007/05/21/earlyshow/health/main2830891.shtm/?Source=Search–story (accessed 15 September 2008).
103. G. Rollings, '14st boy – is this child abuse?' *Sun*, 26 February 2007.
104. B. Ashford and V. Wheeler, 'Sam, aged 9, is 14st and size 18', *Sun*, 28 February 2007.
105. A. Parker, 'Daryl is 20 stone, aged just 12', *Sun*, 2 March 2007.
106. E. Brunner, M. Juneja and M. Marmot, 'Abdominal obesity and disease are linked to social position', *British Medical Journal* (1998) 316: 308.
107. A. Molarius, J. C. Seidell, S. Sans, J. Tuomilehto and K. Kuulasmaa, 'Educational level, relative body weight and changes in their association over 10 years: an international perspective from the WHO MONICA project', *American Journal of Public Health* (2000) 90: 1260–86.
108. P. Toynbee, 'Inequality is fattening', *Guardian*, 28 May 2004.
109. International Obesity Taskforce, *Overweight and Obese*. London: International Obesity Taskforce, 2002.
110. UNICEF Innocenti Research Centre. *Child Poverty in Perspective: An overview of child well-being in rich countries*. Florence: Innocenti Report Card, 2007.
111. H. S. Kahn, A. V. Patel, E. J. Jacobs, E. E. Calle, B. P. Kennedy and I. Kawachi, 'Pathways between area-level income inequality and increased mortality in U.S. men', *Annals of the New York Academy of Sciences* (1999) 896: 332–4.
112. A. V. Diez-Roux, B. G. Link and M. E. Northridge, 'A multilevel analysis of income inequality and cardiovascular disease risk factors', *Social Science and Medicine* (2000) 50 (5): 673–87.
113. M. Ezzati, H. Martin, S. Skjold, S. vander Hoorn and C. J. Murray, 'Trends in national and state-level obesity in the USA after correction for self-report bias: analysis of health surveys', *Journal of the Royal Society of Medicine* (2006) 99 (5): 250–7.
114. K. E. Pickett, S. Kelly, E. Brunner, T. Lobstein and R. G. Wilkinson, 'Wider income gaps, wider waistbands? An ecological study of obesity and income inequality', *Journal of Epidemiology and Community Health* (2005) 59 (8): 670–4.
115. K. Ball, G. D. Mishra and D. Crawford, 'Social factors and obesity: an investigation of the role of health behaviours', *International Journal of Obesity and Related Metabolic Disorders* (2003) 27 (3): 394–403.
116. E. J. Brunner, T. Chandola and M. G. Marmot, 'Prospective effect of job strain on general and central obesity in the Whitehall II Study', *American Journal of Epidemiology* (2007) 165 (7): 828–37.

85. C. J. Murray, S. C. Kulkarni, C. Michaud, N. Tomijima, M. T. Bulzacchelli, T. J. Iandiorio and M. Ezzati, 'Eight Americas: investigating mortality disparities across races, counties, and race-counties in the United States', *Public Library of Science Medicine* (2006) 3 (9): e260.
86. A. T. Geronimus, J. Bound, T. A. Waidmann, C. G. Colen and D. Steffick, 'Inequality in life expectancy, functional status, and active life expectancy across selected black and white populations in the United States', *Demography* (2001) 38 (2): 227–51.
87. G. K. Singh and M. Siahpush, 'Widening socioeconomic inequalities in US life expectancy, 1980–2000', *International Journal of Epidemiology* (2006) 35 (4): 969–79.
88. P. M. Lantz, J. S. House, J. M. Lepkowski, D. R. Williams, R. P. Mero and J. Chen, 'Socioeconomic factors, health behaviors, and mortality: results from a nationally representative prospective study of US adults', *Journal of the American Medical Association* (1998) 279 (21): 1703–8.
89. P. Makela, T. Valkonen and T. Martelin, 'Contribution of deaths related to alcohol use to socioeconomic variation in mortality: register based follow up study', *British Medical Journal* (1997) 315 (7102): 211–16.
90. G. Rose and M. G. Marmot, 'Social class and coronary heart disease', *British Heart Journal* (1981) 45 (1): 13–19.
91. R. G. Wilkinson, *Unhealthy Societies: The afflictions of inequality*. London: Routledge, 1996.
92. R. Sapolsky, 'Sick of poverty', *Scientific American* (2005) 293 (6): 92–9.
93. L. Vitetta, B. Anton, F. Cortizo and A. Sali, 'Mind–body medicine: stress and its impact on overall health and longevity', *Annals of the New York Academy of Sciences* (2005) 1057: 492–505.
94. S. V. Subramanian and I. Kawachi, 'Income inequality and health: what have we learned so far?' *Epidemiologic Review* (2004) 26: 78–91.
95. S. Bezruchka, T. Namekata and M. G. Sistrom, 'Improving economic equality and health: the case of postwar Japan', *American Journal of Public Health* (2008) 98: 216–21.
96. P. Walberg, M. McKee, V. Shkolnikov, L. Chenet and D. A. Leon, 'Economic change, crime, and mortality crisis in Russia: regional analysis', *British Medical Journal* (1998) 317 (7154): 312–18.
97. K. M. Flegal, M. D. Carroll, C. L. Ogden and C. L. Johnson, 'Prevalence and trends in obesity among US adults', *Journal of the American Medical Association* (2002) 288: 1723–7.
98. International Obesity TaskForce, *Obesity in Europe*. London: International Obesity TaskForce in collaboration with the European Association for the Study of Obesity Task Forces, 2002.
99. World Health Organization, *Report of a Joint WHO/FAO Expert Consultation. Diet, nutrition and the prevention of chronic diseases*. Geneva: WHO Technical Report Series no. 916. WHO, 2002.
100. C. L. Ogden, M. D. Carroll, L. R. Curtin, M. A. McDowell, C. J. Tabak and K. M. Flegal, 'Prevalence of overweight and obesity in the United States, 1999–2004', *Journal of the American Medical Association* (2006) 295 (13): 1549–55.

Health (1990) 44 (4): 265–70.

68. R. G. Wilkinson and M. Marmot, *Social Determinants of Health: The Solid Facts* (2nd edition). Copenhagen: World Health Organization, Regional Office for Europe, 2006.
69. E. Durkheim, *Suicide*. London: Routledge, 1952.
70. L. Berkman and T. Glass, 'Social integration, social networks, social support, and health', in L. Berkman and I. Kawachi, (eds), *Social Epidemiology*. New York: Oxford University Press, 2000.
71. S. A. Stansfeld, 'Social support and social cohesion', in M. Marmot and R. G. Wilkinson (eds), *Social Determinants of Health*. Oxford: Oxford University Press, 2006.
72. S. Cohen, 'Keynote Presentation at the Eighth International Congress of Behavioral Medicine: The Pittsburgh common cold studies: psychosocial predictors of susceptibility to respiratory infectious illness', *International Journal of Behavioral Medicine* (2005) 12 (3): 123–31.
73. J. K. Kiecolt-Glaser, T. J. Loving, J. R. Stowell, W. B. Malarkey, S. Lemeshow, S. L. Dickinson and R. Glaser, 'Hostile marital interactions, proinflammatory cytokine production, and wound healing, *Archives of General Psychiatry* (2005) 62 (12): 1377–84.
74. W. T. Boyce, 'Stress and child health: an overview', *Pediatric Annals* (1985) 14 (8): 539–42.
75. M. C. Holmes, 'Early life stress can programme our health', *Journal of Neuroendocrinology* (2001) 13 (2): 111–12.
76. R. H. Bradley and R. F. Corwyn, 'Socioeconomic status and child development', *Annual Review of Psychology* (2002) 53: 371–99.
77. M. Wilson and M. Daly, 'Life expectancy, economic inequality, homicide, and reproductive timing in Chicago neighbourhoods', *British Medical Journal* (1997) 314 (7089): 1271–4.
78. M. K. Islam, J. Merlo, I. Kawachi, M. Lindstrom and U. G. Gerdtham, 'Social capital and health: does egalitarianism matter? A literature review', *International Journal for Equity in Health* (2006) 5: 3.
79. I. Kawachi, B. P. Kennedy, K. Lochner and D. Prothrow-Stith, 'Social capital, income inequality, and mortality', *American Journal of Public Health* (1997) 87 (9): 1491–8.
80. C. McCord and H. P. Freeman, 'Excess mortality in Harlem', *New England Journal of Medicine* (1990) 322 (3): 173–7.
81. R. G. Wilkinson, 'Income distribution and life expectancy', *British Medical Journal* (1992) 304 (6820): 165–8.
82. Editor's Choice, 'The Big Idea', *British Medical Journal* (1996) 312 (7037): 0.
83. Department of Health, *The NHS Plan: A plan for investment, a plan for reform*. London: HMSO, 2000.
84. Office for National Statistics. 'Trends in ONS Longitudinal Study estimates of life expectancy, by social class 1972–2005'. http://www.statistics.gov.uk/StatBase/Product.asp?vlnk=8460&More=Y (accessed 9 September 2008).

51. Australian Bureau of Statistics. *National Health Survey, Mental Health, 2001*. Canberra: Australian Bureau of Statistics, 2003.
52. WHO International Consortium in Psychiatric Epidemiology, 'Crossnational comparisons of the prevalences and correlates of mental disorders', *Bulletin of the World Health Organization* (2000) 78 (4): 413–26.
53. Center for Disease Control and Prevention, 'Self-reported frequent mental distress among adults – United States, 1993–2001' (2004) 53: 963–6.
54. O. James, *Affluenza*. London: Vermilion, 2007.
55. A. de Botton, *Status Anxiety*. London: Hamish Hamilton, 2004.
56. R. H. Frank, *Luxury Fever*. New York: Free Press, 1999.
57. United Nations Office on Drugs and Crime, *World Drug Report*. Vienna: UN Office on Drugs and Crime, 2007.
58. Centers for Disease Control and Prevention. Compressed Mortality Files 1999–2002. http://wonder.cdc.gov/mortSQL.html (accessed 9 September 2008)
59. D. Morgan, K. A, Grant, H. D. Gage, R. H. Mach, J. R. Kaplan, O. Prioleau, S. H. Nader, N. Buchheimer, R. L. Ehrenkaufer and M. A. Nader, 'Social dominance in monkeys: dopamine D2 receptors and cocaine self-administration', *Nature Neuroscience* (2002) 5 (2): 169–74.
60. M. Susser and E. Susser, 'Choosing a future for epidemiology: I. Eras and paradigms', *American Journal of Public Health* (1996) 86 (5): 668–73.
61. M. Susser and E. Susser, 'Choosing a future for epidemiology: II. From black box to Chinese boxes and eco-epidemiology', *American Journal of Public Health* (1996) 86 (5): 674–7.
62. M. G. Marmot, A. M. Adelstein, N. Robinson and G. A. Rose, 'Changing social-class distribution of heart disease', *British Medical Journal* (1978) 2 (6145): 1109–12.
63. M. G. Marmot, G. Rose, M. Shipley and P. J. Hamilton, 'Employment grade and coronary heart disease in British civil servants', *Journal of Epidemiology and Community Health* (1978) 32 (4): 244–9.
64. H. Bosma, M. G. Marmot, H. Hemingway, A. C. Nicholson, E. Brunner and S. A. Stansfeld, 'Low job control and risk of coronary heart disease in Whitehall II (prospective cohort) study', *British Medical Journal* (1997) 314 (7080): 558–65.
65. M. G. Marmot, G. D. Smith, S. Stansfeld, C. Patel, F. North, J. Head, I. White, E. Brunner and A. Feeney, 'Health inequalities among British civil servants: the Whitehall II study', *Lancet* (1991) 337 (8754): 1387–93.
66. Council of Civil Service Unions/Cabinet Office, *Work, Stress and Health: The Whitehall II Study*. London: Public and Commercial Services Union, 2004.
67. G. D. Smith, M. J. Shipley and G. Rose, 'Magnitude and causes of socioeconomic differentials in mortality: further evidence from the Whitehall Study', *Journal of Epidemiology and Community*

37. H. J. Jun, S. V. Subramanian, S. Gortmaker and I. Kawachi, 'A multilevel analysis of women's status and self-rated health in the United States', *Journal of the American Medical Women's Association* (2004) 59 (3): 172–80.
38. OECD, International Development Statistics Online. OECD. Stat: http://www.oecd.org/dataoecd/50/17/5037721.htm, 2005.
39. L. Clark and A. Dolan, 'The disturbed generation', *Daily Mail*, 20 June 2007.
40. C. Donnellan, *Mental Wellbeing*. Cambridge: Independence Educational Publishers, 2004.
41. *The Good Childhood Inquiry. Evidence Summary 5 – Health*. London: Children's Society, 2008.
42. J. M. Perrin, S. R. Bloom and S. L. Gortmaker, 'The increase of childhood chronic conditions in the United States', *Journal of the American Medical Association* (2007) 297 (24): 2755–9.
43. Child and Adolescent Health Measurement Initiative. National Survey of Children's Health. Data Resource Center on Child and Adolescent Health: http://www.childhealthdata.org (accessed 17 August 2006).
44. Office for National Statistics, *Psychiatric Morbidity among Adults Living in Private Households, 2000*. London: HMSO, 2001.
45. *Hansard* (House of Commons Daily Debates). Written answers to questions. (2005) 439: 22 Nov. 2005: Column 1798W.
46. R. C. Kessler, W. T. Chiu, O. Demler, K. R. Merikangas and E. E. Walters, 'Prevalence, severity, and comorbidity of 12-month DSMIV disorders in the National Comorbidity Survey Replication', *Archives of General Psychiatry* (2005) 62 (6): 617–27.
47. T. L. Mark, K. R. Levit, J. A. Buck, R. M. Coffey and R. Vandivort-Warren, 'Mental health treatment expenditure trends, 1986–2003', *Psychiatric Services* (2007) 58 (8): 1041–8.
48. D. Rowe, *How to Improve your Mental Well-being*. London: Mind, 2002.
49. K. Demyttenaere, R. Bruffaerts, J. Posada-Villa, I. Gasquet, V. Kovess, J. P. Lepine, M. C. Angermeyer, S. Bernert, G. de Girolamo, P. Morosini, G. Polidori, T. Kikkawa, N. Kawakami, Y. Ono, T. Takeshima, H. Uda, E. G. Karam, J. A. Fayyad, A. N. Karam, Z. N. Mneimneh, M. E. Medina-Mora, G. Borges, C. Lara, R. de Graaf, J. Ormel, O. Gureje, Y. Shen, Y. Huang, M. Zhang, J. Alonso, J. M. Haro, G. Vilagut, E. J. Bromet, S. Gluzman, C. Webb, R. C. Kessler, K. R. Merikangas, J. C. Anthony, M. R. von Korff, P. S. Wang, T. S. Brugha, S. Aguilar-Gaxiola, S. Lee, S. Heeringa, B. E. Pennell, A. M. Zaslavsky, T. B. Ustun and S. Chatterji, 'Prevalence, severity, and unmet need for treatment of mental disorders in the World Health Organization World Mental Health Surveys', *Journal of the American Medical Association* (2004) 291 (21): 2581–90.
50. J. E. Wells, M. A. Oakley Browne, K. M. Scott, M. A. McGee, J. Baxter and J. Kokaua, 'Te Rau Hinengaro: the New Zealand Mental Health Survey: overview of methods and findings', *Australian and New Zealand Journal of Psychiatry* (2006) 40 (10): 835–44.

integration and synthesis of laboratory research', *Psychological Bulletin* (2004) 130 (3): 355–91.

17. T. J. Scheff, 'Shame and conformity: the defense-emotion system', *American Sociological Review* (1988) 53: 395–406.
18. H. B. Lewis, *The Role of Shame in Symptom Formation*. Hillsdale, NJ: Erlbaum, 1987.
19. R. W. Emerson, *Conduct of Life*. New York: Cosimo, 2007.
20. A. Kalma, 'Hierarchisation and dominance assessment at first glance', *European Journal of Social Psychology* (1991) 21 (2): 165–81.
21. F. Lim, M. H. Bond and M. K. Bond, 'Linking societal and psychological factors to homicide rates across nations', *Journal of Cross-Cultural Psychology* (2005) 36 (5): 515–36.
22. S. Kitayama, H. R. Markus, H. Matsumoto and V. Norasakkunkit, 'Individual and collective processes in the construction of the self: selfenhancement in the United States and self-criticism in Japan', *Journal of Personal and Social Psychology* (1997) 72 (6): 1245–67.
23. A. de Tocqueville, *Democracy in America*. London: Penguin, 2003.
24. National Opinion Research Center, *General Social Survey*. Chicago: NORC, 1999–2004.
25. R. D. Putnam, Bowling Alone: *The collapse and revival of American community*. New York: Simon & Schuster, 2000.
26. R. D. Putnam, 'Social capital: measurement and consequences', *ISUMA: Canadian Journal of Policy Research* (2001) 2 (1): 41–51.
27. E. Uslaner, *The Moral Foundations of Trust*. Cambridge: Cambridge University Press, 2002.
28. B. Rothstein and E. Uslaner, 'All for all: equality, corruption and social trust', *World Politics* (2005) 58: 41–72.
29. J. C. Barefoot, K. E. Maynard, J. C. Beckham, B. H. Brummett, K. Hooker and I. C. Siegler, 'Trust, health, and longevity', *Journal of Behavioral Medicine* (1998) 21 (6): 517–26.
30. S. V. Subramanian, D. J. Kim and I. Kawachi, 'Social trust and selfrated health in US communities: a multilevel analysis', *Journal of Urban Health* (2002) 79 (4, Suppl. 1): S21–34.
31. E. Klinenberg, *Heat Wave: A social autopsy of disaster in Chicago*. Chicago: University of Chicago Press, 2002.
32. J. Lauer, 'Driven to extremes: fear of crime and the rise of the sport utility vehicle in the United States', *Crime, Media, Culture* (2005) 1: 149–68.
33. K. Bradsher, 'The latest fashion: fear-of-crime design', *New York Times*, 23 July 2000.
34. M. Adams, *Fire and Ice. The United States, Canada and the myth of converging values*. Toronto: Penguin (Canada), 2003.
35. E. J. Blakely and M. G. Snyder, *Fortress America: Gated communities in the United States*. Washington, DC: Brookings Institute Press, 1997.
36. I. Kawachi, B. P. Kennedy, V. Gupta and D. Prothrow-Stith, 'Women's status and the health of women and men: a view from the States', *Social Science and Medicine* (1999) 48 (1): 21–32.

參考書目

1. The Harwood Group, *Yearning for Balance: Views of Americans on consumption, materialism, and the environment*. Takoma Park, MD: Merck Family Fund, 1995.
2. United Nations Development Program, *Human Development Report*. New York: Oxford University Press, 2006.
3. R. Layard, *Happiness*. London: Allen Lane, 2005.
4. World Bank, *World Development Report 1993: Investing in health*. Oxford: Oxford University Press, 1993.
5. European Values Study Group and World Values Survey Association, European and World Values Survey Integrated Data File, 1999–2001, Release 1. Ann Arbor, MI: Inter-university Consortium for Political and Social Research, 2005.
6. United Nations Development Program, *Human Development Report*. New York: Oxford University Press, 2004.
7. G. D. Smith, J. D. Neaton, D. Wentworth, R. Stamler and J. Stamler, 'Socioeconomic differentials in mortality risk among men screened for the Multiple Risk Factor Intervention Trial: I. White men', *American Journal of Public Health* (1996) 86 (4): 486–96.
8. R. G. Wilkinson and K. E. Pickett, 'Income inequality and socioeconomic gradients in mortality', *American Journal of Public Health* (2008) 98 (4): 699–704.
9. L. McLaren, 'Socioeconomic status and obesity', *Epidemiologic Review* (2007) 29: 29–48.
10. R. G. Wilkinson and K. E. Pickett, 'Income inequality and population health: a review and explanation of the evidence', *Social Science and Medicine* (2006) 62 (7): 1768–84.
11. J. M. Twenge, 'The age of anxiety? Birth cohort change in anxiety and neuroticism, 1952–1993', *Journal of Personality and Social Psychology* (2007) 79 (6): 1007–21.
12. M. Rutter and D. J. Smith, *Psychosocial Disorders in Young People: Time trends and their causes*. Chichester: Wiley, 1995.
13. S. Collishaw, B. Maughan, R. Goodman and A. Pickles, 'Time trends in adolescent mental health', *Journal of Child Psychology and Psychiatry* (2004) 45 (8): 1350–62.
14. B. Maughan, A. C. Iervolino and S. Collishaw, 'Time trends in child and adolescent mental disorders', *Current Opinion in Psychiatry* (2005) 18 (4): 381–5.
15. J. M. Twenge, *Generation Me*. New York: Simon & Schuster, 2006.
16. S. S. Dickerson and M. E. Kemeny, 'Acute stressors and cortisol responses: a theoretical

兒童衝突	0.62	<0.01		
對外援助金額	-0.61	<0.01		
資源回收	-0.82	<0.01		
和平指數	-0.51	0.01		
支薪的育嬰假	-0.55	0.01		
廣告費	0.73	<0.01		
警力	0.52	0.04		
社會支出	-0.45	0.04		
女性地位	-0.44	0.04	-0.30	0.03
平均每人專利數	-0.49	0.02		
未成年兇殺率			0.29	<0.05
高中輟學率			0.79	<0.01
兒童精神疾病			0.36	0.01
好鬥程度			0.47	<0.01

* 皮爾森相關係數：用以反映兩組變數之間關係密切程度的統計指標。

**統計顯著性：進行統計檢驗時，根據抽樣樣本統計後得到的數字，掉到信賴區間之外（即出錯）的機率。

統計數據

各項指標與貧富不均的皮爾森相關係數（Pearson Correlation Coefficients；r）*及統計顯著性（p值）**。

指標	國際數據		美國數據	
	r	p值	r	p值
信任度	-0.66	<0.01	-0.70	<0.01
平均壽命	-0.44	0.04	-0.45	<0.01
嬰兒死亡率	0.42	0.04	0.43	<0.01
肥胖	0.57	<0.01	0.47	<0.01
精神疾病	0.73	<0.01	0.18	0.12
教育分數	-0.45	0.04	-0.47	.01
未成年生育率	0.73	<0.01	0.46	<0.01
兇殺率	0.47	0.02	0.42	<0.01
監禁率	0.75	<0.01	0.48	<0.01
社會流動性	0.93	<0.01	-	-
綜合指數	0.87	<0.01	0.59	<0.01
過重兒童	0.59	0.01	0.57	<0.01
毒品指數	0.63	<0.01		
卡路里攝取量	0.46	0.03		
醫療保健公共支出	-0.54	0.01		
兒童福利	-0.71	<0.01	-0.51	<0.01
三重教育分數	-0.44	0.04		

State or Federal jurisdiction. File: corpop25.wk1.

20. J. Blanden, P. Gregg, S. Machin. *Intergenerational mobility in Europe and North America*. London: Centre for Economic Performance, London School of Economics, 2005.

bias: analysis of health surveys'. *J R Soc Med* 2006; 99(5): 250–7.

10. K. Demyttenaere, R. Bruffaerts, J. Posada-Villa, I. Gasquet, V. Kovess, J. P. Lepine, et al. 'Prevalence, severity, and unmet need for treatment of mental disorders in the World Health Organization World Mental Health Surveys'. *Jama* 2004; 291(21): 2581–90.
11. H. S. Zahran, R. Kobau, D. G. Moriarty, M. M. Zack, J. Holt, R. Donehoo. 'Health-related quality of life surveillance – United States, 1993–2002'. *MMWR Surveill Summ* 2005; 54(4): 1–35.
12. OECD. *Education at a glance*. OECD Indicators, 2003.
13. US Department of Education NCfES. *The Nation's Report Card: Reading Highlights 2003*. Washington, DC, 2004.
14. US Department of Education NCfES. *The Nation's Report Card: Mathematics Highlights 2003*. Washington, DC, 2004.
15. UNICEF Innocenti Research Centre. *A league table of teenage births in rich nations*. Florence: Innocenti Report Card, 2001.
16. US Census Bureau. *Statistical Abstract of the United States: 2000* (120th Edition). Washington: Census Bureau, 2000.
17. United Nations Crime and Justice Information Network. *Survey on Crime Trends and the Operations of Criminal Justice Systems* (Fifth, Sixth, Seventh, Eighth): United Nations, 2000.
18. Federal Bureau of Investigation. *Crime in the United States 1999*. Washington, DC: US Government Printing Office, 1999.
19. US Department of Justice BoJS. *Incarceration rates for prisoners under*

資料來源

1. European Values Study Group and World Values Survey Association. European and World Values Survey Integrated Data File, 1999–2001, Release 1. Ann Arbor, MI: Inter-university Consortium for Political and Social Research, 2005.
2. National Opinion Research Center. *General Social Survey*. Chicago: NORC, 1999.
3. United Nations Development Program. *Human Development Report*. New York: Oxford University Press, 2004.
4. US Census Bureau. Population Division, Interim State Population Projections, Table 2. Internet release date: April 21, 2005.
5. World Bank. World Development Indicators (WDI) September 2006: ESDS International, (MIMAS) University of Manchester.
6. US National Center for Health Statistics. Table 105, Statistical abstract of the United States. Washington, DC: CDC, 2006.
7. International Obesity TaskForce. *Obesity in Europe*. London: International Obesity TaskForce in collaboration with the European Association for the Study of Obesity Task Forces, 2002.
8. International Obesity TaskForce. *Overweight and obese*. London: International Obesity Taskforce, 2002.
9. M. Ezzati, H. Martin, S. Skjold, S. Vander Hoorn, C. J. Murray. 'Trends in national and state-level obesity in the USA after correction for selfreport

精神疾病	精神疾病盛行率。 二〇〇一至二〇〇三 WHO[10]	過去一個月內精神健康狀況不良的平均天數。 一九九三至二〇〇一 BRFSS[11]
教育分數	十五歲學生數學與閱讀素養平均綜合分數。 二〇〇〇 OECD PISA[12] 反向計分	八年級生的數學與閱讀平均綜合分數。 二〇〇三 美國教育部國家教育統計中心[13,14] 反向計分
未成年生育率	每千名十五到十九歲女性的生育數。 一九九八 UNICEF[15]	每千名十五到十九歲女性的生育數。 二〇〇〇 美國國家生命統計[16]
兇殺率	每十萬人兇殺率。 一九九〇至二〇〇〇平均值 聯合國[17]	每十萬人兇殺率。 一九九九 FBI[18]
監禁率	每十萬人之入監服刑人數。 聯合國[17]	每十萬人之入監服刑人數。 一九九七至一九九八 美國司法部[19]
社會階級流動性	父與子的所得相關係數。 八個年齡段的三十年數據 倫敦經濟學院[20]	無法獲得。

健康與社會問題指數資料來源

元素	國際數據	美國各州數據
信任度	對「絕大多數人可以信任」這句陳述給予正面回應的人數比率。 一九九一至二〇〇一 世界價值觀調查[1]（World Values Survey） 反向計分	對「絕大多數人可以信任」這句陳述給予正面回應的人數比率。 一九九九 社會概況調查[2] 反向計分
平均壽命	出生嬰兒可以存活的平均年數，分男性與女性。 二〇〇四 聯合國人類發展報告[3] 反向計分	出生嬰兒可以存活的平均年數，分男性與女性。 二〇〇〇 美國人口普查局人口處[4] 反向計分
嬰兒死亡率	每千名活產嬰兒在周歲以前死亡的人數。 二〇〇〇 世界銀行[5]	每千名活產嬰兒在周歲以前死亡的人數。 二〇〇二 美國國家衛生統計中心（US National Center for Health Statistics）[6]
肥胖症	BMI大於三十的人口比例，男性、女性分別平均。 二〇〇二 國際肥胖問題工作組織[7,8]	BMI大於30的人口比例，男性、女性分別平均。 一九九九至二〇〇二 哈佛大學的馬吉．艾札提教授根據全國健康與營養體健調查（NHANES）及成人行為危險因子偵測系統（BRFSS）的數據[9]，提供修正過的預估值

- 未成年生育率
- 肥胖症
- 兇殺率
- 監禁率
- 教育（反向計分）
- 嬰兒死亡率
- 精神疾病

在這五十州當中，四十州擁有所有評量項目的數據。

以下九個州欠缺社會概況調查（General Social Survey）的信任度資料：阿拉斯加、德拉瓦、夏威夷、愛達荷、緬因、內布拉斯加、新墨西哥、內華達、南達科他。懷俄明州有信任度資料，但欠缺兇殺率數據。

美國的健康與社會問題指數，取自各評量Z分數的平均值（除以該州可得的評量項目數量）。

- 社會階級流動性（反向計分）
- 教育（反向計分）
- 嬰兒死亡率

在這十項評量當中，十六個國家至少擁有九項數據，另五個國家擁有其中八項。兩個國家（以色列和新加坡）擁有的評量較少，因而被排除於指數的計算之外，但納入個別評量分析之列。

- 十項評量數據一應俱全的國家：加拿大、德國、美國。
- 十項評量中具備九項數據，獨缺社會階級流動性的國家：澳洲、比利時、法國、義大利、日本、荷蘭、紐西蘭、西班牙。
- 十項評量中具備九項數據，獨缺精神疾病盛行率的國家：丹麥、芬蘭、挪威、瑞典。
- 十項評量中具備九項數據，獨缺教育成效分數的國家：英國。
- 十項評量中具備八項數據，但欠缺社會階級流動性或精神疾病盛行率數據的國家：奧地利、希臘、愛爾蘭、葡萄牙、瑞士。

健康與社會問題指數的計算方式，是將各評量的標準計分（Z分數）加以平均（除以該國家可得的評量項目數量）。

美國五十州的健康與社會問題指數

美國的指數有九個元素：

- 信任度（反向計分）
- 平均壽命（反向計分）
- 未成年生育率

二〇〇一年），而滯後時間對我們研究的各種現象造成的影響也各有不同，我們採用的是二〇〇三到二〇〇六年的數據平均值。至於美國各州的比較，我們採用的是美國人口普查局以一九九九年家庭所得計算出的各州吉尼係數。

資料來源

United Nations Development Program. *Human development report*. New York: Oxford University Press, 2003, 2004, 2005, 2006.

US Census Bureau. *Gini ratios by state*. 1969, 1979, 1989, 1999. Washington, DC: US Census Bureau, 1999 (table S4).

健康與社會問題指數的設計

國際指數

國際指數涵蓋十項元素：

- 平均壽命（反向計分）
- 未成年生育
- 肥胖症
- 精神疾病
- 兇殺率
- 監禁率
- 不信任度

附錄

我們如何遴選跨國比較對象

首先，我們從世界銀行取得全球最富裕國家的前五十名名單。我們使用的是二〇〇四年的報告，該報告則是以二〇〇二年的數據為基礎。

接著，我們剔除不到三百萬人口的國家，因為不想把開曼群島和摩納哥等避稅天堂納入比較。我們也剔除了沒有參照數據可供比較貧富差距的國家，例如冰島。

最後剩下二十三個富裕國家：

澳洲、奧地利、比利時、加拿大、丹麥、芬蘭、法國、德國、希臘、愛爾蘭、以色列、義大利、日本、荷蘭、紐西蘭、挪威、葡萄牙、新加坡、西班牙、瑞典、瑞士、英國、美國。

所得差距數據

本書的每一項跨國比較，皆採用二十％比二十％的貧富差距衡量法，數據來自聯合國開發計畫署（United Nations Development Programme）二〇〇三至二〇〇六年的人類發展指標（Human Development Indicators）。由於各國的調查日期不同（從一九九二年到

NEXT 261

社會不平等 為何國家越富裕，社會問題越多？

The Spirit Level: Why Greater Equality Makes Societies Stronger

作者	理查・威金森Richard Wilkinson、凱特・皮凱特Kate Pickett
譯者	黃佳瑜
主編	陳怡慈
責任編輯	石瑷寧
責任企畫	林進韋
美術設計	許紘維
內文排版	薛美惠、黃雅藍
董事長	趙政岷
出版者	時報文化出版企業股份有限公司 10803 臺北市和平西路三段240號一~七樓 發行專線｜02-2306-6842 讀者服務專線｜0800-231-705｜02-2304-7103 讀者服務傳真｜02-2304-6858 郵撥｜1934-4724 時報文化出版公司 信箱｜臺北郵政79～99信箱
時報悅讀網	www.readingtimes.com.tw
電子郵件信箱	ctliving@readingtimes.com.tw
人文科學線臉書	www.facebook.com/jinbunkagaku
法律顧問	理律法律事務所｜陳長文律師、李念祖律師
印刷	勁達印刷有限公司
初版一刷	2019年7月19日
定價	新臺幣450元

時報文化出版公司成立於一九七五年，並於一九九九年股票上櫃公開發行，於二〇〇八年脫離中時集團非屬旺中，以「尊重智慧與創意的文化事業」為信念。

ISBN 978-957-13-7874-9

社會不平等：為何國家越富裕,社會問題越多? / 理查・威金森(Richard Wilkinson), 凱特・皮凱特(Kate Pickett)著；黃佳瑜譯. -- 初版. -- 臺北市：時報文化, 2019.07｜ 面； 公分. -- (Next；261)｜譯自：The spirit level：why greater equality makes societies stronger｜ISBN 978-957-13-7874-9(平裝)｜1.社會問題 2.分配 3.平等｜546.18｜108010754